Frühpensionierung planen

IWAN BROT | FRITZ SCHIESSER

Frühpensionierung planen

Die persönlichen Finanzen analysieren und rechtzeitig vorsorgen

In Zusammenarbeit mit
KONSUMENTENSCHUTZ
engagiert. unabhängig.

Beobachter EDITION
Ein Ratgeber aus der Beobachter-Praxis

Download

Unter www.beobachter.ch/download (Code 0888) finden Sie verschiedene Sparrechner, einen Pensionskassenausweis mit Erklärungen sowie Vorlagen, zum Beispiel für die Erstellung Ihres Budgets oder die Berechnung der Finanzierungslücke. Sie können sie herunterladen und mit Ihren eigenen Zahlen füllen.

Beobachter-Edition

www.beobachter.ch

Herausgeber: Der Schweizerische Beobachter
in Zusammenarbeit mit der Stiftung für Konsumentenschutz, Bern
Lektorat: Käthi Zeugin, Zürich
Reihenkonzept: buchundgrafik.ch
Umschlaggestaltung: Rebecca De Bautista
Umschlagfoto: Gettyimages/Aleksandar Nakic
Fotos: Shutterstock (Seiten 10/11),
iStock (Seiten 38/39, 100/101, 154/155, 212/213)
Layout: Bruno Bolliger, Gudo
Druck: Grafisches Centrum Cuno GmbH & Co. KG, Calbe

ISBN 978-3-03875-088-8

Inhalt

Vorwort

Frühpensionierung – der Traum vieler berufstätiger Menschen. Endlich das Leben geniessen und die Früchte des Erwerbslebens ernten. Schluss mit dem Stress bei der Arbeit. Reisen, unbekannte Länder entdecken, Zeit für die Enkel haben. Nicht bis 65 im Betrieb bleiben, lieber ein, zwei oder gar fünf Jahre früher aufhören.

Doch wie so oft landet man nach dem Flug in der Traumwelt wieder auf dem harten Boden der Realität. Eines ist klar: Eine Frühpensionierung ist teuer. Viele unterschätzen die finanziellen Folgen des vorzeitigen Ruhestands. Und letztlich kann man sie auch gar nicht auf 100 Prozent genau berechnen. Denn es gibt mehrere unbekannte Faktoren, etwa die noch verbleibenden Lebensjahre.

Die Frühpensionierung hat Auswirkungen in allen drei Säulen der Altersvorsorge. Die Beiträge an die AHV müssen weiter gezahlt werden. Bei der Pensionskasse fehlen wichtige Beitragsjahre und Kapitalerträge. Ausserdem steht die Frage an, ob man eine Rente zum tieferen Umwandlungssatz oder das Kapital beziehen möchte. Bei der gebundenen Säule 3a ist der Sparprozess mit der Erwerbsaufgabe zu Ende. Und der Lohn trifft auch nicht mehr jeden Monat auf dem Konto ein.

Gehen Sie nicht ohne Planung vor. Es gibt keine Kristallkugel, in der Sie die Zukunft voraussehen können. Nehmen Sie Ihre Altersvorsorge selbst in die Hand und beginnen Sie möglichst früh, Ihre Ideen zu spinnen und die Finanzen für den Ruhestand zu planen. Dann ist eine Frühpensionierung kein Ding der Unmöglichkeit. Die beiden Autoren, ausgewiesene Vorsorgespezialisten, zeigen Ihnen in diesem Ratgeber, was Sie beachten sollten und was Sie selber tun können. Packen Sie es an, damit Sie Ihren Ruhestand möglichst früh und lange geniessen können.

Marcel Weigele
Finanzplaner mit eidgenössischem Fachausweis
August 2018

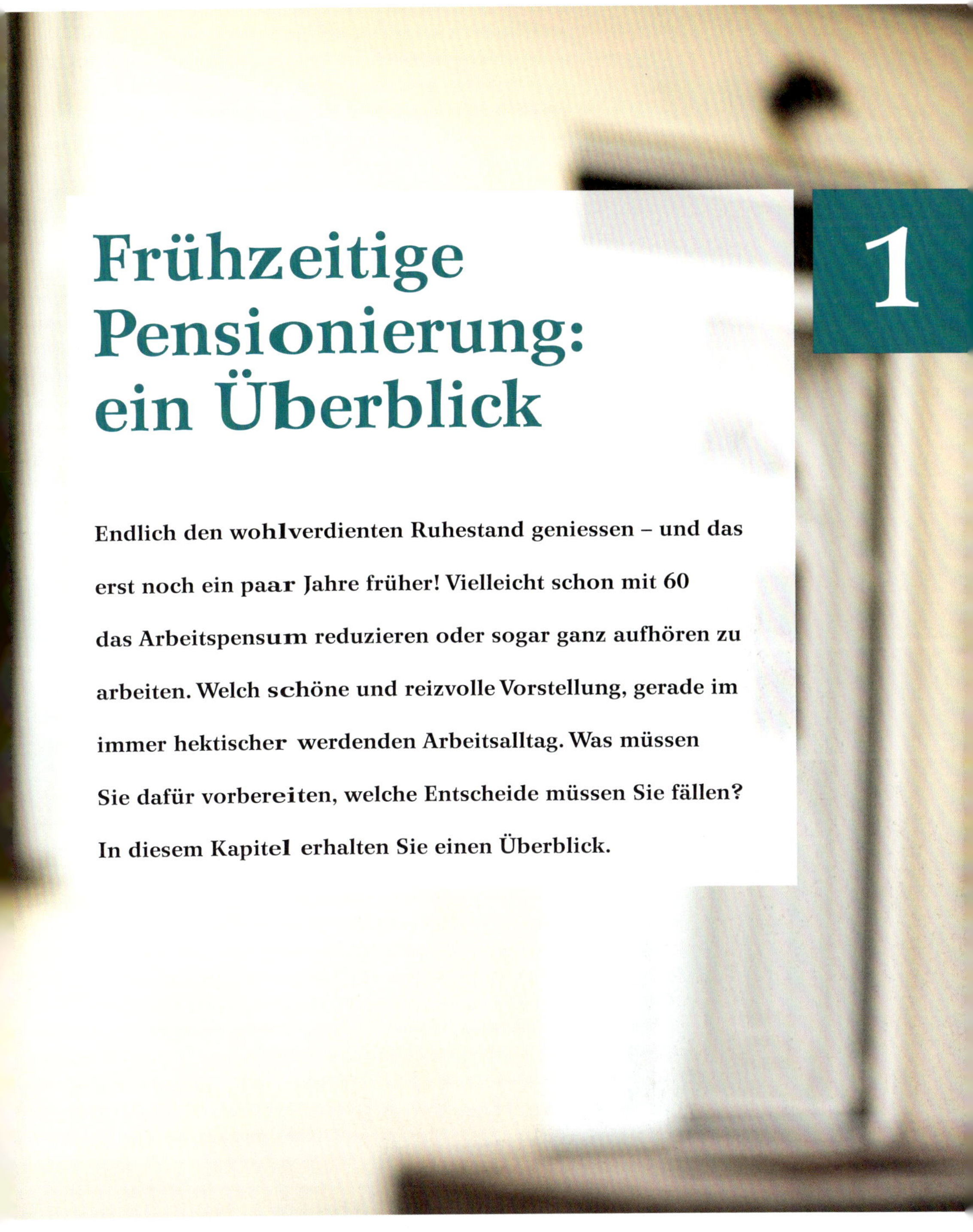

1

Frühzeitige Pensionierung: ein Überblick

Endlich den wohlverdienten Ruhestand geniessen – und das erst noch ein paar Jahre früher! Vielleicht schon mit 60 das Arbeitspensum reduzieren oder sogar ganz aufhören zu arbeiten. Welch schöne und reizvolle Vorstellung, gerade im immer hektischer werdenden Arbeitsalltag. Was müssen Sie dafür vorbereiten, welche Entscheide müssen Sie fällen? In diesem Kapitel erhalten Sie einen Überblick.

Frühpensionierung – was heisst das?

Eine frühzeitige Pensionierung bedarf vor allem einer frühzeitigen Planung. Treffen Sie die wichtigsten Entscheide bald und setzen Sie sie dann konsequent um. Je länger Sie zuwarten, desto knapper wird die Zeit und desto grösser werden die Investitionen, die Sie benötigen, um Ihren Wunsch zu verwirklichen.

Die letzten Jahre der beruflichen Karriere haben meist einen sehr grossen Einfluss auf die Höhe der zukünftigen Renten. Die Löhne steigen vielfach mit zunehmendem Alter und mehr Erfahrung an und erreichen in den Jahren vor dem Ruhestand das höchste Niveau.

In der Pensionskasse sind die Sparbeiträge ab Alter 55 oft am höchsten. So kommt in der 2. Säule in den letzten zehn Berufsjahren mehr als ein Drittel des Altersguthabens zusammen. Falls Sie vorzeitig in den Ruhestand gehen, fehlt Ihnen ein Teil dieser lukrativen Jahre. Auch in der AHV hat ein vorzeitiger Rentenbezug eine Kürzung zur Folge, die Renten werden pro Jahr um 6,8 Prozent reduziert, bei einem Vorbezug von zwei Jahren also um 13,6 Prozent. Der wichtigste Faktor ist aber der Einkommensverlust. Bei einer frühzeitigen Pensionierung mit 60 verzichten Sie auf fünf Jahreslöhne.

Alle diese Einbussen müssen durch andere Vermögenswerte ausgeglichen werden. Damit die Rechnung für Sie aufgeht, ist daher eine gezielte Planung notwendig.

Diese Entscheide müssen Sie fällen

Als Erstes sind ein paar grundlegende Entscheidungen zu treffen. Eine erfolgreiche Umsetzung Ihres frühzeitigen Ruhestands hängt von einigen wichtigen Parametern ab. Diese müssen Sie klären respektive definieren. Dann können Sie einen konkreten Bedarf ermitteln und so die Kosten bestimmen. Im Wesentlichen geht es um vier Punkte:

- Ihr Budget – heute und nach der Pensionierung
- Zeitpunkt der Pensionierung
- Wünsche und Ziele, die Sie nach der Pensionierung verwirklichen wollen
- Ihre Wohnsituation nach der Pensionierung

Ohne Budget geht nichts

Das Budget ist das A und O einer Planung. Viele Menschen sind es nicht gewohnt, ihre Ausgaben zu budgetieren, und orientieren sich an den Einnahmen. Sie geben so viel aus, wie hereinkommt. Dies ist fatal, spätestens für die Planung der (frühzeitigen) Pensionierung. Wenn Sie nicht wissen, wie hoch Ihre regelmässig anfallenden Kosten sind und welche einmaligen Auslagen auf Sie zukommen, können Sie keine Planung machen und somit auch keine Aussage darüber, ob ein vorzeitiger Ruhestand überhaupt möglich ist.

Für Ihr Budget können Sie durchaus von den heutigen Auslagen ausgehen. Zwar herrscht weitherum die Meinung, dass die Lebenshaltungskosten nach der Pensionierung erheblich tiefer seien. Das entspricht jedoch nicht der Realität. Ja, die Berufsauslagen und die Beiträge an die gebundene Vorsorge (Säule 3a) entfallen, alle übrigen Kosten aber bleiben bestehen oder können sogar ansteigen – sei es, weil Sie die lang geplante Weltreise endlich verwirklichen, sei es, weil sich höhere Gesundheitskosten ergeben.

BRUNO C. IST ALLEINSTEHEND und lebt in einer günstigen Mietwohnung. Er hat ein Budget mit den laufenden Kosten zusammengestellt:

Wohnkosten	Fr. 18 000.–
Krankenkasse	Fr. 5 000.–
Steuern	Fr. 4 000.–
Motorfahrzeuge	Fr. 6 500.–
Weitere feste Verpflichtungen (Versicherungen, Zeitungsabos, Telefon etc.)	Fr. 2 000.–
Haushaltskosten	Fr. 12 000.–
Rückstellungen, Ferien	Fr. 10 500.–
Persönliche Auslagen	Fr. 2 000.–
Total Auslagen	Fr. 60 000.–

TIPPS *Nehmen Sie sich genügend Zeit für das Erstellen Ihres Budgets. Treffen Sie keine Annahmen, sondern versuchen Sie, die effektiven Kosten anhand Ihrer monatlichen Zahlungen zu eruieren. Notieren Sie Ihre Ausgaben über einen längeren Zeitraum, am besten über ein gesamtes Jahr, so gehen auch die jährlichen Posten, etwa Versicherungsprämien, nicht vergessen. Dabei müssen Sie die Beträge nicht auf den Franken genau erfassen, Sie können durchaus auf- oder abrunden. Vergessen Sie Ihre Barauslagen (Einkäufe, Taschengeld etc.) nicht.*

Machen Sie Ihr Budget falls möglich am Computer, so können Sie es einfacher anpassen. Das Ganze ist zwar mit einem erheblichen Aufwand verbunden, dieser lohnt sich aber bestimmt! Im Anhang finden Sie ein Budgetformular mit den wichtigsten Auslagen. Dieses können Sie auch online herunterladen (www.beobachter.ch/download).

Der richtige Zeitpunkt

Als Nächstes müssen Sie den Zeitpunkt Ihrer vorzeitigen Pensionierung festlegen. Nach den heute gültigen Bestimmungen der beruflichen Vorsorge ist ein Rücktritt frühestens mit 58 möglich. Dies ist aber wohl eher der Ausnahmefall. Viele Firmen ermöglichen Ihren Angestellten eine flexible Pensionierung ab 60. Erkundigen Sie sich bei Ihrem Arbeitgeber, ab wann eine Pensionierung möglich ist, und überlegen Sie sich, wann für Sie der richtige Zeitpunkt ist. Dies gilt natürlich auch für Ihren Partner, Ihre Partnerin. Besprechen Sie, ob Sie gemeinsam in den Ruhestand gehen möchten oder ob eine Seite noch weiterarbeiten will.

Im Lauf Ihrer persönlichen Planung werden Sie vielleicht feststellen müssen, dass Ihre finanziellen Mittel nicht ausreichen, um den gewünschten Pensionierungstermin zu realisieren. Halten Sie für diesen Fall Alternativen bereit:

- Aufschieben der Pensionierung – zum Beispiel mit 62 statt mit 60
- Gestaffelte Pensionierung – zum Beispiel eine Reduktion des Arbeitspensums mit 60, vollständige Pensionierung mit 63
- Vorbezug der AHV-Rente
- Beschaffung von zusätzlichen Mitteln – zum Beispiel über einen Erbvorbezug

- Einsparungen bei den Ausgaben – welche Vorhaben sind Ihnen wirklich wichtig, worauf könnten Sie verzichten?
- Spätere Pensionierung Ihres Ehemanns, Ihrer Ehefrau

Wichtig ist, dass Sie sich auch über die Alternativen Gedanken machen und nicht bei den ersten Problemen aufgeben.

POLITISCHE EINFLÜSSE AUF IHRE PLANUNG

Die Sozialversicherungen sind nicht zuletzt auch eine grosse «Spielwiese» der Politik. Unbestritten ist, dass sowohl für die 1. Säule (AHV) wie auch für die 2. Säule (BVG) dringender Reformbedarf besteht. Doch der letzte Versuch, die Sozialversicherungen zu revidieren und für die Zukunft auszurichten, die Altersreform 2020, wurde im September 2017 an der Urne abgelehnt.

Angesichts der demografischen Entwicklung und der zunehmenden Lebenserwartung wird es jedoch schon bald neue Reformvorschläge geben. Diskutiert werden nebst einer Erhöhung der Mehrwertsteuer die Erhöhung des Rentenalters, insbesondere für die Frauen, eine Flexibilisierung des Rentenalters sowie die Reduktion des Umwandlungssatzes bei den Pensionskassen. Alle diese Änderungen haben einen Einfluss auf Ihre Planung. Wird etwa das Rentenalter auf 67 Jahre erhöht, müssen Sie zwei zusätzliche Jahre ohne AHV-Rente finanzieren, zudem wird die Rentenkürzung allenfalls höher ausfallen. Sinkt der Umwandlungssatz in der obligatorischen beruflichen Vorsorge auf 6,0 Prozent oder tiefer, wird auch Ihre Pensionskassenrente kleiner, was ebenfalls einen höheren Finanzierungsbedarf bedeutet.

Wann und ob diese oder andere Änderungen in Kraft treten werden, ist heute reine Spekulation. Sie sollten jedoch die politische Entwicklung im Auge behalten und – falls grössere Änderungen beschlossen werden – Ihre Planung überprüfen und wenn nötig anpassen. Möglicherweise hat die Erhöhung des Rentenalters zur Folge, dass Sie Ihre frühzeitige Pensionierung erst etwas später antreten können. Vielleicht wird es in Zukunft auch in der 1. Säule Möglichkeiten des gestaffelten Rückzugs geben.

Durchaus sinnvoll ist es zudem, schon heute mit einer tieferen Rente aus der Pensionskasse zu rechnen. Nehmen Sie zum Beispiel einen Umwandlungssatz von 5 oder 6 Prozent an und schaffen Sie sich zusätzliche Reserven. So steht Ihre vorzeitige Pensionierung auf noch sichereren Beinen. ■

Gleitende Pensionierung oder Pensionierung in einem Schritt?

Im heutigen Arbeitsumfeld ist eine Tendenz zur gleitenden Pensionierung ersichtlich. Auch in diversen Zeitschriften und Ratgebern wird empfohlen, in mehreren Schritten in Pension zu gehen. In einem ersten Schritt reduzieren Sie Ihr Arbeitspensum zum Beispiel um 20 Prozent und haben so jeweils den Freitag frei. In einem zweiten Schritt reduzieren Sie vielleicht auf 40 Prozent, arbeiten also noch zwei Tage die Woche. Der dritte Schritt ist dann die vollständige Pensionierung.

Diese gestaffelte Pensionierung hat nicht nur finanzielle, sondern auch praktische Vorteile. Sie können die neu gewonnene Freizeit ebenfalls gestaffelt planen und fallen nicht in ein Loch, weil Sie plötzlich die ganze Woche nichts zu tun haben. Auch für Ihren Partner, Ihre Partnerin geht die Umstellung kontinuierlicher voran. Es kann nämlich durchaus zu Diskussionen führen, wenn der Partner, der bisher immer unterwegs war, plötzlich die ganze Woche zu Hause ist und den langjährigen Alltag durcheinanderbringt.

Die finanziellen Vorteile der Pensionierung in mehreren Schritten liegen auf der Hand: Sie erwirtschaften immer noch ein Teileinkommen, das Sie zur Deckung der laufenden Kosten verwenden können. Dadurch fällt eine allfällige Einkommenslücke am Anfang sehr viel kleiner aus und Ihr Kapitalbedarf insgesamt wird tiefer. Zudem lassen sich durch eine gestaffelte Auszahlung des Pensionskassenguthabens steuerliche Vorteile erzielen (mehr dazu auf Seite 90).

TIPP *Ob eine gleitende Pensionierung möglich ist, hängt nicht zuletzt von Ihrem Arbeitgeber ab. Sprechen Sie daher frühzeitig mit Ihrer Vorgesetzten oder mit der Personalabteilung über Ihre Pläne. Falls es diese Möglichkeit im Betrieb bis jetzt nicht gegeben hat, lässt sich vielleicht eine Lösung für die Zukunft finden.*

Ihre Wünsche und Ziele

Nicht zuletzt aus finanziellen Überlegungen sollten Sie eine Liste mit Ihren Wünschen und Zielen erstellen. Wollen Sie die schon lange aufgeschobene Weltreise nun endlich nachholen? Wollen Sie ein Wohnmobil anschaffen und die Wintermonate im Süden verbringen? Sich in Spanien eine Ferienwohnung kaufen? Oder endlich mit Golfspielen anfangen, ein Segelboot anschaffen? Oder möchten Sie vielleicht noch ein Instrument ler-

BEISPIEL «BUCKET LIST»

Wunsch/Ziel	Kosten	
	Jährlich*	Einmalig
Ersatz Heizung		Fr. 12 000.–
Neues Auto		Fr. 25 000.–
Klavierunterricht	Fr. 5 000.–	
Mittelmeerkreuzfahrt		Fr. 5 000.–
Mehrkosten Ferien	Fr. 5 000.–	

* Die jährlich anfallenden Kosten gehören auch in Ihr Budget.

nen? Die Möglichkeiten nach einer vorzeitigen Pensionierung sind schon heute fast unbegrenzt und werden in den nächsten Jahren bestimmt noch umfangreicher. In den kommenden 15 Jahren werden rund 1,7 Millionen erwerbstätige Personen pensioniert. Man kann daher davon ausgehen, dass viele verschiedene Anbieter diesen grossen Markt bearbeiten wollen und ihn mit Produkten und Dienstleistungen überschwemmen werden.

Diskutieren Sie mit Ihrem Partner, Ihrer Partnerin, was Sie noch alles machen und erleben möchten, und erstellen Sie Ihre persönliche «Bucket-List», eine Liste mit Ihren Wünschen und Zielen. Nicht nur die grossen Erlebnisse, auch gewöhnliche Dinge wie ein neues Auto, ein E-Bike oder Renovationsarbeiten am Haus gehören auf die Liste.

Wichtig ist, dass Sie Ihren Wünschen ein Preisschild anhängen. Nur so können Sie sie in Ihrer Planung richtig berücksichtigen und bleiben von finanziellen Überraschungen oder sogar Enttäuschungen verschont. Seien Sie eher grosszügig, das Leben wird bekanntlich nicht günstiger.

TIPP *Natürlich wäre es schön, wenn Sie sich alle Ihre Wünsche erfüllen könnten. Manchmal ist aber nicht alles finanzierbar. Sie müssen wählen: Wollen Sie ein Jahr länger arbeiten und sich dann ein teureres Auto leisten oder ist Ihnen die frühere Pensionierung mehr wert? Solche Entscheidungen sind sehr persönlich. Wichtig ist, jedoch, dass Sie sich dessen bewusst sind und Ihre Prioritäten setzen.*

Ihre Wohnsituation

Wie wollen Sie im Alter wohnen? Auch über diese Frage sollten Sie sich rechtzeitig Gedanken machen. Ist Ihr Haus altersgerecht ausgestattet? Wollen Sie die grosse Wohnung behalten oder allenfalls in eine kleinere, günstigere ziehen?

Sind Sie Mieter, bleibt es bei der Frage nach der richtigen Wohnung. Die Mietkosten sind jedoch ein grosser Budgetposten. Entsprechend besteht hier allenfalls Einsparungspotenzial, um eine frühzeitige Pensionierung wahrscheinlicher zu machen.

Besitzen Sie ein Eigenheim, müssen Sie dagegen weitere Punkte überlegen. Wollen Sie Ihr Wohneigentum behalten oder doch lieber verkaufen? Und dann, werden Sie eine neue (kleinere) Wohnung kaufen? Wie hoch ist Ihr Budget dafür? Oder wechseln Sie eher in eine Mietwohnung? Vielleicht überlegen Sie sich auch, die Liegenschaft an die Kinder weiterzugeben, allenfalls mit einem Wohnrecht oder der Nutzniessung für sich.

Wollen Sie Ihr Wohneigentum behalten, stellt sich die Frage nach der optimalen Höhe der Hypothek. In erster Linie sollten Sie dabei überlegen, wie hoch die Belastung der Liegenschaft sein darf, damit Sie sich wohlfühlen. Unter Umständen wird auch die Bank auf Sie zukommen, weil aus ihrer Sicht die Tragbarkeit nicht mehr gegeben ist. Wird dann eine Teilamortisation der Hypothek notwendig, müssen Sie dies in Ihre finanzielle Planung einbeziehen (mehr dazu auf Seite 196).

TIPP *Eine umfassende Planung der vorzeitigen Pensionierung nimmt viel Zeit in Anspruch. Beginnen Sie noch heute damit. Erstellen Sie ein realistisches Budget, definieren Sie das Wunschdatum und überlegen Sie sich Alternativen, falls es finanziell doch nicht ganz reichen sollte. Definieren Sie Ihre Wünsche und Ziele inklusive des entsprechenden Preisschilds. Überlegen Sie sich Ihre Wohnsituation fürs Alter. Sind allenfalls Anpassungen nötig oder wünschenswert? Notieren Sie alle diese Punkte, damit ist ein erster grosser Schritt in Richtung vorzeitiger Ruhestand getan.*

Finanzielle Auswirkungen einer Frühpensionierung

Die finanziellen Auswirkungen einer vorzeitigen Pensionierung lassen sich spontan nur schlecht einschätzen. Die effektiven Kosten sind sehr vielschichtig. Darum überrascht es auch nicht, dass die meisten Menschen sie viel zu tief schätzen. Zum einen muss die Zeit bis zum effektiven Rentenbezug finanziert werden. Zum andern werden die Renten der Sozialversicherungen gekürzt. Diese Kürzung bleibt auch nach Erreichen des ordentlichen Rentenalters bestehen.

Im Folgenden finden Sie einen ersten Überblick über die Kosten der Frühpensionierung. Die Kürzungen respektive Mehraufwendungen werden in den folgenden Kapiteln noch detaillierter beschrieben.

INFO *Bei der Berechnung der Kosten einer vorzeitigen Pensionierung stellt sich immer auch die Frage, mit wie vielen weiteren Lebensjahren gerechnet werden soll. Logischerweise fallen die Kosten bei einer Lebenserwartung von beispielsweise 75 Jahren viel tiefer aus, als wenn Sie damit rechnen, 95 zu werden. In den Beispielen in diesem Ratgeber wird mit Alter 85 gerechnet; dies entspricht etwa der aktuellen durchschnittlichen Lebenserwartung in der Schweiz.*

Auswirkungen beim Einkommen

Die finanziell grösste Auswirkung der Frühpensionierung ist der Wegfall des Erwerbseinkommens. Wenn Sie sich mit 60 pensionieren lassen, fehlen Ihnen fünf Jahreseinkommen. Angenommen, Sie verdienen 80 000 Franken pro Jahr, so sind das 400 000 Franken. Dieser Betrag ist aber gar nicht so entscheidend, vielmehr ist es die Höhe der Auslagen.

BRUNO C. HAT AUSGABEN von total 60 000 Franken pro Jahr (siehe Beispiel auf Seite 13). Er will sich mit 60 pensionieren lassen. Für die fünf Jahre bis zum ordentlichen Rentenalter braucht er ein Vermögen von 300 000 Franken (5 × 60 000).

Bei einer ordentlichen Pensionierung könnte Herr C. seine Auslagen bis 65 weiterhin über den Lohn finanzieren. Geht er früher in den Ruhestand, entfällt diese Einnahmequelle und es stellt sich die Frage, welche Finanzierungsvarianten bestehen. Eine Möglichkeit ist der Vorbezug der AHV-Rente.

Auswirkungen bei der 1. Säule, der AHV

Das ordentliche Rentenalter der AHV liegt derzeit bei 65 Jahren für Männer und 64 Jahren für Frauen. Möglich ist, die Rente ein oder zwei Jahre früher zu beziehen. Bei einem solchen Vorbezug wird die Rente um 6,8 Prozent pro Jahr gekürzt.

BRUNO C. WÜRDE bei ordentlicher Pensionierung eine AHV-Altersrente von 24 000 Franken pro Jahr erhalten. Wenn er die Rente vorbezieht, erhält er folgende Beträge:

- Bei einem Vorbezug um 1 Jahr (Kürzung 6,8 Prozent) — Fr. 22 368.–
- Bei einem Vorbezug um 2 Jahre (Kürzung 13,6 Prozent) — Fr. 20 736.–

Durch den Vorbezug der Rente um zwei Jahre reduziert sich der Kapitalbedarf von Herrn C. auf 258 528 Franken (300 000 minus 2 × 20 736).

Ein Vorbezug der AHV-Rente reduziert kurzfristig den Finanzbedarf. Es ist jedoch zu beachten, dass die Rentenkürzung über das ordentliche Pensionierungsalter hinaus bestehen bleibt. Herr C. erhält lebenslang eine gekürzte Rente von 20 736 Franken statt der ordentlichen Rente von 24 000 Franken. Langfristig wird er also mehr Kapital benötigen, als er durch den vorzeitigen Bezug ausgezahlt erhalten hat. Mehr dazu und auch zur Beitragspflicht von Frührentnern lesen Sie in Kapitel 2 (siehe Seite 55).

Auswirkungen bei der 2. Säule, der Pensionskasse

Auch die Leistungen in der beruflichen Vorsorge werden durch eine vorzeitige Pensionierung geschmälert. Die effektive Rentenkürzung ist abhängig von der Vorsorgelösung Ihres Arbeitgebers. Vielfach sind die Renten bei einer frühzeitigen Pensionierung auf Ihrem persönlichen Vorsorgeausweis aufgeführt. Falls dies nicht der Fall ist, können Sie bei der Vorsorgeeinrichtung eine Berechnung verlangen. Als Faustregel können Sie davon ausgehen, dass Ihre Pensionskassenrente um rund sechs Prozent pro Jahr gekürzt wird.

BRUNO C. HAT gemäss seinem persönlichen Pensionskassenausweis ab 65 Anspruch auf eine Altersrente von 30 000 Franken pro Jahr. Bezieht er seine Rente früher, wird diese pro Jahr Vorbezug um sechs Prozent gekürzt.

- Rente bei einem Bezug mit 64 (minus 6 Prozent) — Fr. 28 200.–
- Rente bei einem Bezug mit 60 (minus 30 Prozent) — Fr. 21 000.–

Wenn Herr C. die Pensionskassenrente schon ab 60 bezieht, reduziert sich sein Kapitalbedarf auf 153 528 Franken (258 528 minus 5 × 21 000).

Auch die vorbezogene Altersrente aus der beruflichen Vorsorge dient zur Finanzierung der Lebenshaltungskosten bei einer vorzeitigen Pensionierung. Dabei gilt jedoch die gleiche Einschränkung wie bei der AHV: Die Kürzung bleibt auch nach der ordentlichen Pensionierung weiter bestehen. Die 153 528 Franken im Beispiel von Bruno C. reichen denn auch nur, um das Manko bis zum ordentlichen Rentenalter von 65 Jahren zu decken.

Die Auswirkungen insgesamt

Um die effektiven Kosten der frühzeitigen Pensionierung bestimmen zu können, muss man auch in den folgenden Jahren die Kürzung der Renten berücksichtigen. Das heisst, ab 65 braucht man mehr Vermögen, um die laufenden Kosten zu decken:

BRUNO C. RECHNET auch für die Jahre nach 65 mit Ausgaben von 60 000 Franken pro Jahr. Seine Einnahmen beschränken sich auf die Renten von AHV und Pensionskasse. Den Rest der Kosten muss er aus seinem Vermögen finanzieren. Wie viel Vermögen Herr C. braucht, um seine Ausgaben bis 85 zu decken, sehen Sie im Kasten auf der nächsten Seite.

KAPITALBEDARF VON BRUNO C.		
Bei ordentlicher Pensionierung mit 65		
Ausgaben gemäss Budget	Fr. 60 000.–	
– AHV-Rente ungekürzt	– Fr. 24 000.–	
– Pensionskassenrente ungekürzt	– Fr. 30 000.–	
Ausgabenüberschuss pro Jahr	Fr. 6 000.–	
Ausgabenüberschuss bis Alter 85 (20 Jahre) =	Fr. 120 000.–	
Kapitalbedarf bei ordentlicher Pensionierung mit 65		**Fr. 120 000.–**
Bei frühzeitiger Pensionierung mit 60		
Ausgaben gemäss Budget	Fr. 60 000.–	
– AHV-Rente gekürzt	– Fr. 20 736.–	
– Pensionskassenrente gekürzt	– Fr. 21 000.–	
Ausgabenüberschuss pro Jahr	Fr. 18 264.–	
Ausgabenüberschuss von Alter 65 bis 85	Fr. 365 280.–	
+ Kapitalbedarf ab 60 bis zum Rentenalter 65	+ Fr. 153 528.–	
	Fr. 518 808.–	
Kapitalbedarf bei vorzeitiger Pensionierung mit 60		**Fr. 518 808.–**
Mehrkosten für vorzeitige Pensionierung		**Fr. 398 808.–**

Für eine Pensionierung mit 60 braucht Herr C. also ein zusätzliches Vermögen von rund 400 000 Franken. Selbstverständlich reduziert sich dieser Betrag, wenn er später in den Ruhestand geht. Bei einer Pensionierung mit 63 beispielsweise betragen die Mehrkosten noch rund 163 000 Franken. Auch eine gestaffelte Pensionierung reduziert diese Mehrkosten.

Das Beispiel von Bruno C. zeigt deutlich: Die Kosten einer frühzeitigen Pensionierung sind relativ hoch – vor allem, wenn man sich schon fünf Jahre früher aus dem Berufsleben zurückziehen will. Umso wichtiger ist eine rechtzeitige Planung.

Ruhestand im Ausland: ein Überblick

Die Lebenshaltungskosten sind in den meisten Ländern viel tiefer als in der Schweiz. Warum also nicht den Ruhestand im Ausland verbringen, vielleicht sogar in Ihrem Herkunftsland? Auf den folgenden Seiten finden Sie eine kurze Zusammenfassung der Auswirkungen auf die Renten.

INFO *Umfassende Informationen zur Auswanderung finden Sie bei der Auslandschweizer-Organisation (www.aso.ch) und in der Publikation «Ruhestand im Ausland» des Eidgenössischen Departements für auswärtige Angelegenheiten (www.eda.admin.ch, im Suchfeld «Ruhestand im Ausland» eingeben).*

Leistungen der AHV

Grundsätzlich werden die AHV-Renten für **Schweizer und EU-Bürger** in jedes Land ausgezahlt. Zwar hört man immer wieder, die Rente werde der Kaufkraft des jeweiligen Landes angepasst, doch dazu fehlt heute die gesetzliche Grundlage. Die Rente beträgt also überall gleich viel. Kein Anspruch besteht aber auf Ergänzungsleistungen, diese werden nur bei Wohnsitz in der Schweiz ausgezahlt.

Sind Sie anderer Nationalität, ist entscheidend, ob die Schweiz mit Ihrem Land ein Sozialversicherungsabkommen abgeschlossen hat oder nicht. Zurzeit bestehen Abkommen mit 44 Staaten (eine Liste finden Sie unter www.bsv.admin.ch → Sozialversicherungen → Internationale Sozialversicherung → Grundlagen & Abkommen).

- Kommen Sie aus einem **Land mit Sozialversicherungsabkommen,** haben Sie Anspruch auf Auszahlung der Rente auch in diesem Land.
- Stammen Sie jedoch aus einem **Land ohne Abkommen,** erhalten Sie die AHV-Rente nur in der Schweiz. Verlassen Sie die Schweiz, können Sie lediglich die eingezahlten Beiträge zurückfordern (mehr Informationen unter www.ahv-iv.ch → Merkblätter & Formulare → Merkblatt 10.03).

Leistungen der Pensionskasse

Die Leistungen aus der 2. Säule werden unabhängig von der Nationalität und vom Aufenthaltsland weltweit erbracht.

Leistungen aus der 3. Säule

Auch die Altersleistungen aus der 3. Säule (freie und gebundene Vorsorge) unterliegen keinen Einschränkungen und werden weltweit ausgezahlt.

Steuerliche Behandlung

Grundsätzlich müssen Sie die Leistungen der Sozialversicherungen im Wohnsitzland versteuern. Gewisse Leistungen unterliegen aber auch in der Schweiz einer Quellensteuer.

- **Leistungen der AHV:** Renten, die ins Ausland überwiesen werden, sind in der Schweiz nicht steuerpflichtig. Sie werden allenfalls im Aufenthaltsland besteuert.
- **Leistungen aus der Pensionskasse:** Die Besteuerung ist unterschiedlich, je nachdem ob Sie eine Rente oder das Kapital beziehen:
  - Renten aus der 2. Säule unterliegen in der Schweiz einer Quellensteuer, sofern sie in ein Land überwiesen werden, mit dem die Schweiz kein Doppelbesteuerungsabkommen abgeschlossen hat. In diesen Ländern kann es zu einer doppelten Besteuerung kommen. Rentenzahlungen in Länder mit Abkommen sind in der Schweiz dagegen nicht steuerpflichtig.
  - Kapitalleistungen aus der Pensionskasse unterliegen immer der schweizerischen Quellensteuer. Falls kein Doppelbesteuerungsabkommen besteht, kann es allenfalls zu einer Doppelbelastung kommen. In Ländern mit Abkommen wird die Quellensteuer der Schweiz meist an die örtliche Steuerbelastung angerechnet.
  - Für die Höhe der Quellensteuer entscheidend ist der Steuersatz des Kantons, in dem die Vorsorgeeinrichtung ihren rechtlichen Sitz hat. Da diese Steuersätze erheblich variieren, kann es vorteilhaft sein, das Geld vorerst in einem Kanton mit einem tiefen Satz zu platzieren und von dort die Auszahlung zu verlangen. Zurzeit ist Schwyz der Kanton mit den tiefsten Quellensteuersätzen.
- **Leistungen aus der 3. Säule:** Auszahlungen aus der Säule 3a unterliegen ebenfalls einer Quellensteuer. Auch hier ist der Sitz der Vorsorgestiftung oder Lebensversicherungsgesellschaft massgebend. Leistungen aus der freien Vorsorge 3b sind steuerfrei.

Wer hilft bei der Planung?

Die Planung der Pensionierung kann unter Umständen sehr komplex werden. Insbesondere dann, wenn Sie zum Beispiel ein eigenes Geschäft haben und für dieses eine Nachfolgeregelung suchen, wenn Sie mehrere Immobilien in verschiedenen Kantonen besitzen oder wenn Sie auch Leistungen aus einer Sozialversicherung aus dem Ausland erhalten. Auch für eine Patchworkfamilie können die Planung und die Umsetzung sehr anspruchsvoll werden.

Informationen und Beratung erhalten Sie bei fast allen Banken und Versicherungen sowie bei zahlreichen Treuhandfirmen und unabhängigen Finanzplanern. Zertifizierte und eingetragene Finanzplaner sind in der Regel Mitglied des FinanzPlaner Verbands Schweiz (www.fpvs.ch). Wenn Sie auf dessen Website den Namen eines Beraters eingeben, erhalten Sie Informationen über seine beruflichen Erfahrungen und bisherigen Tätigkeiten.

DIE RICHTIGE BERATUNG FINDEN

Eine gute Pensionierungsplanung zeichnet sich durch folgende Punkte aus:

- Ihre Ziele und Wünsche stehen im Mittelpunkt.
- Grundlage für die Planung sind Ihr persönliches Budget und Ihre finanzielle Ausgangslage.
- Die vorgeschlagene Lösung ist neutral und unabhängig von Bank- und/oder Versicherungsprodukten ausgearbeitet. Die Wahl der «richtigen» Produkte ist erst in der Umsetzungsphase von Bedeutung.
- Retrozession (Rückvergütung der Anbieter) werden an Sie weitergegeben oder es kommen retrozessionsfreie Produkte zum Einsatz.
- Werden mehrere Varianten erarbeitet – zum Beispiel bei der Pensionskasse Kapitalbezug versus Rente oder Mischform –, zeigt Ihnen der Berater die Vor- und Nachteile der einzelnen Varianten inklusive aller Kosten und steuerlichen Konsequenzen auf und stellt sie einander gegenüber.
- Sie werden bei der Umsetzung der Planung begleitet und unterstützt.
- Die Planung wird regelmässig überprüft und wenn nötig an eine veränderte Ausgangslage oder auch an Gesetzesänderungen angepasst.
- Eine neutrale und unabhängige Planung kann nicht kostenlos sein!

Wie viel kostet die Beratung?

Eine Pensionierungsplanung ist meist kostenpflichtig. Je nach Umfang müssen Sie mit ca. 500 bis mehreren Tausend Franken rechnen. Da in den nächsten Jahren die geburtenstärksten Jahrgänge in Pension gehen, wird das Beratungsangebot in diesem Bereich immer grösser – und auch undurchsichtiger. Oft werden die hohen Beratungsgebühren mit den Steuereinsparungen gerechtfertigt. Es ist zwar unbestritten, dass sich mit einer guten Planung Steuereinsparungen erzielen lassen, doch dazu benötigen Sie nicht zwingend eine umfassende Pensionierungsberatung. Sind Ihre finanziellen Verhältnisse nicht allzu kompliziert, können Sie das mithilfe eines Steuerrechners von der Website der kantonalen Steuerverwaltung auch selber bewerkstelligen.

Bevor Sie eine kostenpflichtige Planung in Anspruch nehmen, sollten Sie sich daher überlegen, welche zusätzlichen Punkte Sie geklärt haben möchten – zum Beispiel erbrechtliche Punkte, Nachfolgeregelung in der Firma, Übertragung der Liegenschaften auf die Kinder – und wie viel Sie dafür zu bezahlen bereit sind. Allenfalls ist dann nicht die Bank oder die Versicherung der richtige Ansprechpartner, sondern eher eine Rechtsanwältin oder ein Treuhänder. Oder Sie benötigen das Zusammenspiel einer Anwältin und eines unabhängigen Finanzplaners.

TIPP *Es lohnt sich, Angebote von mehreren Beratern einzuholen und zu vergleichen. Lassen Sie sich zeigen, welche Dienstleistungen Sie für den Preis erhalten werden.*

Unfreiwillig in die frühzeitige Pensionierung

Schön, wenn Sie sich freiwillig und voll Vorfreude mit Ihrem vorzeitigen Ruhestand befassen können. Was aber gilt, wenn man zwar bis zur Pensionierung arbeiten möchte, aber nicht mehr darf? Wenn eine Reorganisation im Betrieb oder die allgemeine schlechte Wirtschaftslage zur Kündigung führen? Diese Situation ist nicht nur eine psychische Herausforderung, sondern auch finanziell alles andere als einfach.

Natürlich werden Sie in einem solchen Fall alles daran setzen, wieder eine Stelle zu finden, allenfalls auch Teilzeit, damit sich die Situation zumindest ein Stück weit entschärft. Doch gerade für ältere Menschen bleibt es meist bei der Hoffnung und es gibt nur zwei Optionen: die vorzeitige Pensionierung oder die Anmeldung bei der Arbeitslosenversicherung.

Was gilt bei einer erzwungenen vorzeitigen Pensionierung?

Auch wenn Sie zu einer vorzeitigen Pensionierung gezwungen werden, gelten grundsätzlich die gleichen Bestimmungen wie beim freiwilligen Altersrücktritt. Die Rente aus der Pensionskasse wird gekürzt. Der Arbeitgeber hat keine Verpflichtung, einen Ausgleich oder eine Abfindung zu zahlen. In den 90er-Jahren war es noch üblich, dass solche Rentenkürzungen durch Einlagen des Arbeitgebers in die Pensionskasse mindestens teilweise kompensiert wurden. Heute ist dies nicht mehr der Fall und Sie müssen mit der normalen Rentenkürzung rechnen (siehe Seite 84).

TIPP *Falls Sie von einer Kündigung kurz vor der Pensionierung betroffen sind, sprechen Sie mit Ihrem Arbeitgeber über eine mögliche Ausgleichszahlung. Zeigt er sich bereit dazu, ist es für beide Seiten vorteilhafter, wenn der Ausgleich in Form* *einer Einmaleinlage in die Pensionskasse eingezahlt wird. Dann müssen Sie die Summe nicht als Einkommen versteuern und der Arbeitgeber muss darauf keine Sozialversicherungsbeiträge abrechnen. So fällt die Entschädigung eventuell etwas höher aus. Mit einer solchen Einlage lässt sich mindestens ein Teil der Rentenkürzung auffangen.*

Auch alle übrigen reglementarischen Bestimmungen gelten bei der erzwungenen Pensionierung. So können Sie auch in dieser Situation entscheiden, ob Sie Ihr Guthaben als Rente oder als Kapital beziehen wollen. Mehr über die Vor- und Nachteile von Renten- und Kapitalbezug erfahren Sie auf Seite 72.

Übergangsrente

Verschiedene Pensionskassen sehen bei einer vorzeitigen Pensionierung die Möglichkeit einer sogenannten Übergangsrente vor; dies gilt auch für eine unfreiwillige Pensionierung. Eine solche Übergangsrente soll die Zeit bis zur AHV-Rente überbrücken und wird bis zum ordentlichen Pensionierungsalter ausgezahlt. Obligatorisch ist diese Leistung nicht; heute ist sie fast nur noch in Grossunternehmen üblich. Vielfach ist die Übergangsrente zudem bloss als Option vorgesehen. Das heisst: Man kann sie beziehen, hat aber keinen automatischen Anspruch darauf. Trifft dies zu, wird die Übergangszahlung meist zulasten der ordentlichen Altersrente finanziert – diese fällt also entsprechend tiefer aus.

TIPP *Falls das Reglement Ihrer Pensionskasse eine Übergangsrente vorsieht, erkundigen Sie sich, wie diese finanziert wird, und lassen Sie die Auswirkungen auf Ihre ordentliche Altersrente berechnen. Nur so können Sie entscheiden, ob Sie die Übergangsrente beziehen wollen oder nicht.*

Und die Arbeitslosenversicherung?

Wenn Ihnen aus wirtschaftlichen Gründen gekündigt wird und der Arbeitgeber Ihnen eine vorzeitige Pensionierung ermöglicht, haben Sie trotzdem Anspruch auf Arbeitslosentaggeld. Sofern Sie in den letzten zwei Jahren Beiträge an die Arbeitslosenversicherung (ALV) gezahlt haben, stockt diese Ihre Pensionskassenrente so weit auf, dass Sie das Ihnen zustehende

Taggeld erreichen. Das sind in der Regel 70 Prozent Ihres bisherigen Lohnes respektive 80 Prozent, wenn Sie für Kinder sorgen müssen.

FRANCA R. IST LEDIG und hat keine Kinder. Als Sachbearbeiterin verdient sie 72 000 Franken pro Jahr. Dann verliert die Firma einen Grossauftrag und muss Stellen abbauen. Da Frau R. bereits 61 ist, schlägt ihr der Arbeitgeber eine frühzeitige Pensionierung vor. Von der Arbeitslosenversicherung erhält sie zusätzlich zur reduzierten Pensionskassenrente 33 000 Franken pro Jahr (siehe Berechnung).

BERECHNUNG DER ARBEITSLOSENVERSICHERUNG FÜR FRANCA R.

Bisheriger Jahreslohn Fr. 72 000.–	
70 % davon	Fr. 50 400.–
– Rente der Pensionskasse	– Fr. 17 400.–
Differenz = Arbeitslosentaggeld	**Fr. 33 000.–**

Die Arbeitslosenversicherung zahlt ihre Leistungen als Taggeld pro Arbeitstag aus. Ältere Arbeitnehmende haben Anspruch auf folgende Anzahl Taggelder:

- Ab Alter 55: 520 Taggelder
- Zusätzlich, wenn man innerhalb der letzten vier Jahre vor Erreichen des ordentlichen AHV-Rentenalters arbeitslos wurde: 120 Taggelder

Ein Jahr hat rund 260 Arbeitstage, 640 Taggelder entsprechen also knapp drei Jahren. Das heisst, eine erzwungene Pensionierung lässt sich für Männer ab etwa 62 mit den Leistungen der Arbeitslosenversicherung überbrücken, für Frauen ab 61. Wird die Kündigung vorher ausgesprochen, reichen die Arbeitslosentaggelder nicht ganz für die Zeit bis zum ordentlichen Rentenalter.

INFO *Wer unfreiwillig in den Ruhestand geschickt wurde, gilt als vorzeitig pensionierte Person und muss sich nicht mehr im gleichen Umfang – oder je nach Alter gar nicht mehr – um eine neue Anstellung bemühen.*

Wenn jemand sich bei einer erzwungenen frühzeitigen Pensionierung für den Kapitalbezug aus der Pensionskasse entscheidet, wird für die Berechnung des Arbeitslosentaggelds ein Kapitalverzehr mitberücksichtigt (mehr zur Frage Rente oder Kapital lesen Sie auf Seite 72).

Kündigung statt vorzeitige Pensionierung

Die zweite Option ist eine ordentliche Kündigung des Arbeitsvertrags und der Verzicht auf die vorzeitige Pensionierung. Grundsätzlich ist es bis zum ordentlichen Rentenalter von 65 respektive 64 Jahren möglich, den Arbeitsvertrag «normal» zu kündigen. Sie können also nicht zur Pensionierung gezwungen werden.

Falls Sie sich für diesen Weg entscheiden, gelten Sie als normale stellenlose Person und haben Anspruch auf ein Arbeitslosentaggeld sowie auf die Unterstützung durch das Regionale Arbeitsvermittlungszentrum (RAV) bei der Stellensuche. Sie sind aber auch verpflichtet, sich intensiv um eine Stelle zu bemühen, und müssen Ihre Bemühungen nach den Vorgaben des RAV nachweisen. Sie erhalten die gleiche Anzahl Taggeld wie auf der vorangehenden Seite beschrieben – also maximal 640. Auch die Höhe des Taggelds ist gleich und beläuft sich auf 70 respektive 80 Prozent Ihres letzten Lohnes.

TIPP *Falls Sie sich für diese Lösung entscheiden, lassen Sie sich vom Arbeitgeber kündigen. Wenn Sie selber kündigen, kann dies zu Problemen mit der Arbeitslosenversicherung führen. Sie erhalten dann für eine bestimmte Dauer – bis zu 60 Tagen – keine Taggelder (Einstelltage).*

Austritt aus der Pensionskasse

Da Sie Ihre Anstellung kündigen respektive die Kündigung erhalten, müssen Sie die Pensionskasse verlassen und Sie erhalten die Freizügigkeitsleistung – aber nicht in bar. An sich muss dieses Geld an die Pensionskasse des neuen Arbeitgebers überwiesen werden. Da Sie jedoch keine neue Anstellung haben, wird die Summe auf einem Freizügigkeitskonto bei der Bank, in einer Freizügigkeitspolice bei einer Versicherungsgesellschaft oder bei der Auffangeinrichtung platziert.

Was heisst das für später? Da die Gelder nicht mehr bei einer Pensionskasse liegen, entfällt die Möglichkeit einer Altersrente. Sie werden beim Erreichen des ordentlichen Rentenalters also zwingend das Kapital ausgezahlt erhalten und müssen dieses versteuern. Danach müssen Sie das Geld selber einteilen. Mehr zu den Auswirkungen des Kapitalbezugs lesen Sie auf Seite 72, wie Sie den Vermögensverzehr sinnvoll planen, erfahren Sie ab Seite 173.

An sich haben Sie auch die Möglichkeit, mit dem ausgezahlten Kapital eine Leibrentenversicherung abzuschliessen. Die Versicherer rechnen aber mit einer ganz anderen Lebenserwartung als die Pensionskassen; entsprechend tief fallen die Renten aus. Für 100 000 Franken Kapital erhalten Sie nur 3000 bis 3500 Franken Rente pro Jahr (bei der Pensionskasse sind es rund 6000 bis 6800 Franken, Stand 2018).

TIPPS *Beim Austritt aus der Pensionskasse können Sie beantragen, dass die Freizügigkeitsleistung auf zwei verschiedene Freizügigkeitseinrichtungen überwiesen wird. So haben Sie die Möglichkeit, die Auszahlung des Geldes auf zwei Steuerperioden zu verteilen. Das reduziert die Kapitalleistungssteuer massgeblich (siehe auch das Beispiel auf Seite 90). Mehr als zwei Konten sind nicht möglich.*

Wichtig: Diese Aufteilung ist nur beim Austritt aus der Pensionskasse möglich. Sobald das Geld auf einem Freizügigkeitskonto liegt, kann es nicht mehr gestaffelt bezogen werden.

Egal welche Option Sie wählen, eine Kündigung kurz vor der Pensionierung hat erhebliche Auswirkungen auf die Rentenleistungen im Alter. Umso wichtiger, dass Sie möglichst früh ein Vermögenspolster aufbauen, mit dem sich solche Finanzprobleme abfedern lassen.

Sarah und Peter L. – schon früh die Pensionierung vorbereitet

Sarah und Peter L. – sie 61 und er 63 Jahre alt – haben schon immer gewusst, dass sie nicht bis zum Pensionsalter berufstätig sein wollen. Mit der Planung des Ruhestands haben sie schon vor längerer Zeit angefangen und die nötigen finanziellen Vorkehrungen getroffen. Weil ihre Planung aufgegangen ist, können sie sich nun gemeinsam per September dieses Jahres vorzeitig pensionieren lassen.

Vor Kurzem hat das Paar ein neues Wohnmobil gekauft, um damit vor allem die Wintermonate im Süden von Europa zu verbringen. Die 3,5-Zimmer-Wohnung in Winterthur werden Sarah und Peter L. aber behalten und sie wollen zwischen den Reisen auch immer wieder zurück in die Schweiz kommen, um ihre Kinder und Enkel zu besuchen.

Die Kosten für die Reisen mit dem Wohnmobil belaufen sich auf 10 000 Franken pro Jahr, die Miete inklusive Nebenkosten für die Wohnung beträgt 18 000 Franken. Um die frühzeitige Pensionierung zu finanzieren, haben Herr und Frau L. jeweils den maximal möglichen Beitrag in die Säule 3a einbezahlt. Dieses Guthabens beläuft sich per Pensionierungsdatum auf 250 000 Franken – Kapitalsteuern bereits abgezogen. Daneben verfügt das Ehepaar über ein Vermögen von 400 000 Franken.

Sarah und Peter L. erhalten von der AHV zusammen die maximale plafonierte Rente von 42 300 Franken pro Jahr. Sie haben beschlossen, diese nicht vorzubeziehen, sondern bis zum ordentlichen Rentenalter zu warten. Zudem werden beide ihr Pensionskassenguthaben als Rente beziehen. Die Rente von Frau L. wird 15 500 Franken pro Jahr ausmachen, die Rente für Herrn L. 27 200 Franken.

Aus dem Budget des Ehepaars L. ergibt sich folgender Kapitalbedarf:

Ausgabenüberschuss bis Alter 65/63 (2 Jahre)	Fr. 89 800.–
Ausgabenüberschuss bis Alter 66/64 (1 Jahr)	Fr. 19 700.–
Ausgabenüberschuss bis Alter 85/84 (19 Jahre)	Fr. 163 400.–
Total Kapitalbedarf	Fr. 272 900.–

Dank ihrer frühzeitigen Planung und der disziplinierten Einzahlung in die Säule 3a können Sarah und Peter L. den Traum der vorzeitigen Pensionierung verwirklichen und werden die Tage in der Sonne von Südeuropa ohne finanzielle Sorgen geniessen. Sie haben sogar die Möglichkeit, den Grossteil ihres freien Vermögens langfristig zu investieren oder die Kinder finanziell zu unterstützen.

BUDGET VON SARAH UND PETER L.

	Mit 63 bzw. 61 Jahren	Mit 65 bzw. 63 Jahren	Ab 66 bzw. 64 Jahren
Einnahmen			
AHV-Rente Sarah L.			Fr 21 150.–
AHV-Rente Peter L.		Fr. 28 200.–	Fr. 21 150.–
Pensionskassenrente Sarah L.	Fr. 15 500.–	Fr. 15 500.–	Fr. 15 500.–
Pensionskassenrente Peter L.	Fr. 27 200.–	Fr. 27 200.–	Fr. 27 200.–
Total Einnahmen	**Fr. 42 700.–**	**Fr. 70 900.–**	**Fr. 85 000.–**
Ausgaben			
Lebenshaltungskosten	Fr. 42 000.–	Fr. 42 000.–	Fr. 42 000.–
Miete Wohnung	Fr. 18 000.–	Fr. 18 000.–	Fr. 18 000.–
Krankenkasse	Fr. 9 600.–	Fr. 9 600.–	Fr. 9 600.–
Unterhalt Wohnmobil	Fr. 4 000.–	Fr. 4 000.–	Fr. 4 000.–
Kosten Reisen	Fr. 10 000.–	Fr. 10 000.–	Fr. 10 000.–
Steuern	Fr. 4 000.–	Fr. 7 000.–	Fr. 10 000.–
Total Ausgaben	**Fr. 87 600.–**	**Fr. 90 600.–**	**Fr. 93 600.–**
Einnahmen-/Ausgabenüberschuss			
Total Einnahmen	Fr. 42 700.–	Fr. 70 900.–	Fr. 85 000.–
Total Ausgaben	Fr. 87 600.–	Fr. 90 600.–	Fr. 93 600.–
Ausgabenüberschuss	**Fr. –44 900.–**	**Fr. –19 700.–**	**Fr. –8 600.–**

Checkliste für Ihre Planung

Wer seinen vorzeitigen Ruhestand unbeschwert geniessen möchte, sollte sich möglichst gut darauf vorbereiten. Je früher Sie damit anfangen, desto besser.

Die wichtigsten Planungsaufgaben im Zusammenhang mit der Frühpensionierung finden Sie auf dieser und den folgenden Seiten zusammenge-

CHECKLISTE PENSIONIERUNGSPLANUNG

Sie sind zwischen 50 und 55

- ☐ Erstellen Sie eine Übersicht über Ihr Vermögen (Immobilien, Kontoguthaben, Vorsorgegelder der zweiten Säule und der Säule 3a, Wertschriften, Lebensversicherungen, Beteiligungen, Erbanwartschaften etc.) und über Ihre Schulden (Hypothek, Darlehen etc.). Notieren Sie die Verfügbarkeit der einzelnen Vermögenswerte.
- ☐ Verlangen Sie bei der AHV-Ausgleichskasse eine Rentenvorausberechnung.
- ☐ Erstellen Sie ein Budget und überprüfen Sie, ob Ihre voraussichtlichen Einnahmen nach der Frühpensionierung ausreichen.
- ☐ Falls sich eine Einkommenslücke ergibt: Ermitteln Sie, wie viel (zusätzliches) Kapital Sie benötigen, um diese Lücke zu schliessen.
- ☐ Finden Sie Wege, wie Sie dieses Kapital am besten ansparen.
- ☐ Definieren Sie, welche Anlagestrategie für welche Vermögenswerte möglich ist, und lassen Sie sich die Risiken und Chancen sowie Kosten und steuerlichen Auswirkungen aufzeigen.

Rund fünf Jahre vor dem gewünschten Frühpensionierungsdatum

- ☐ Legen Sie das Datum Ihrer Frühpensionierung fest oder machen Sie sich mindestens Gedanken über ein mögliches Datum.
- ☐ Klären Sie ab, wann Sie Ihre Pensionskassenleistungen und die AHV-Rente frühestens beziehen können. Lassen Sie sich von der Pensionskasse die voraussichtliche Altersrente für den gewünschten Pensionierungszeitpunkt berechnen. Sofern Sie bei der AHV-Ausgleichskasse noch keine Rentenvorausberechnung bestellt haben, ist dieser Punkt jetzt zu erledigen.

fasst. Dieser Überblick dient Ihnen auch als Checkliste, damit Sie wissen, wann Sie was erledigen oder in die Wege leiten sollten. Wenn Sie sich daran halten, vergessen Sie nichts Wesentliches und verpassen auch keine wichtigen Fristen.

TIPP *Die Checkliste setzt ein, wenn Sie rund 50 Jahre alt sind. Das heisst natürlich nicht, dass Sie nicht schon früher mit Sparen anfangen können. Je früher Sie sich auf Ihre Frühpensionierung vorbereiten und Mittel zur Seite legen, desto positiver wirken sich Zins und Zinseszins aus.*

- ☐ Klären Sie ab, welchen Teil Ihres Pensionskassenguthabens Sie als Kapital beziehen können und welche Anmeldefrist Sie für einen Kapitalbezug einhalten müssen.
- ☐ Wägen Sie die Vor- und Nachteile des Renten- und des Kapitalbezugs sorgfältig ab. Entscheiden Sie dann, ob Sie alles als Rente beziehen oder sich mindestens einen Teil als Kapital auszahlen lassen wollen.
- ☐ Wenn Sie sich für einen (Teil-)Kapitalbezug entschieden haben, melden Sie ihn vor Ablauf der Frist bei der Pensionskasse an.
- ☐ Jetzt ist oft die letzte Gelegenheit für einen steuerlich lukrativen Einkauf in die Pensionskasse – vor allem dann, wenn Sie sich den eingezahlten Betrag bei der Frühpensionierung wieder auszahlen lassen möchten. Berechnen Sie zuerst die Rendite des Einkaufs und vergleichen Sie sie mit anderen Kapitalanlagen, bevor Sie sich entscheiden.
- ☐ Machen Sie sich Gedanken zu Ihrer Wohnsituation: Wollen Sie Ihr Haus behalten oder möchten Sie nach der Frühpensionierung (oder später) in eine Eigentums- oder Mietwohnung ziehen? Entscheiden Sie, ob Sie die Hypothek ganz oder teilweise amortisieren wollen, und passen Sie die Laufzeiten an. Wenn Sie in eine Wohnung umziehen möchten, sollten Sie sich rechtzeitig nach geeigneten Objekten umsehen.
- ☐ Legen Sie fest, wann Sie Ihre Vorsorgeguthaben aus der zweiten Säule und der Säule 3a beziehen wollen. Verteilen Sie die Bezüge über mehrere Jahre: So können Sie allenfalls mehrere Tausend Franken Steuern sparen.
- ☐ Erstellen Sie einen detaillierten Finanzplan, der die Entwicklung der Ausgaben, der Einnahmen und des Vermögens bis zur Frühpensionierung und für die Zeit danach aufzeigt.
- ☐ Überlegen Sie, wie Sie Ihr Einkommen nach der (Früh-)Pensionierung sichern wollen: Lohnt sich zum Beispiel der Kauf einer Leibrentenversicherung oder legen Sie dieses Geld besser selber an und verzehren es nach Ihrem eigenen Plan (Etappenkonzept)?

→

- ☐ Legen Sie Ihre Anlagestrategie fest respektive passen Sie Ihre bestehenden Anlagestrategien laufend an.
- ☐ Suchen Sie einen vertrauenswürdigen, unabhängigen Berater, der Sie bei allen wichtigen Entscheidungen unterstützt und einen verlässlichen Finanzplan für Sie erstellt. Der Finanzplan sollte neutral und ohne konkrete Produkte ausgearbeitet sein.

Rund ein Jahr vor der Frühpensionierung

- ☐ Fragen Sie Ihren Arbeitgeber, ob er Ihren vorzeitigen Ausstieg finanziell unterstützt, zum Beispiel mit einer Überbrückungsrente bis zum regulären Pensionierungsalter. Prüfen Sie genau, wie diese Überbrückungsrente finanziert wird.
- ☐ Prüfen Sie, ob sich ein Vorbezug der AHV- und der Pensionskassenrente lohnt. Vergleichen Sie auch andere Möglichkeiten zur Überbrückung der Einkommenslücke, zum Beispiel den frühzeitigen Bezug von Säule-3a-Guthaben.
- ☐ Schichten Sie Ihr Vermögen so um, dass Ihr Einkommen langfristig gesichert ist. Überprüfen Sie dazu auch die bestehenden Anlagestrategien und passen Sie diese gegebenenfalls an.
- ☐ Wählen Sie einen geeigneten Vermögensverwalter, wenn Sie Ihre Anlagestrategie nicht allein festlegen und Ihr Vermögen nicht selbst bewirtschaften möchten.
- ☐ Kündigen Sie Ihre Hypothek rechtzeitig, wenn Sie bei der (Früh-)Pensionierung den ganzen Betrag oder einen Teil davon zurückzahlen möchten.
- ☐ Beantworten Sie auch die Frage, ob Ihr Nachlass anders, als es das Gesetz vorsieht, verteilt werden soll. Treffen Sie geeignete Massnahmen, zum Beispiel mit einem Ehevertrag, einem Erbvertrag oder einem Testament. Prüfen Sie, ob Sie in Ihrer letztwilligen Verfügung einen Willensvollstrecker einsetzen wollen.

Drei bis vier Monate vor der Frühpensionierung

- ☐ Falls Sie die AHV-Rente vorbeziehen wollen: Melden Sie Ihren Rentenanspruch mindestens drei Monate vor dem letzten Arbeitstag bei Ihrer AHV-Ausgleichskasse an, damit die erste Rente pünktlich überwiesen wird. Falls Sie die AHV-Rente nicht vorbeziehen, müssen Sie jetzt noch nichts unternehmen.
- ☐ Zahlen Sie den Beitrag an die Säule 3a für das Jahr, in dem Sie in den Ruhestand treten, vor dem Datum Ihrer Frühpensionierung ein.

Nach der Frühpensionierung

- ☐ Melden Sie sich nach der Frühpensionierung bei der AHV-Ausgleichskasse und zahlen Sie die Beiträge für Nichterwerbstätige. Jede Beitragslücke kann eine Kürzung Ihrer Rente zur Folge haben. Erkundigen Sie sich nach Möglichkeiten, wie Sie Ihre AHV-Beiträge senken können (zum Beispiel durch Einkommen aus einem Nebenerwerb).
- ☐ Behalten Sie Ihr Budget und Ihre Finanzen immer im Auge. Kontrollieren Sie die Einhaltung Ihres Finanzplans, damit Ihnen später nicht plötzlich das Geld ausgeht.
- ☐ Notieren Sie sich zu Beginn der Frühpensionierung Ihre Ausgaben und gleichen Sie diese immer wieder mit Ihrem Budget und Ihrem Finanzplan ab. Kommt es zu Abweichungen, prüfen Sie, was Sie wie und wo ändern können.
- ☐ Passen Sie Ihre Planung an, wenn sich Ihre Lebenssituation ändert, ebenso bei einer Änderung der gesetzlichen Rahmenbedingungen.

Quelle: VZ VermögensZentrum, modifiziert

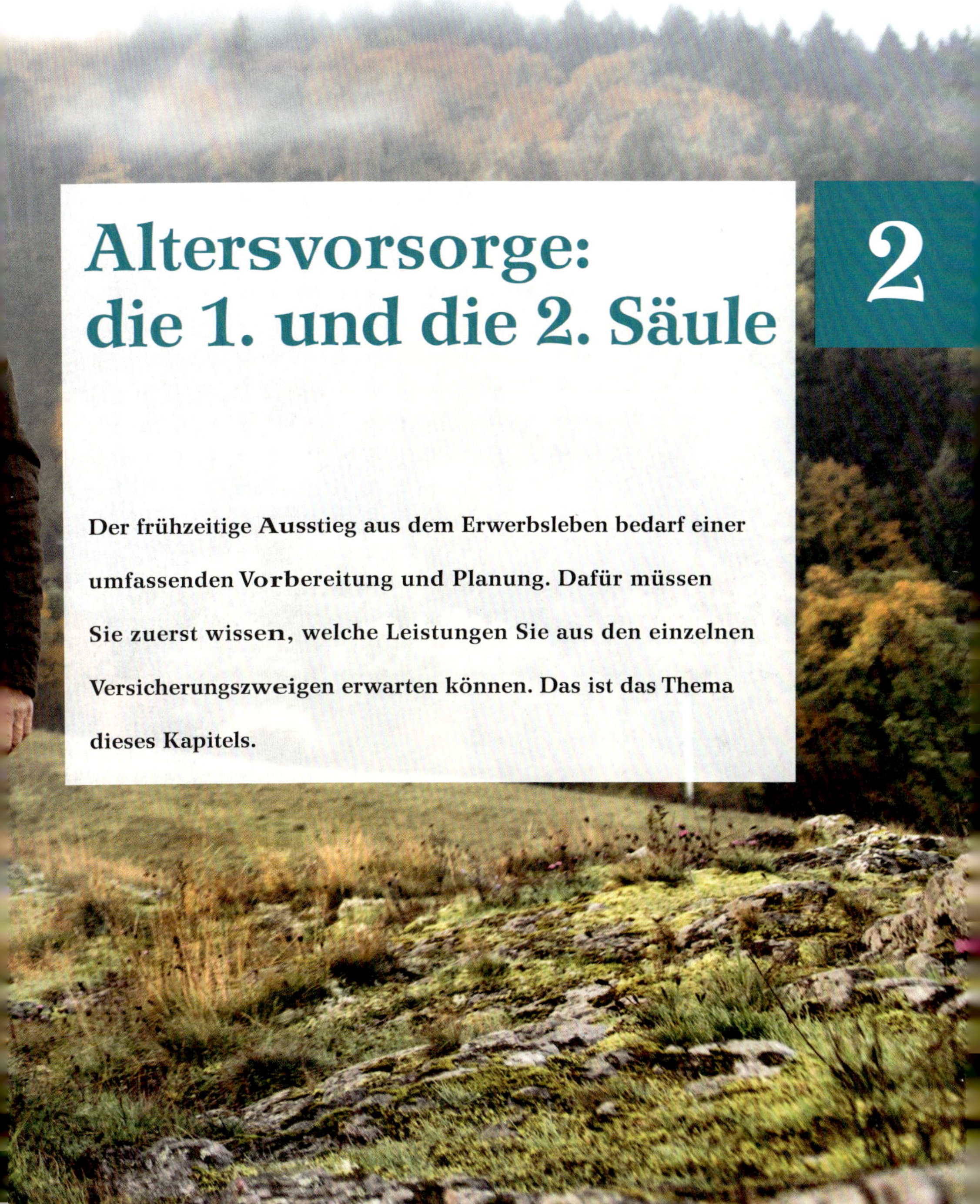

2

Altersvorsorge: die 1. und die 2. Säule

Der frühzeitige Ausstieg aus dem Erwerbsleben bedarf einer umfassenden Vorbereitung und Planung. Dafür müssen Sie zuerst wissen, welche Leistungen Sie aus den einzelnen Versicherungszweigen erwarten können. Das ist das Thema dieses Kapitels.

Das Drei-Säulen-Konzept der Altersvorsorge

In der Bundesverfassung ist festgeschrieben, dass der Bund Massnahmen für eine ausreichende Alters-, Hinterlassenen- und Invalidenvorsorge zu treffen hat. Dieser Auftrag wurde im Rahmen des Drei-Säulen-Konzepts umgesetzt.

Durch die Aufteilung auf drei Säulen ist das Vorsorgesystem in der Schweiz etwas komplexer als in anderen Ländern. Die unten stehende Grafik zeigt Ihnen, wie die drei Säulen zusammenspielen.

Der Gesetzgeber hat die Aufgaben für eine genügende Vorsorgedeckung auf drei Vorsorgeträger aufgeteilt. Die 1. Säule organisiert der Staat selbst; er hat die Durchführung den Ausgleichskassen der AHV übertragen. In der 2. Säule nimmt der Staat die Arbeitgeber in die Pflicht; sie haben zu-

ALTERSVORSORGE MIT DEN DREI SÄULEN

Drei-Säulen-Konzept

1. Säule		2. Säule		3. Säule	
Staatliche Vorsorge		Berufliche Vorsorge		Private Vorsorge	
Existenzsicherung		Fortsetzung der gewohnten Lebenshaltung		Individuelle Ergänzung	
AHV/IV	Ergänzungsleistungen (EL)	Obligatorisch BVG/UVG	Überobligatorische Vorsorge	Gebundene Vorsorge* (Säule 3a)	Freie Vorsorge (Säule 3b)

* mit zusätzlicher Steuervergünstigung

sammen mit ihren Angestellten die Leistungen der 1. Säule zu ergänzen. In der 3. Säule überträgt der Staat schliesslich die Verantwortung an die Privatpersonen; sie sollen die Leistungen nach ihren individuellen Bedürfnissen ergänzen. Damit die 3. Säule genutzt wird, wurden zusätzlich steuerliche Anreize geschaffen.

Der Kreis der Versicherten

In der **1. Säule,** der AHV, ist die gesamte Wohnbevölkerung der Schweiz obligatorisch versichert, unabhängig davon, ob Beiträge bezahlt werden oder nicht.

Die **2. Säule,** die berufliche Vorsorge, versichert dagegen nur die Arbeitnehmerinnen und Arbeitnehmer. Nicht erwerbstätige Personen, zum Beispiel Mütter, Hausfrauen, Hausmänner, können in der 2. Säule keine Altersvorsorge aufbauen. Zudem muss der Jahreslohn für eine obligatorische Versicherung bei der Pensionskasse über 21 150 Franken liegen. Diese sogenannte Eintrittsschwelle führt dazu, dass auch Teilzeitbeschäftigte mit tiefem Einkommen über keine Altersvorsorge in der 2. Säule verfügen. Selbständigerwerbende schliesslich sind nicht obligatorisch versichert, können sich aber freiwillig einer Pensionskasse anschliessen.

Die **3. Säule** ist freiwillig; jedermann kann darin so viel für die Vorsorge einsetzen, wie er oder sie möchte. Unterschieden wird zwischen der gebundenen Vorsorge (Säule 3a) mit zusätzlicher Steuervergünstigung und der freien Vorsorge (Säule 3b). Damit Sie in die Säule 3a einzahlen können, benötigen Sie ein AHV-pflichtiges Erwerbseinkommen; nicht erwerbstätige Personen sind also auch von dieser Möglichkeit ausgeschlossen. Ihnen steht aber wie allen anderen die freie Vorsorge in der Säule 3b offen. Diese verfügt zwar auf den ersten Blick nicht über die Steuervorteile der gebundenen Vorsorge, doch durch eine geschickte Auswahl der Sparstrategie lässt sich darin ohne übermässige Steuerfolgen zusätzliches Kapital ansparen.

INFO *Die Notwendigkeit des ergänzenden Sparens im Rahmen der 3. Säule wird oft massiv unterschätzt. Meist reichen die Mittel aus der 1. und der 2. Säule nicht aus, um die Lebenshaltungskosten im Alter zu decken. Noch wichtiger wird die freiwillige Vor-*

sorge, wenn Sie eine frühzeitige Pensionierung anstreben. Deshalb werden die Möglichkeiten der Säulen 3a und 3b in einem separaten Kapitel ausführlich beschrieben (siehe Seite 101).

Die Ziele der drei Säulen

Das Ziel der **1. Säule** ist die Existenzsicherung; die Leistungen der AHV sollen das «Überleben» ermöglichen. Die AHV kennt eine Minimal- und eine Maximalrente: Eine alleinstehende Person erhält aus der 1. Säule, sofern die Beitragsdauer erfüllt ist, mindestens 1175 Franken pro Monat. Ist das durchschnittliche Einkommen über die ganze Erwerbszeit höher als 84 600 Franken, erhält man die Maximalrente von 2350 Franken (Stand 2018). Ein Ehepaar kommt auf maximal 3525 Franken pro Monat. Wie die AHV-Rente konkret berechnet wird und welche weiteren Faktoren massgebend sind, erfahren Sie ab Seite 45.

Die **2. Säule** soll – zusammen mit den Leistungen der 1. Säule – die Fortführung der gewohnten Lebenshaltung ermöglichen. Diese Definition

DIE VORSORGELÜCKE

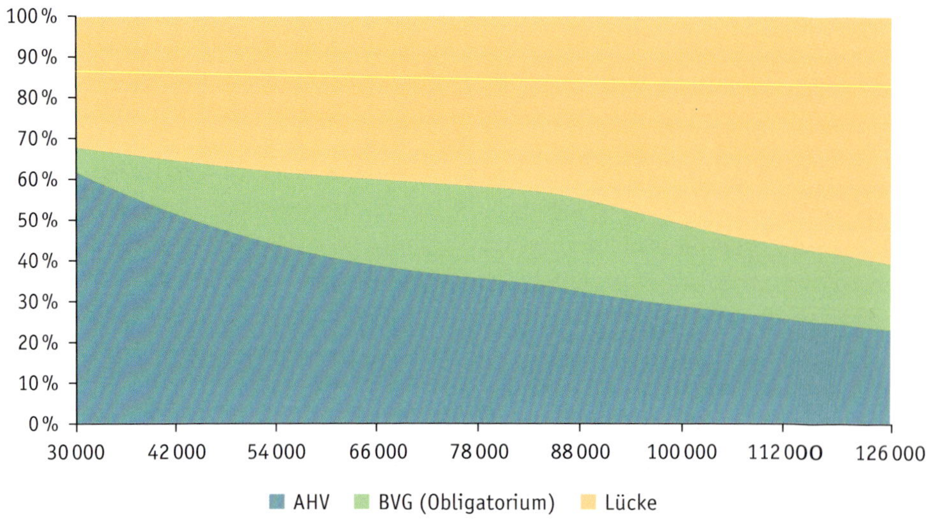

führt oft zu einer falschen Sicherheit; viele verstehen darunter 80, 90 oder sogar 100 Prozent des bisherigen Lohnes. Dies ist aber nicht so: Der Gesetzgeber geht bei dieser Definition von einer Abdeckung von 60 bis 70 Prozent aus (siehe Grafik).

Weil jedoch ein Ersatzeinkommen von 60 Prozent in den meisten Fällen nicht ausreicht, um die Lebenshaltungskosten zu decken, braucht es die **3. Säule.** Sie soll die Leistungen aus den ersten beiden Säulen nach den individuellen Bedürfnissen ergänzen.

BUCHTIPP
Umfassende Informationen zum Schweizer Vorsorgesystem finden Sie in diesem Beobachter-Ratgeber:
Vorsorgen, aber sicher! So planen Sie Ihre Finanzen fürs Alter.
www.beobachter.ch/buchshop

Unterschiedliche Finanzierung der drei Säulen

Die **1. Säule** wird nach dem sogenannten Umlageverfahren finanziert. Dabei finanziert die erwerbstätige Bevölkerung mit ihren Beiträgen die Renten der Pensionierten. Die Einnahmen werden also direkt wieder in Form von Renten ausgezahlt.

Dieses Finanzierungsverfahren ist sehr einfach und relativ günstig umzusetzen. Zudem ist es auch sehr solidarisch, so finanzieren die jungen Arbeitnehmenden die älteren Rentner (sogenannter Generationenvertrag). Hinzu kommt, dass Personen mit einem hohen Einkommen zwar höhere Beiträge einzahlen, aber nicht mehr als die Maximalrente erhalten. Diese beträgt das Doppelte der Minimalrente, die auch Personen ohne oder mit einem tiefen Einkommen zusteht.

Das Problem des Systems liegt in der demografischen Entwicklung, im Verhältnis zwischen der erwerbstätigen Bevölkerung und den Rentnern. Bei der Einführung der AHV kamen auf eine Person in Rente rund acht Erwerbstätige, heute sind es noch rund drei. Aufgrund der steigenden Lebenserwartung und der Tatsache, dass in den nächsten Jahren die Babyboomer in Rente gehen, dürfte sich das Verhältnis noch zusätzlich verschlechtern. Die Belastung der Arbeitnehmer und Arbeitgeber wird entsprechend steigen oder es müssen zusätzliche Einnahmequellen (zum Beispiel über die Mehrwertsteuer) erschlossen werden.

In der **2. Säule** gilt das Kapitaldeckungsverfahren. Dieses hat keinen solidarischen Ansatz. Jede versicherte Person ist auf sich allein gestellt.

DER RENTENUMWANDLUNGSSATZ

Der Rentenumwandlungssatz wird verwendet, um das angesparte Alterskapital in eine lebenslange Rente umzurechnen. Beim heutigen gesetzlichen Umwandlungssatz von 6,8 Prozent erhalten Sie aus einem Alterskapital von 100 000 Franken eine Rente von 6800 Franken pro Jahr. Diese 6,8 Prozent gelten aber nur für den obligatorischen Bereich. In der überobligatorischen Vorsorge steht es den Pensionskassen frei, welchen Umwandlungssatz sie anwenden – er fällt in der Regel deutlich tiefer aus (mehr dazu auf Seite 71). ■

Die 2. Säule gleicht einem Sparkonto: Die Arbeitnehmerin zahlt zusammen mit dem Arbeitgeber monatlich einen Sparbetrag auf ihr persönliches Konto. Je höher das Einkommen, desto höher dieser Betrag und desto höher schliesslich auch das angesparte Alterskapital. Umgekehrt fällt bei einem tieferen Einkommen auch das Alterskapital tiefer aus, woraus weniger Rente resultiert. Wer unter 21 150 Franken jährlich verdient, fällt ganz aus der 2. Säule heraus.

Der Vorteil des Kapitaldeckungsverfahrens ist, dass es unabhängig von der demografischen Entwicklung funktioniert – zumindest theoretisch. Jeder und jede spart während der Erwerbszeit zusammen mit dem Arbeitgeber und erhält dann die entsprechende Altersrente. In der Praxis findet jedoch sehr wohl eine Umverteilung zwischen den Rentnern und den Erwerbstätigen statt. Aufgrund der gestiegenen Lebenserwartung und im aktuellen tiefen Zinsumfeld reicht das angesparte Kapital nicht mehr aus, um beim gesetzlichen Rentenumwandlungssatz von 6,8 Prozent eine Rente bis zum Lebensende zu finanzieren. Die heutigen Rentner verzehren also mehr Kapital, als sie angespart haben; deshalb muss für die Zukunft erst recht mit einem tieferen Rentenumwandlungssatz gerechnet werden.

AHV – die 1. Säule

Die AHV ist die erste und nach wie vor die wichtigste Säule unseres Vorsorgesystems. Sie garantiert der gesamten Bevölkerung nach der Pensionierung eine Rente, um die existenziellen Auslagen zu decken. Sollten die Renten der AHV für den Lebensunterhalt nicht reichen, werden sie durch die Ergänzungsleistungen (EL) erweitert.

Wer ist versichert in der AHV und wie lange muss man Beiträge bezahlen? Das sind die Themen dieses Kapitels. Zudem erfahren Sie, mit welchen Leistungen der AHV Sie rechnen können und wie die vorzeitige Pensionierung geregelt ist.

Wer ist versichert?

Grundsätzlich sind alle Personen, die in der Schweiz wohnen oder arbeiten, obligatorisch bei der AHV versichert. Die einzige Ausnahme bilden Personen, die zwar in der Schweiz wohnen, aber im Ausland arbeiten; sie sind aufgrund der bilateralen Verträge mit der EU im Land, in dem sie arbeiten, obligatorisch versichert (siehe Kasten).

Ebenfalls obligatorisch versichert sind alle Mitarbeitenden des Bundes, Schweizer Mitarbeitende von internationalen Organisationen wie der UNO und von anerkannten Hilfswerken wie HEKS und Caritas – egal in welchem Land sie arbeiten.

AHV – VERSICHERT ODER NICHT?

	Versichert/nicht versichert
Urs E. wohnt und arbeitet in Zürich.	Obligatorisch versichert
Roman Z. wohnt in St. Gallen und arbeitet in Bregenz (A).	Nicht versichert
Andrea S. wohnt in Waldshut (D) und arbeitet in Baden.	Obligatorisch versichert
Sara P. ist nicht erwerbstätig und wohnt in Bern.	Obligatorisch versichert

Freiwillige Versicherung

Falls Sie nicht zu den obligatorisch versicherten Personen gehören, haben Sie allenfalls die Möglichkeit, sich freiwillig bei der AHV zu versichern. Dafür müssen drei Bedingungen erfüllt sein:

- Sie sind Bürger oder Bürgerin der Schweiz oder der EU/EFTA.
- Sie halten sich ausserhalb der Schweiz respektive der EU/EFTA auf.
- Sie waren unmittelbar vorher mindestens fünf aufeinanderfolgende Jahre obligatorisch in der AHV versichert.

Scheiden Sie aus der AHV aus, zum Beispiel weil Sie eine Stelle im Ausland antreten, sollten Sie wenn immer möglich eine solche freiwillige Versicherung abschliessen. Nur so können Sie allfällige Beitragslücken vermeiden und eine Rentenkürzung verhindern. Für die freiwillige AHV müssen Sie sich innerhalb eines Jahres, nachdem die obligatorische Versicherung erloschen ist, anmelden. Dazu reichen Sie eine Beitrittserklärung ein – entweder bei der Schweizerischen Ausgleichskasse in Genf oder bei der zuständigen Botschaft im Land, in dem Sie sich aufhalten.

TIPP *Wenn Sie sich vorzeitig pensionieren lassen und Ihren Ruhestand nicht in der Schweiz geniessen wollen, melden Sie sich rechtzeitig bei der AHV für die freiwillige Versicherung an. Denn trotz der frühzeitigen Pensionierung bleiben Sie weiterhin beitragspflichtig und können nur so eine Rentenkürzung verhindern. Weitere Informationen finden Sie im Merkblatt der AHV (www.ahv-iv.ch → Merkblätter & Formulare → Merkblatt Nr. 10.02).*

FREIWILLIG BEI DER AHV VERSICHERT (SCHWEIZER ODER EU/EFTA-BÜRGER)

	Freiwillige Versicherung möglich?
Marco R. wohnt und arbeitet in Spanien.	Nein, wohnhaft in der EU
Romana T. wohnt in St. Gallen und arbeitet in Bregenz (A).	Nein, wohnhaft in der Schweiz
Selina F, wohnt und arbeitet in Kanada.	Ja

Die Beiträge an die AHV

Nicht alle bei der AHV versicherten Personen sind auch beitragspflichtig. Es werden bei der Beitragspflicht drei Kategorien unterschieden: die Arbeitnehmenden, die Selbständigerwerbenden und die Nichterwerbstätigen. Für alle gleich ist, dass die Beitragspflicht mit der ordentlichen Pensionierung endet – für Männer also mit 65, für Frauen mit 64 (Ausnahme: jemand ist über das ordentliche Rentenalter erwerbstätig). Der Beginn der Beitragspflicht ist abhängig davon, ob jemand ein Erwerbseinkommen erzielt oder nicht:

- Verdienen Sie ein Einkommen – ob als Angestellter oder als Selbständigerwerbende –, beginnt die Beitragspflicht am 1. Januar nach dem 17. Geburtstag.
- Wer kein Einkommen hat, muss ab dem 1. Januar nach dem 20. Geburtstag Beiträge zahlen.

INFO *Nicht erwerbstätige Verheiratete sind von der Beitragspflicht befreit, sofern der Ehemann, die Ehefrau erwerbstätig ist und mindestens den doppelten Minimalbeitrag einzahlt (956 Franken, Stand 2018). Wenn dieser Ehegatte pensioniert wird und keine Beiträge mehr zahlt, kann die nicht erwerbstätige Seite, die das Rentenalter noch nicht erreicht hat, beitragspflichtig werden. Damit keine Beitragslücken entstehen, muss sie Nichterwerbstätigenbeiträge zahlen.*

AHV-BEITRAGSPFLICHT

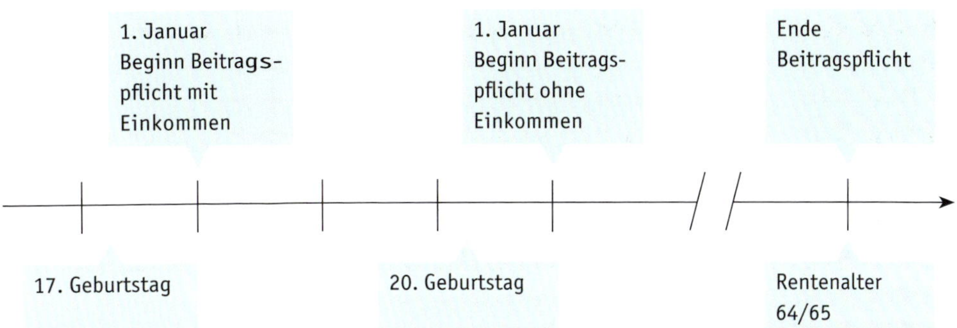

Die Beiträge an die AHV betragen je 4,2 Prozent für den Arbeitgeber und für den Arbeitnehmer. Hinzu kommen 0,7 Prozent als Beitrag für die Invalidenversicherung (IV) und 0,225 Prozent für die Erwerbsersatzordnung (EO). Der Arbeitnehmeranteil von insgesamt 5,125 Prozent wird Ihnen direkt vom Monatslohn abgezogen. Auf dem Lohnausweis sehen Sie die bezahlten AHV/IV/EO-Beiträge für das ganze Jahr.

Beitragspflicht bei einer vorzeitigen Pensionierung

Spätestens ab dem vollendeten 20. Altersjahr und bis zum ordentlichen Pensionierungsalter sind Sie also beitragspflichtig. Das bleibt auch so, wenn Sie sich zum Beispiel mit 60 frühpensionieren lassen. Da Sie nach einer vollständigen Pensionierung kein Erwerbseinkommen mehr haben, müssen Sie Beiträge als Nichterwerbstätiger bezahlen. Auch ein Vorbezug der AHV-Renten (siehe Seite 55) ändert daran nichts, selbst dann müssen Sie bis zum 65. respektive 64. Geburtstag AHV-Beiträge entrichten.

Die Beiträge der Nichterwerbstätigen

Grundlage für die Berechnung des Beitrags von nicht erwerbstätigen Personen sind das steuerbare Vermögen und das Renteneinkommen. Zu diesem Renteneinkommen gehören Altersrenten und Pensionen aller Art – etwa die vorbezogene AHV-Rente, die Rente aus der Pensionskasse oder allenfalls private Leibrenten und Renten von ausländischen Sozialversicherungen. Nicht dazugezählt werden IV-Renten sowie Vermögenserträge (wie Mieterträge, Zinsen). Für die Berechnung wird das Renteneinkommen mit 20 multipliziert und zum Vermögen addiert; bis zu einem Betrag von 300 000 Franken ist der Mindestbeitrag von 478 Franken jährlich zu entrichten. Darüber erhöht sich der Beitrag gemäss einer Tabelle der AHV bis maximal 23 900 Franken.

FREDI L. LÄSST SICH MIT 62 frühzeitig pensionieren. Sein Vermögen beträgt 400 000 Franken, seine Pensionskassenrente 20 000 Franken pro Jahr. Die AHV-Rente will er erst ab dem normalen Pensionierungsalter beziehen. Die AHV-Ausgleichskasse errechnet einen Nichterwerbstätigenbeitrag von Fr. 1537.50 (siehe Kasten).

Gut zu wissen: 3a-Guthaben, die noch nicht bezogen wurden, bleiben in der Berechnung für den Nichterwerbstätigenbeitrag unberücksichtigt. Lä-

BERECHNUNG DES NICHTERWERBSTÄTIGENBEITRAGS VON FREDI L.

Steuerbares Vermögen	Fr. 400 000.—
Renteneinkommen: Rente aus der Pensionskasse: Fr. 20 000.– Anrechenbarer Wert: 20 × Fr. 20 000.–	+ Fr. 400 000.—
Massgebender Betrag	Fr. 800 000.—
Beitrag als Nichterwerbstätiger gemäss Tabelle der AHV	**Fr. 1537.50**

ge also ein Teil des Vermögens von Herrn L. noch auf einem 3a-Konto, würde sein AHV-Beitrag tiefer ausfallen.

TIPP *Melden Sie sich bei einer vollständigen Erwerbsaufgabe vor dem ordentlichen Rentenalter bei der AHV als nicht erwerbstätige Person an, damit Sie die nötigen Beiträge bezahlen können und keine Beitragslücken entstehen.*

Trotz Teilzeitjob als Nichterwerbstätiger beitragspflichtig?

Als nicht erwerbstätige Person gelten Sie, wenn Sie kein oder nur ein sehr geringes Einkommen erzielen; die Grenze liegt bei 4667 Franken pro Jahr. Aber auch wenn Sie nur noch Teilzeit arbeiten – zum Beispiel nach einer Teilpensionierung –, können Sie als Nichterwerbstätiger bei der AHV beitragspflichtig werden. Wenn Sie weniger als neun Monate gearbeitet haben oder wenn Ihr Pensum weniger als 50 Prozent beträgt, stellt die AHV eine Vergleichsrechnung auf. Sind Ihre Beiträge (inklusive der Arbeitgeberbeiträge) aus der Erwerbstätigkeit tiefer als der halbe Beitrag als Nichterwerbstätiger, gelten Sie als nicht erwerbstätig und müssen die entsprechenden Beiträge entrichten.

Die Beiträge, die Ihnen vom Lohn abgezogen werden, können Sie mit dem Beitrag als Nichterwerbstätiger verrechnen. Das müssen Sie jedoch separat verlangen, es passiert nicht automatisch.

NACH DEM ZWEITEN PENSIONIERUNGSSCHRITT arbeitet Fredi L. noch 30 Prozent. Sein Einkommen beläuft sich auf 24 000 Franken, sein AHV-Beitrag macht also 2460 Franken aus. Da sein Pensum unter 50 Prozent liegt, wird dieser Beitrag mit dem Beitrag als Nichterwerbstätiger verglichen. Dieser würde für Herrn L. bei 1537.50 Franken liegen. Da der Beitrag aus der Erwerbstätigkeit höher ist als die Hälfte des Beitrags als Nichterwerbstätiger, ist Herr L. als Arbeitnehmer beitragspflichtig.

CYNTHIA P. ARBEITET nach ihrer Frühpensionierung noch einen halben Tag pro Woche (zehn Prozent) als Verkäuferin in der Bäckerei im Dorf. Ihr Jahreslohn beträgt 5400 Franken. Von ihrer früheren Tätigkeit bezieht sie bereits eine Pensionskassenrente von 17500 Franken, ihr Vermögen gemäss Steuererklärung beläuft sich auf 450000 Franken. Da Frau P.s Pensum unter 50 Prozent liegt, wird eine Vergleichsrechnung gemacht (siehe Kasten). Der Beitrag aus der Erwerbstätigkeit ist kleienr als die Hälfte des Beitrags als Nichterwerbstätige. Daher muss Cynthia P. den Beitrag als Nichterwerbstätige entrichten. Den Beitrag auf der Erwerbstätigkeit kann sie dabei anrechnen lassen, sie muss also noch 984 Franken bezahlen.

Bereits mit einem Einkommen von 7500 Franken würde Frau P. nicht mehr als Nichterwerbstätige gelten und könnte rund 700 Franken AHV-Beiträge einsparen.

BERECHNUNG DES AHV-BEITRAGS VON FRAU P.

Renteneinkommen Fr. 17 500.– multipliziert mit Faktor 20 + Steuerbares Vermögen	 Fr. 350 000.– Fr. 450 000.–	
Massgebender Wert	Fr. 800 000.–	
Beitrag als Nichterwerbstätige (siehe AHV-Merkblatt 2.03, www.ahv-iv.ch → Merkblätter & Formulare)		Fr. 1 537.50
Beitrag aus Erwerbstätigkeit		**Fr. 553.50**

Die Leistungen der AHV

Die Höhe der AHV-Rente ist vom durchschnittlichen massgebenden Einkommen abhängig. Die Berechnung dieses Einkommens ist nicht ganz einfach. Abgesehen von der Anzahl Beitragsjahre (siehe nächste Seite) spielen folgende Faktoren eine Rolle (Erklärungen dazu finden Sie im Kasten auf Seite 53):

- Höhe Ihrer Einkommen während der ganzen Erwerbstätigkeit
- Aufwertungsfaktor
- Erziehungsgutschriften
- Betreuungsgutschriften
- Splitting und Plafonierung bei Eheleuten

Wenn Sie das durchschnittliche massgebende Einkommen kennen, können Sie Ihre Rente aus der sogenannten Skala 44 ablesen. Das Einkommen wird jeweils auf den nächsthöheren Betrag aufgerundet. Die aktuelle Skala 44 finden Sie unter www.ahv-iv.ch (→ Merkblätter & Formulare → Merkblatt 3.01).

Rentenvorausberechnung
Viel einfacher, als die Rente selber zu ermitteln, ist der Weg über eine Rentenvorausberechnung (ab Alter 40 ist das kostenlos). Die Vorausberechnung können Sie bei Ihrer AHV-Ausgleichskasse verlangen; das Formular finden Sie auf der Website der AHV (www.ahv-iv.ch → Merkblätter & Formulare → Formulare → Allgemeine Verwaltungsformulare). Sind Sie verheiratet, empfiehlt es sich, das Gesuch zusammen mit Ihrem Partner, Ihrer Partnerin einzureichen. Nach ein paar Wochen erhalten Sie die Berechnung Ihrer persönlichen voraussichtlichen AHV-Rente unter Berücksichtigung aller relevanten Faktoren.

TIPP *Eine weitere Möglichkeit, eine grobe Berechnung der AHV-Rente vorzunehmen, bietet der Onlinerechner der AHV (www.ahv-iv.ch → Merkblätter & Formulare → Online Rentenschätzung). Auf dieser Website finden Sie zudem umfassende Informationen zum Thema AHV.*

Achtung, Beitragslücken!
Damit Sie eine Vollrente erhalten, müssen Sie die vollständige Beitragsdauer erfüllt haben. Die massgebende Beitragsdauer der AHV beginnt mit dem vollendeten 20. Altersjahr und endet nach dem vollendeten 63. bzw. 64. Altersjahr (siehe Grafik auf Seite 47). Dies entspricht einer Beitragsdauer von 43 respektive 44 Jahren. Fehlen Ihnen ein oder mehrere Beitragsjahre, führt dies zu einer Rentenkürzung. Pro fehlendem Jahr wird die Rente um $^1/_{44}$ (für Frauen und Männer) gekürzt; das entspricht rund 2,3 Prozent.

Es lohnt sich daher, fehlende Beitragsjahre aufzufüllen. Dazu gibt es mehrere Möglichkeiten:

- **Jugendjahre:** Gemeint sind Beiträge, die aus einer Erwerbstätigkeit zwischen 18 und 20 stammen.
- **Nachzahlung:** Fehlende Beitragsjahre können auf fünf Jahre zurück nachgezahlt werden. Im Jahr 2018 können Sie also Lücken aus den Jahren 2013 bis 2017 füllen.
- **Beitragsmonate im Jahr der ordentlichen Pensionierung:** Die Beiträge, die Sie im Jahr Ihrer Pensionierung (bis zum 65. bzw. 64. Geburtstag) einzahlen, ändern zwar nichts mehr an Ihrer Rente. Sie können aber für die Deckung von Beitragslücken angerechnet werden.
- **Zusatzmonate:** Wenn Sie Beitragslücken aufweisen, aber vor 1979 versichert waren oder sich hätten versichern lassen können (Stand 2018), erhalten Sie Zusatzmonate gutgeschrieben. Diese belaufen sich je nach Ihrer gesamten Beitragsdauer auf 12 bis 36 Monate. Das massgebende Jahr wird jährlich angepasst, 2019 wird es also 1980 sein.

Bei der AHV wird auf Ihren Namen ein individuelles Konto (IK) geführt. Darin sind alle für Sie abgerechneten Einkommen der vergangenen Jahre eingetragen und Sie sehen, ob die Beitragspflicht in jedem Jahr erfüllt wurde. Zudem finden Sie die Abrechnungsnummern und die Arbeitgeber. Auch die Beiträge als nicht erwerbstätige Person, die EO-Taggelder und der abgerechnete Lohn als Selbständiger sind ersichtlich.

TIPP *Es lohnt sich, regelmässig einen IK-Auszug zu bestellen. Ein Formular finden Sie unter www.ahv-iv.ch (→ Merkblätter & Formulare → Bestellung Kontoauszug). Falls Sie Beitragslücken entdecken, nehmen Sie am besten mit Ihrer Ausgleichskasse Kontakt auf.*

MASSGEBENDE FAKTOREN FÜR DIE BERECHNUNG DER AHV-RENTE

- **Beitragsjahre:** Für eine Vollrente der AHV müssen Sie als Mann 44 Beitragsjahre aufweisen, als Frau 43. Ein Beitragsjahr gilt als erfüllt, wenn Sie selber mindestens den Mindestbeitrag eingezahlt haben, wenn Ihr Ehemann, Ihre Ehefrau mindestens den doppelten Mindestbeitrag eingezahlt hat oder wenn Ihnen Erziehungsgutschriften gutgeschrieben wurden.
- **Aufwertungsfaktor:** Ihr Einkommen bei der ersten Einzahlung in die AHV vor 44 Jahren hat heute durch die Teuerung an Wert verloren. Der Aufwertungsfaktor gleicht die Teuerung während der Beitragsdauer aus.
- **Erziehungsgutschriften:** Erziehungsgutschriften erhalten Sie für die Betreuung und Erziehung Ihrer Kinder, und zwar ab dem Jahr nach der Geburt des ältesten Kindes bis zum Jahr, in dem das jüngste 16 wird. Die Erziehungsgutschriften sind ein fiktives Einkommen von 42 300 Franken pro Jahr (Stand 2018), das zum durchschnittlichen Einkommen dazugezählt wird.
- **Betreuungsgutschriften:** Die Betreuungsgutschriften betragen ebenfalls 42 300 Franken. Dieses fiktive Einkommen wird Ihnen gutgeschrieben, wenn Sie nahe Verwandte unentgeltlich betreuen. Die Betreuungsgutschriften müssen Sie jedes Jahr neu beantragen. Werden Ihnen bereits Erziehungsgutschriften gutgeschrieben, können Sie nicht auch noch eine Betreuungsgutschrift erhalten.
- **Massgebendes durchschnittliches Jahreseinkommen:** Dieses berechnet sich aus Ihren erzielten Einkommen, den Erziehungs- und Betreuungsgutschriften und dem Aufwertungsfaktor. Die Summe aller Einkommen wird durch die Anzahl effektiver Beitragsjahre dividiert, um das durchschnittliche Jahreseinkommen zu errechnen.
- **Splitting:** Die Jahreseinkommen während der Ehe werden hälftig auf Mann und Frau aufgeteilt. Dabei zählen nur die vollen Ehejahre. Die Einkommen des Jahres, in dem Sie geheiratet haben, werden nicht aufgeteilt. Dasselbe gilt für das Jahr der Auflösung der Ehe. Das Splitting wird erst angewendet, wenn der zweite Ehepartner die Rente bezieht. Insbesondere für nicht erwerbstätige Frauen kann dies anfänglich zu einer sehr tiefen Rente führen.
- **Plafonierung:** Obwohl nach wie vor weiterherum von einer «Ehepaarrente» gesprochen wird, gehört diese schon seit der letzten AHV-Revision im Jahr 1997 der Vergangenheit an. Heute haben beide Ehegatten einen persönlichen Anspruch auf eine eigene Rente der AHV. Zusammen dürfen diese Renten aber 150 Prozent der einfachen maximalen AHV-Rente nicht übersteigen. Das Maximum der beiden Renten liegt also bei 3525 Franken (Stand 2018).

Anmeldung für die AHV-Rente

Ihre AHV-Rente erhalten Sie nicht automatisch, Sie müssen sich rechtzeitig dafür anmelden – am besten drei bis vier Monate vor dem Pensionierungsdatum. Die Anmeldung richten Sie an die Ausgleichskasse Ihres letzten Arbeitgebers; das Formular dafür erhalten Sie bei der Ausgleichskasse oder unter www.ahv-iv.ch (Merkblätter & Formulare → Formulare → Leistungen der AHV).

TIPP *Notieren Sie sich schon heute den Termin, damit Sie die Anmeldung für die AHV-Rente nicht verpassen. Achtung – eine Vorausberechnung der AHV-Rente ist keine Anmeldung!*

Mehr Rente durch eine Scheidung?

Die Renten eines Ehepaars sind auf 150 Prozent der maximalen AHV-Rente plafoniert. Somit bekommt ein Ehepaar maximal 3525 Franken pro Monat. Ein nicht verheiratetes Paar dagegen kann auf 4700 Franken kommen. Auf den ersten Blick könnte sich eine Scheidung kurz vor der Pensionierung also finanziell lohnen, zumal nirgends verlangt wird, dass geschiedene Eheleute getrennte Wohnungen haben.

Meist ist die Kürzung durch die Plafonierung aber viel kleiner. Damit beide (geschiedenen) Partner die maximale Rente erhalten, brauchen sie zusammen ein durchschnittliches Jahreseinkommen von rund 169 200 Franken (2 × 84 600 Franken). Da dies wohl nur in ganz wenigen Fällen zutrifft, fällt die Kürzung entsprechend tiefer aus.

NICOLE UND GREGOR T. lassen sich die AHV-Rente vorausberechnen und erhalten von der Ausgleichskasse folgende Zahlen:

Durchschnittliches Einkommen Gregor T.: Fr. 52 000.–	
AHV-Rente unplafoniert	Fr. 1918.–
Durchschnittliches Einkommen Nicole T.: Fr. 50 200.–	
AHV-Rente unplafoniert	Fr. 1899.–
Total Renten unplafoniert	Fr. 3817.–
Total Renten plafoniert	Fr. 3525.–
Kürzung durch die Plafonierung	Fr. 292.–

Die Plafonierung beginnt ab einem gemeinsamen durchschnittlichen AHV-Jahreseinkommen von rund 90 000 Franken zu greifen. Und dieses

Einkommen muss über die ganze Beitragsdauer von 44 Jahren erzielt worden sein. Der Wert ist also relativ hoch, auch im Vergleich zum heutigen durchschnittlichen Einkommen, das bei rund 70 000 Franken pro Person liegt. Eine Scheidung zur Erhöhung der AHV-Renten ist daher wohl in den wenigsten Fällen ratsam.

Zudem hat eine Scheidung auch erbrechtliche Konsequenzen. Eine geschiedene Partnerin gilt als Drittperson ohne Anspruch auf den Nachlass des Verstorbenen. Sie kann zwar mittels Testament wieder als Erbin eingesetzt werden, doch dabei sind die Pflichtteile der Kinder zu beachten – das sind 75 Prozent des Nachlasses. Zudem werden oft hohe Erbschaftssteuern fällig. Auch der Anspruch auf eine Witwenrente der Pensionskasse fällt nach der Scheidung häufig weg. Auch aus diesen Überlegungen lohnt sich eine Scheidung nicht; die effektiven Kosten dürften schnell höher ausfallen als die Mehrrente.

Die AHV-Rente vorbeziehen

Ein flexibler Bezug der AHV-Rente ist nur sehr eingeschränkt möglich. Zwar waren im Reformpaket «Altersvorsorge 2020» weitreichende Massnahmen vorgesehen, um auch in der 1. Säule einen gestaffelten Rentenbezug über eine längere Dauer zu ermöglichen. Diese Revisionsvorlage wurde aber an der Urne abgelehnt, daher gelten nach wie vor die alten Bestimmungen. Gemäss diesen kann man die AHV-Rente um ein oder zwei Jahre vorbeziehen. Es sind dabei nur ganze Jahre möglich.

MARKUS V., GEBOREN AM 11. OKTOBER 1955, erreicht am 1. November 2020 das ordentliche Rentenalter. Er überlegt sich, die AHV-Rente bereits früher zu beziehen. Möglich ist ein Rentenbezug ab dem 1. November 2019 (ein Jahr Vorbezug) oder ab dem 1. November 2018 (zwei Jahre Vorbezug). Lässt sich Herr V. beispielsweise per 1. April 2019 vorzeitig pensionieren, muss er sich für eines dieser beiden Daten entscheiden.

ACHTUNG *Auch ein Vorbezug der AHV-Rente muss rechtzeitig angemeldet werden. In der Regel sollten Sie dies drei bis vier Monate vor dem gewünschten Datum tun.*

Die AHV kennt keine gestaffelte Pensionierung. Es ist also nicht möglich, eine Teilrente zu beziehen. Bei einer vorzeitigen Teilpensionierung müssen Sie entscheiden, ob Sie die gesamte Rente vorher beziehen oder bis zum ordentlichen Pensionierungszeitpunkt warten möchten.

Finanzielle Auswirkungen eines Rentenvorbezugs
Ein Vorbezug der AHV-Rente hat eine Rentenkürzung zur Folge. Pro Jahr beträgt die Kürzung 6,8 Prozent, für zwei Jahre also 13,6 Prozent. Die Kürzung ist für Männer und Frauen gleich hoch und gilt lebenslang. Bei Ehepaaren werden die Renten zuerst plafoniert und dann gekürzt.

MARKUS V. ERHÄLT aufgrund seines massgebenden durchschnittlichen Jahreseinkommens bei ordentlicher Pensionierung die maximale AHV-Rente von 2350 Franken pro Monat. Er hat sich entschlossen, die Rente bereits mit 63 zu beziehen.

Rente bei ordentlicher Pensionierung	Fr. 2350.00
– Kürzung für 2 Jahre Vorbezug: 13,6 Prozent	– Fr. 319.60
Gekürzte Rente ab Alter 63	Fr. 2030.40

Trotz des vorzeitigen Rentenbezugs mit 63 bleibt Herr V. weiterhin als Nichterwerbstätiger beitragspflichtig und muss aufgrund seines steuerbaren Vermögens und des 20-fachen Renteneinkommens (inkl. AHV-Rente) Beiträge entrichten (siehe Seite 48).

Bei einem Ehepaar wird nur die Rente gekürzt, die vorbezogen wird. Wenn also der Mann die Rente bereits ein Jahr früher bezieht, jene der Frau aber mit 64 zu laufen beginnt, wird nur seine Rente gekürzt. Beziehen beide Seiten die Rente früher, erfolgt die Kürzung auf beiden Renten.

SUSANNA UND ROLF F. haben je eine plafonierte Rente von Fr. 1762.50. Herr F., der gleich alt ist wie seine Frau, möchte zusammen mit ihr in den Ruhestand treten. Er beschliesst deshalb, die Rente ein Jahr früher zu beziehen.

Rente Rolf F. bei ordentlicher Pensionierung	Fr. 1762.50
– Kürzung für 1 Jahr Vorbezug: 6,8 Prozent	– Fr. 119.85
Gekürzte Rente für Rolf F. ab Alter 64	Fr. 1642.65

Die Rente von Susanna F. bleibt unverändert bei Fr. 1762.50.

TIPP *Wenn Sie wissen möchten, wie hoch Ihre AHV-Rente bei einem Vorbezug ausfällt, können Sie ebenfalls eine Rentenvorausberechnung verlangen (siehe Seite 51). Geben Sie auf dem Formular an, für welche Varianten Sie die Zahlen haben möchten.*

Lohnt sich ein Vorbezug der AHV-Rente?

Ob sich ein Vorbezug der AHV-Rente finanziell lohnt oder nicht, hängt von der Lebenserwartung ab. Je länger Sie die Rente beziehen, desto stärker wirkt sich die lebenslange Kürzung aus. Bei einem Vorbezug von zwei Jahren reduziert sich die maximale Rente von 28 200 Franken um Fr. 3835.20 pro Jahr. Dafür erhält man bereits zwei Jahre früher Geld von der AHV. Der Breakeven oder eben der Zeitpunkt, ab dem sich ein Vorbezug nicht mehr lohnt, lässt sich mit diesen beiden Zahlen einfach berechnen:

■ Mehrrente während 2 Jahren (2 × 24 364.80)	Fr. 48 729.60
■ Kürzung pro Jahr	Fr. 3 835.20
■ Breakeven (48 729.60 : 3835.20)	12,7 Jahre

Das heisst: Schon ab einem Alter von 78 Jahren (für Männer) lohnt sich der Vorbezug in dieser Betrachtung nicht mehr. Die kumulierten Kürzungen sind höher als die zusätzliche Rente zwischen 63 und 65.

AUFSCHUB DER AHV-RENTE

Obwohl es in diesem Ratgeber um die frühzeitige Pensionierung geht, soll auch die Möglichkeit des Rentenaufschubs bei der AHV kurz erwähnt werden. Der Aufschub der Rente kann mindestens ein Jahr und maximal fünf Jahre betragen. Nach dem ersten Aufschubsjahr kann die Rente – anders als beim Vorbezug – jeden Monat abgerufen werden.

Durch den Aufschub wird die Rente erhöht, sie kann also auch über der maximalen Altersrente von 2350 Franken liegen. Die Zuschläge liegen zwischen 5,2 Prozent für ein Jahr und 31,5 Prozent bei fünf Jahren (die aktuellen Zahlen finden Sie unter www.ahv-iv.ch → Merkblätter & Formulare → Merkblatt 3.04).

Zu beachten ist, dass der Aufschub bis spätestens ein Jahr nach der ordentlichen Pensionierung bei der Ausgleichskasse angemeldet werden muss; sonst ist er nicht mehr möglich. ■

Martin W. – von einer Umstrukturierung überrascht

Der Arbeitgeber von Martin W. hat die Belegschaft informiert, dass aufgrund der wirtschaftlichen Situation in den nächsten Monaten eine grössere Umstrukturierung stattfinden werde. Auch die Abteilung von Herrn W. wird davon betroffen sein. Inoffiziell hat er vernommen, dass seine bisherige Tätigkeit allenfalls ganz gestrichen wird. Martin W. hat in seiner Karriere bereits mehrere Umstrukturierungen mitgemacht und möchte nicht noch eine weitere durchleben. Lieber möchte er seine Stelle per Ende Jahr kündigen und sich mit 63 vorzeitig pensionieren lassen. Bevor er sich aber zu diesem Schritt entschliesst, macht er eine kurze Aufstellung über die Finanzierbarkeit.

Martin W. ist geschieden und wohnt allein in einer Wohnung auf dem Land. Er ist in verschiedenen Vereinen seines Dorfes aktiv und wurde bereits vor einiger Zeit angefragt, ob er nicht das Amt des Kassiers im Turnverein übernehmen wolle. Bisher musste er aus zeitlichen Gründen immer ablehnen. Die vorzeitige Pensionierung würde nun die nötigen Freiräume schaffen.

Daneben ist Herr W. seit vielen Jahren begeisterter Motorradfahrer. Sein grosser Traum ist es, die USA auf einer Harley zu durchqueren. Um diesen Traum zu verwirklichen, ist er bereit, in seinem Budget anderswo gewisse Abstriche zu machen. Für die Amerikareise rechnet er mit einmaligen Kosten von 25 000 Franken.

Da Martin W. alleinstehend ist, hat er sich entschieden, das Pensionskassenguthaben vollständig als Kapital zu beziehen. Nach der Berücksichtigung der Steuern bleiben ihm netto 322 000 Franken. Sein weiteres Vermögen beläuft sich auf 120 000 Franken. Die AHV-Rente will er vorbeziehen.

Aufgrund seines Budgets – inklusive Amerikareise – errechnet Martin L. folgenden Kapitalbedarf:

Ausgabenüberschuss ab Alter 63 (22 Jahre)	Fr. 563 970.–
Amerikareise	Fr. 25 000.–
Total Kapitalbedarf	Fr. 588 970.–

Das Vermögen von Martin samt der Auszahlung der Pensionskasse beläuft sich auf 442 000 Franken. Dies reicht mit seinen aktuellen Ausgaben nicht aus. Allerdings hat er bei seiner Berechnung noch keine Renditen berücksichtigt – und diese können die Finanzierungslücke zumindest teilweise decken. Zudem kann Herr W. versuchen, seine Kosten von 50 000 Franken pro Jahr zu reduzieren. Eine Einsparung von rund 6500 Franken – also gut 500 Franken pro Monat – würde reichen, um alle Ausgaben bis zum 85. Geburtstag zu finanzieren.

BUDGET VON MARTIN W.

Einnahmen	
AHV-Rente	Fr. 24 365.–
Ausgaben	
Lebenshaltungskosten	Fr. 25 000.–
Miete Wohnung	Fr. 15 000.–
Krankenkasse	Fr. 4 000.–
Übrige Auslagen	Fr. 5 000.–
Steuern	Fr. 1 000.–
Total Ausgaben	**Fr. 50 000.–**
Einnahmen-/Ausgabenüberschuss	
Total Einnahmen	Fr. 24 365.–
Total Ausgaben	Fr. 50 000.–
Ausgabenüberschuss	**Fr. –25 635.–**

Pensionskasse – die 2. Säule

Die berufliche Vorsorge ergänzt als 2. Säule die Leistungen der AHV. Zusammen sollen die beiden Säulen Ihnen ermöglichen, Ihre gewohnte Lebenshaltung fortzuführen. Diese Definition erscheint auf den ersten Blick komfortabel. In Tat und Wahrheit aber decken die Leistungen von AHV und Pensionskasse nur 60 bis 70 Prozent Ihres letzten Lohnes – dies bei einer ordentlichen Pensionierung mit 65 respektive 64. Treten Sie früher in den Ruhestand, sinkt der Wert noch tiefer.

In der 2. Säule wird unterschieden zwischen der obligatorischen Vorsorge, die im Bundesgesetz über die berufliche Alters-, Hinterlassenen- und Invalidenvorsorge (BVG) geregelt ist, und überobligatorischen Lösungen, die in den Reglementen der Pensionskassen festgelegt sind.

Die obligatorische berufliche Vorsorge kennt weder eine vorzeitige noch eine aufgeschobene Pensionierung; hier gilt ein striktes Rentenalter von 64 für Frauen und 65 für Männer. Auch beim Kapitalbezug sind die Vorschriften sehr restriktiv. Gemäss BVG kann man sich lediglich 25 Prozent des Altersguthabens als Kapital auszahlen lassen, der restliche Betrag muss als Rente bezogen werden. Solche rein gesetzlichen Vorsorgepläne sind allerdings sehr selten, auch Pensionskassen mit angeblichen Minimallösungen sehen im Reglement bezüglich Kapitalbezug und flexibler Pensionierung meist Verbesserungen vor.

Auf den folgenden Seiten wird daher auf übliche Lösungen im Rahmen der 2. Säule eingegangen. Welche der beschriebenen Möglichkeiten in Ihrer Pensionskasse gelten, ist im Vorsorgereglement umschrieben. Dieses ist auch massgebend für die Umsetzung Ihrer persönlichen frühzeitigen Pensionierung.

TIPP *Nehmen Sie Ihren aktuellen Vorsorgeausweis und das Vorsorgereglement zur Hand und lesen Sie nach, wie die einzelnen Punkte konkret geregelt sind. Falls Sie kein aktuelles Vorsorgereglement besitzen, verlangen Sie es bei Ihrem Arbeitgeber. Einige Anbieter von Pensionskassenlösungen arbeiten auch mit einer Kurz-*

fassung des Reglements oder einem sogenannten Vorsorgeplan. Diese Unterlagen reichen jedoch meist nicht aus, weil wesentliche Punkte darin nicht definiert sind. Besorgen Sie sich das umfassende Reglement. Auf den folgenden Seiten sind immer wieder Tipps dazu eingebaut, was Sie nachlesen und für Ihre persönliche Planung notieren sollten.

Wer ist versichert?

Gemäss den gesetzlichen Bestimmungen sind alle Arbeitnehmerinnen und Arbeitnehmer ab dem 1. Januar nach dem vollendeten 17. Altersjahr in der obligatorischen beruflichen Vorsorge versichert – sofern ihr Jahreseinkommen die Eintrittsschwelle von 21 150 Franken übersteigt (Stand 2018). Dabei wird auf das Einkommen in einem vollen Kalenderjahr abgestellt und nicht auf das tatsächlich erwirtschaftete Jahreseinkommen.

RAFFAEL M. TRITT AM 1. OKTOBER 2018 seine Stelle bei der neuen Firma an. Sein Monatslohn beläuft sich auf 4000 Franken. Er hat Anspruch auf zwölf Monatslöhne.

– Effektiver Jahreslohn im Jahr 2018	Fr. 12 000.–
– Jahreslohn im vollen Kalenderjahr 2018	Fr. 48 000.–

Massgebend ist der Lohn im vollen Kalenderjahr. Somit überschreitet Raffael M. die Eintrittsschwelle von 21 150 Franken und ist ab dem 1. Oktober 2018 in der Pensionskasse versichert.

Die obligatorische Versicherung in der 2. Säule endet in folgenden drei Situationen:

- Bei Erreichen des ordentlichen Rentenalters, also mit 64 bzw. 65
- Wenn der Mindestlohn von 21 150 Franken unterschritten wird
- Beim Austritt aus der Firma

Mögliche Varianten des versicherten Personenkreises

So weit die gesetzlichen Mindestbestimmungen, die bezüglich Eintrittsalter in den meisten Reglementen so umgesetzt werden. Einzelne Pensionskassen kennen zur Eintrittsschwelle von 21 150 Franken spezielle Bestimmungen und passen den Wert beispielsweise an den Beschäftigungsgrad an. Das heisst, eine Angestellte mit einem 50-Prozent-Pensum muss nur 10 575 Franken verdienen, um in der Pensionskasse versichert zu sein. Diese Regelung wäre aus Sicht der zahlreichen Teilzeitbeschäftigten durchaus wünschenswert, man trifft sie aber nicht oft an. Eine weitere Möglichkeit wäre, die Eintrittsschwelle ganz wegzulassen. Dann wären alle Angestellten der entsprechenden Firma bei der Pensionskasse versichert. Auch diese Variante trifft man aber in der Praxis selten an.

Häufiger sind dagegen Bestimmungen zu einer flexiblen Pensionierung. So ist in vielen Vorsorgereglementen eine frühzeitige Pensionierung mit 60 oder sogar 58 Jahren vorgesehen, ebenso ein Aufschub der Pensionierung bis maximal 70. Zudem ermöglichen inzwischen zahlreiche Reglemente eine gestaffelte Pensionierung in mehreren Schritten, meist sind es drei. Insbesondere dieser gestaffelte Rückzug aus dem Berufsleben gewinnt immer mehr an Bedeutung – und kann auch steuerlich interessant sein (mehr dazu lesen Sie auf Seite 86).

TIPP *Lesen Sie in Ihrem Reglement folgende Punkte nach (aus dem Vorsorgeausweis sind sie meist nicht ersichtlich):*

- *Ab welchem Alter ist eine Pensionierung frühestens möglich?*
- *Wie lange über das ordentliche Rentenalter hinaus können Sie versichert bleiben?*
- *In wie vielen Teilschritten kann die Pensionierung erfolgen?*

Die Beitragspflicht

Wer die Bedingungen für eine Versicherung in der beruflichen Vorsorge erfüllt, muss Beiträge zahlen. Sobald jemand nicht mehr versichert ist, sind auch keine Beiträge mehr geschuldet. Die gesetzliche Beitragspflicht endet mit dem ordentlichen Rentenalter von 64 bzw. 65. Das Reglement kann aber eine freiwillige Weiterführung bis 70 vorsehen.

Bei der Beitragspflicht gibt es zwei Stufen: Ab dem 1. Januar nach dem 17. Geburtstag bezahlt man Prämien für die Versicherung der Risiken Tod und Invalidität. Nach dem 24. Geburtstag kommt der Sparprozess dazu. Möglich ist, dass der Sparprozess gemäss Vorsorgereglement bereits frü-

DIE BEITRAGSPFLICHT IN DER 2. SÄULE

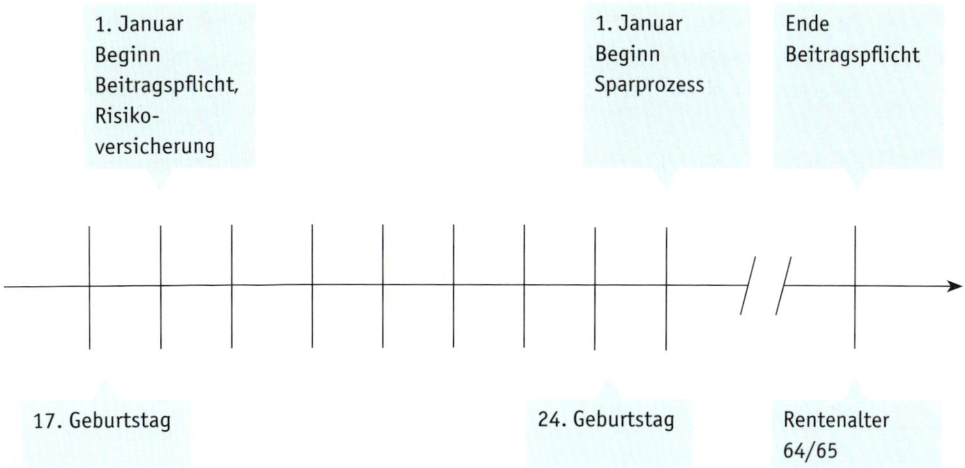

her anfängt, beispielsweise schon mit 20. Dies trifft man aber in den wenigsten Firmen an.

Varianten bei der Beitragsdauer

Wenn das Reglement den Aufschub des Rentenbezugs bis zum 70. Altersjahr ermöglicht und Sie effektiv auch länger arbeiten, zahlen Sie bei den meisten Pensionskassen auch nach 64 respektive 65 Beiträge ein. Auch der Arbeitgeber ist weiterhin verpflichtet, mindestens die Hälfte des Beitrags zu übernehmen. Auf der anderen Seite hört die Beitragspflicht mit dem vorzeitigen Renten- oder Kapitalbezug auf. Wenn Sie sich also für eine vollständige Pensionierung mit 60 entscheiden und die Leistungen aus der Pensionskasse beziehen, erlischt die Beitragspflicht mit dem Austritt. Nach dem Bezug der Pensionskassenleistung besteht keine Möglichkeit mehr, weiterhin freiwillig in die Pensionskasse einzuzahlen. Sie werden nur wieder BVG-pflichtig, wenn Sie eine neue Anstellung annehmen und mehr als 21 150 Franken pro Jahr verdienen. Das ist anders als bei der AHV, bei der Sie – unabhängig vom Erwerbsstatus – bis zum ordentlichen Rentenalter beitragspflichtig bleiben (siehe Seite 56).

Zusammensetzung des Beitrags

Der Beitrag an die Pensionskasse setzt sich aus verschiedenen Komponenten zusammen:

- Sparbeitrag
- Prämie für die Risikoversicherung
- Kostenbeitrag
- Beitrag an den Sicherheitsfonds

Vom Totalbetrag muss der Arbeitgeber mindestens die Hälfte bezahlen. Dabei wird aber nicht jede versicherte Person einzeln betrachtet. Massgebend ist das sogenannte Kollektiv, also alle Angestellten zusammen. Von der Gesamtprämie für alle muss der Arbeitgeber mindestens die Hälfte übernehmen. Es kann daher vorkommen, dass ein einzelner Arbeitnehmer einen etwas höheren Anteil als 50 Prozent zahlt. In der Praxis trifft man dies vor allem bei sehr gut ausgebauten Vorsorgeeinrichtungen an.

- **Sparbeitrag:** Der Sparbeitrag ist der Betrag, der pro Jahr Ihrem Alterskapital gutgeschrieben wird. Die Mindestsätze des Sparbeitrags sind im Gesetz verankert (mehr dazu auf Seite 70).
- **Beitrag für die Risikoversicherung:** Dieser Teil der Prämie dient zur Finanzierung der Versicherungsleistungen bei Tod und Invalidität. Wie bei jeder anderen Versicherung erhalten Sie von diesem Betrag nichts zurück. Nur wenn Sie tatsächlich von einer Invalidität betroffen sind oder während der Zugehörigkeit zur Pensionskasse versterben, werden die entsprechenden Renten fällig. Anders als bei den Sparprämien spielt hier der Wettbewerb und es gibt zwischen den einzelnen Anbietern erhebliche Unterschiede in der Höhe des Risikobeitrags.
- **Kostenbeitrag:** Die Verwaltung einer Pensionskasse ist mit erheblichen, vor allem auch regulatorischen Massnahmen verbunden, die finanziert werden müssen. Nicht zuletzt die Kosten für die Kapitalanlagen fallen ins Gewicht. Mit dem Kostenbeitrag decken die Vorsorgeeinrichtungen solche Aufwendungen. Je nach Anbieter ist dieser Beitrag unterschiedlich hoch.
- **Beitrag an den Sicherheitsfonds:** Die Stiftung Sicherheitsfonds hat neben anderen zwei wichtige Aufgaben. Zum einen deckt sie Ihre Freizügigkeitsleistung im Fall einer Insolvenz Ihrer Pensionskasse ab. Sollte also Ihre Pensionskasse Konkurs gehen, wird Ihnen Ihr Altersguthaben im schlimmsten Fall von der Stiftung Sicherheitsfonds zurückgezahlt.

Die Absicherung ist jedoch nach oben begrenzt, gedeckt sind Löhne bis maximal 126 900 Franken.

Die zweite Aufgabe der Stiftung Sicherheitsfonds ist die Unterstützung der Pensionskassen mit ungünstiger Altersstruktur. Sowohl die Sparprämien als auch die Risikokosten steigen mit zunehmendem Alter der Versicherten an. Eine Firma mit vorwiegend älteren Angestellten zahlt deshalb einen wesentlich höheren Beitrag in die 2. Säule als eine Firma mit einer jüngeren Belegschaft. Dies kann einerseits zu einem Wettbewerbsnachteil führen, anderseits wird es dadurch für ältere Arbeitnehmende noch schwieriger, eine Stelle zu finden. Um diesen Nachteilen entgegenzuwirken, zahlt die Stiftung Sicherheitsfonds einen Teil der Prämie einer Firma mit überdurchschnittlich vielen älteren Angestellten. Im weitesten Sinn kann dies mit der Prämienverbilligung bei der Krankenversicherung verglichen werden.

Die Aufwendungen des Sicherheitsfonds werden über einen Beitrag von allen Versicherten gezahlt. Dieser wird von der Stiftung Sicherheitsfonds jährlich festgelegt und ist für alle gleich hoch (mehr zum Sicherheitsfonds finden Sie unter www.sfbvg.ch).

INFO *Wer über das ordentliche Rentenalter hinaus in der Pensionskasse versichert bleibt, muss keine Risikoprämien mehr zahlen. Der Beitrag besteht nur noch aus der Sparprämie, dem Kostenbeitrag und dem Beitrag an den Sicherheitsfonds.*

Wichtige Grösse: der versicherte Lohn

Der versicherte Lohn in der obligatorischen beruflichen Vorsorge entspricht dem AHV-Lohn abzüglich des Koordinationsbetrags von 24 675 Franken. Der minimale versicherte Lohn liegt bei 3525 Franken, der maximale bei 59 925 Franken, was einem Jahreslohn von 84 600 Franken entspricht (siehe Kasten auf der nächsten Seite). Der versicherte Lohn ist die Grundlage für die Berechnung aller Leistungen und der Beiträge.

Der Koordinationsabzug

Der Koordinationsabzug soll, wie es der Name sagt, die 2. Säule mit den Leistungen der 1. Säule koordinieren: Leistungen, die durch die AVH/IV

DER VERSICHERTE LOHN NACH BVG		
	Jahreslohn minus Koordinationsabzug	Versicherter Lohn
Roger Z., Jahreslohn Fr. 50 000.–	Fr. 50 000.– – Fr. 24 675.– = Fr. 25 325.–	Fr. 25 325.–
Manuela P., Jahreslohn Fr. 90 000.–	Fr. 90 000.– – Fr. 24 675.– = Fr. 65 325.– Betrag über dem Maximum	Fr. 59 925.–
Stefan O., Jahreslohn Fr. 25 000.–	Fr. 25 000.– – Fr. 24 675.– = Fr. 325.– Betrag unter dem Minimum	Fr. 3 525.–

versichert sind, werden in der 2. Säule angerechnet. Der Koordinationsabzug ist denn auch abhängig von der maximalen AHV-Rente; er beträgt 75 Prozent davon. Aktuell sind das 24 675 Franken (Stand 2018).

Varianten des versicherten Lohnes

Auch beim versicherten Lohn ist der Spielraum der Pensionskassen sehr gross. Sie müssen das BVG-Minimum gewährleisten, ansonsten schreibt das Gesetz lediglich einen maximal anrechenbaren Jahreslohn von zurzeit 846 000 Franken vor. Löhne über dieser Summe können im Rahmen der 2. Säule nicht mehr versichert werden. Die Möglichkeiten sind vielfältig – nachfolgend die gängigsten Varianten im überobligatorischen Bereich:

- Anpassungen beim Koordinationsabzug
  - Kein Koordinationsabzug
  - Anpassung des Koordinationsabzugs an den Beschäftigungsgrad
  - Reduzierter Koordinationsabzug für alle Angestellten (zum Beispiel 50 Prozent)
- Anpassungen beim maximal versicherten Lohn
  - Der maximal versicherte Lohn wird auf das Maximum gemäss UVG (obligatorische Unfallversicherung) von 148 200 Franken angehoben, Stand 2018.
  - Die Lohngrenze wird bei einem fixen Betrag definiert, beispielsweise bei 200 000 Franken.
  - Die Lohngrenze gemäss BVG wird um einen fixen Betrag erhöht.
  - Es gibt keine Lohngrenze.

BEISPIEL: DEFINITION DES VERSICHERTEN LOHNES IN EINEM VORSORGEREGLEMENT

Art. 4 Versicherter Lohn

4.1 Der versicherte Jahreslohn ist gleich dem gemeldeten mutmasslichen AHV-Lohn bis höchstens CHF 400 000, abzüglich eines Koordinationsabzuges.

4.2 Der Koordinationsabzug entspricht dem vom Bundesrat festgelegten Betrag. Dieser Betrag wird entsprechend dem Beschäftigungsgrad angepasst.

Quelle: Vorsorgereglement der Baloise-Sammelstiftung für die obligatorische berufliche Vorsorge, Basel

TIPP *Der versicherte Lohn ist je nach Pensionskasse sehr unterschiedlich definiert. Schauen Sie auf Ihrem Vorsorgeausweis respektive im Reglement nach, wie das in Ihrer Pensionskasse geregelt ist. Kontrollieren Sie, ob die aufgeführten Werte mit Ihrem aktuellen Lohn übereinstimmen.*

Berechnung der Leistungen

Bei einer vorzeitigen Pensionierung sind die Altersleistungen der Pensionskasse massgebend. Deshalb beschränkt sich der Ratgeber auf diese Leistungen; die Risikoleistungen bei Invalidität und im Todesfall werden nicht behandelt.

Grundlage für die Berechnung der Altersleistungen ist der versicherte Lohn. Von diesem Betrag wird jährlich ein definierter Prozentsatz als Sparbeitrag eingezahlt. Der Sparprozess lässt sich mit einer regelmässigen Einzahlung auf ein Sparkonto bei der Bank vergleichen. Anders als beim privaten Sparen zahlt aber auch der Arbeitgeber mindestens den gleichen Betrag auf Ihr «Sparkonto» ein. So sammelt sich mit der Zeit ein beachtliches Kapital an.

Ihr Sparguthaben wird – zumindest im obligatorischen Teil – mit einem Mindestzins von 1 Prozent verzinst (Stand 2018). Dieser BVG-Mindestzinssatz wird jährlich durch den Bundesrat festgelegt und orientiert sich an den Finanzmärkten.

SPEZIALFALL LEISTUNGSPRIMAT

Die Leistungen der obligatorischen beruflichen Vorsorge werden nach dem sogenannten Beitragsprimat berechnet: Die Leistungen hängen von den eingezahlten Sparbeiträgen ab. Heute rechnen die allermeisten Pensionskassen nach dem Beitragsprimat.

Einige wenige Kassen definieren die Altersleistung noch nach dem sogenannten Leistungsprimat. Dabei wird die Altersrente in Prozent des versicherten Lohnes definiert und beträgt zum Beispiel 50 Prozent davon; die Beiträge werden ausgehend von dieser Leistung berechnet. Der Vorteil des Leistungsprimats liegt darin, dass die Altersleistungen meist höher ausfallen als beim Beitragsprimat – wer mit 65 in Rente geht, hat Anspruch auf 50 Prozent seines letzten Lohnes. Allerdings müssen bei einer Lohnerhöhung die Prämien so angehoben werden, dass diese Leistung – auch rückwirkend – gedeckt ist. Je älter ein Angestellter, desto stärker muss der Beitrag erhöht werden, da nur noch wenige Jahre bleiben, um die höhere Leistung zu finanzieren. Diese Mehrkosten wurden früher teilweise über den Vermögensertrag der Pensionskasse finanziert. Im aktuellen Zinsumfeld sind diese Erträge zurückgegangen und es fehlen die Mittel, um das Leistungsprimat zu finanzieren. Daher haben auch grosse Kassen auf das Beitragsprimat umgestellt.

Dies gilt aber nur in Bezug auf die Altersrenten. Bei den Risikoleistungen für den Invaliditäts- und Todesfall ist das Leistungsprimat noch häufig anzutreffen. So wird zum Beispiel die Invalidenrente oder die Hinterlassenenrente oft in Prozent des versicherten Lohnes definiert. ■

INFO *Auch bei den Leistungen ist der Unterschied zwischen den gesetzlichen oder obligatorischen Leistungen und den überobligatorischen Leistungen von Bedeutung. Die gesetzlichen Mindestleistungen werden jeweils auf Ihrem persönlichen Vorsorgeausweis ausgewiesen (häufiger Vermerk: «davon Leistungen gemäss BVG»). Die überobligatorischen Leistungen werden im Vorsorgeausweis nicht explizit erwähnt, lassen sich jedoch einfach bestimmen. Sie entsprechen den ausgewiesenen Leistungen abzüglich der obligatorischen Leistungen.*

Der Mindestzinssatz

«Mindestzinssatz von 1 Prozent» ist ein trügerischer Begriff. Viele Versicherte verstehen darunter, dass ihr Altersguthaben mindestens mit diesem Satz verzinst wird. Der Mindestzinssatz gilt jedoch nur für den obligato-

VERZINSUNG BEI ÜBEROBLIGATORISCHEN LEISTUNGEN

Mindestzins für obligatorische Guthaben: 1 %
Zinssatz auf Gesamtguthaben: 0 %

Vorhandenes Altersguthaben per 1.1.2017	Fr.	200 000.–
+ Sparbeitrag für das Jahr 2017	+ Fr.	10 000.–
+ Zinsen für das Jahr 2017: 0 % von Fr. 200 000.–	+ Fr.	–.–
Altersguthaben per 31.12.2017	**Fr.**	**210 000.–**
Obligatorisches Altersguthaben per 1.1.2017	Fr.	100 000.–
+ Sparbeitrag gemäss Gesetz	+ Fr.	5 000.–
+ Mindestzins: 1 % von Fr. 100 000.–	+ Fr.	1 000.–
Obligatorisches Altersguthaben per 31.12.2017	**Fr.**	**106 000.–**

Obwohl die versicherte Person keine Zinsgutschrift erhält, ist das gesetzliche Minimum gewährleistet. Der Mindestzins für den obligatorischen Teil geht zulasten der überobligatorischen Leistungen, das heisst: Auf dem überobligatorischen Guthaben wird ein Negativzins belastet.

rischen Teil der beruflichen Vorsorge. In der überobligatorischen Vorsorge gibt es keine Mindestverzinsung. Und es gibt sogar Pensionskassen, die auf dem gesamten Guthaben keinen Zins garantieren. Wie ist das möglich?

Die Pensionskassen müssen lediglich garantieren, dass die Mindestleistungen gemäss Gesetz jederzeit erfüllt sind (sogenannte Schattenrechnung). Wenn eine Kasse überobligatorische Leistungen versichert, ist es angesichts der aktuellen Marktlage möglich, dass sie die Altersguthaben nicht verzinst und dennoch das gesetzliche Minimum erfüllt (siehe oben stehender Kasten).

Berechnung des Altersguthabens

Der Sparprozess in der obligatorischen beruflichen Vorsorge beginnt am 1. Januar nach dem 24. Geburtstag. Die Sparbeiträge sind im Gesetz nach dem Alter abgestuft (siehe Kasten auf der nächsten Seite).

Im Rahmen der überobligatorischen Vorsorge können die Sparbeiträge erhöht werden, etwa indem jede Beitragsstufe angepasst oder ein einheitlicher Satz über die gesamte Dauer definiert wird. Auch sind zusätzliche Abstufungen möglich, zum Beispiel eine Erhöhung alle fünf Jahre. Der

SPARBEITRÄGE GEMÄSS BVG	
Alter	Sparbeitrag in Prozent des versicherten Lohnes
25–34	7 %
35–44	10 %
45–54	15 %
55–65	18 %

maximal mögliche Sparbeitrag beläuft sich dabei auf 25 Prozent. Zudem kann eine Pensionskasse bis zu drei verschiedene Sparbeiträge pro Alterskategorie anbieten, aus denen die Versicherten ihren individuellen Beitrag auswählen.

TIPP *Die Höhe des Sparbeitrags hat einen direkten Einfluss auf die Höhe der künftigen Altersleistung. Wählen Sie deshalb, falls in Ihrer Pensionskasse möglich, einen höheren Sparbeitrag. Sie profitieren zweifach: von einer höheren Altersleistung und von tieferen Steuern, da die Beiträge an die Pensionskasse im Lohnausweis abgezogen werden und nicht versteuert werden müssen.*

Vom Altersguthaben zur Altersrente

Bei der Pensionierung wird aus dem Altersguthaben die Altersrente berechnet. Diese Umrechnung wird mit dem sogenannten Rentenumwandlungssatz vorgenommen (siehe auch Seite 44). Gemäss den BVG-Bestimmungen liegt dieser aktuell bei 6,8 Prozent. Und so wird gerechnet:

- Vorhandenes Altersguthaben — Fr. 200 000.–
- Altersrente: Fr. 200 000 × 6,8 % — Fr. 13 600.–

Auch der Rentenumwandlungssatz gilt nur für die obligatorische Vorsorge; er ist angesichts der gestiegenen Lebenserwartung und des aktuell tiefen Zinsumfelds zu hoch. Eine Anpassung des Umwandlungssatzes ist jedoch an der Urne schon zweimal gescheitert, deshalb müssen die Pensionskassen nach wie vor diesen Satz anwenden.

BERECHNUNG DER ALTERSRENTE MIT ÜBEROBLIGATORISCHEN LEISTUNGEN

Vorhandenes Altersguthaben: Fr. 350 000.–
davon obligatorisches Guthaben: Fr. 200 000.–
Umwandlungssatz überobligatorische Vorsorge: 5 %

Altersrente aus obligatorischem Teil: Fr. 200 000.– × 6,8 %	Fr. 13 600.–
Altersrente aus überobligatorischem Teil: Fr. 150 000.– × 5,0 %	Fr. 7 500.–
Total Altersrente	**Fr. 21 100.–**

In der überobligatorischen Vorsorge sind die Vorsorgeeinrichtungen dagegen frei, wie sie den Umwandlungssatz bestimmen. Dieser wird auf der Basis der Lebenserwartung und der möglichen Kapitalerträge berechnet. Aktuell liegen die Umwandlungssätze im überobligatorischen Bereich zwischen 4,5 und 6 Prozent. Wie die Altersrente berechnet wird, sehen Sie im oben stehenden Kasten.

Umwandlungssätze unter 6,8 Prozent

Insbesondere Pensionskassen mit hohen überobligatorischen Leistungen verwenden einen einheitlichen Umwandlungssatz für das gesamte Altersguthaben. Dieser liegt meist unter dem gesetzlichen Satz von 6,8 Prozent;

BERECHNUNG DER ALTERSRENTE MIT EINHEITLICHEM UMWANDLUNGSSATZ

Vorhandenes Altersguthaben: Fr. 350 000.–
davon obligatorisches Guthaben: Fr. 200 000.–
Umwandlungssatz: 5 %

Altersrente: Fr. 350 000.– × 5 %	Fr. 17 500.–
Vergleichsrechnung: Altersrente gemäss den gesetzlichen Bestimmungen: Fr. 200 000.– × 6,8 %	Fr. 13 600.–

Die versicherte Person erhält aus ihrer Pensionskasse mit dem einheitlichen Umwandlungssatz eine Rente von jährlich 17 500 Franken. Das ist mehr als das gesetzliche Minimum von 13 600 Franken. Also darf die Pensionskasse für das gesamte Guthaben mit einem Umwandlungssatz von 5 Prozent rechnen.

Umwandlungssätze von 4,8 Prozent oder sogar weniger sind keine Seltenheit. Die Pensionskassen berufen sich dabei auf die aktuelle Zinssituation und die gestiegene Lebenserwartung. Doch ist ein Umwandlungssatz von 4,8 Prozent, der auf das gesamte Guthaben angewendet wird, überhaupt rechtens? Ja, das ist möglich, denn auch hier gilt – ähnlich wie beim Zins –, dass die Vorsorgeeinrichtung zwar die gesetzlichen Mindestvorschriften einhalten muss, dies aber in Bezug auf die Höhe der Rente in Franken und nicht in Bezug auf den Umwandlungssatz (siehe Kasten auf der vorangehenden Seite).

Kapital oder Rente?

Die Frage, ob man eine Pensionskassenrente beziehen oder sich das Kapital auszahlen lassen soll, ist wohl eine der häufigsten zum Thema Pensionierung. Es handelt sich um eine sehr persönliche Entscheidung. Auch wenn Sie eine vorzeitige Pensionierung ins Auge fassen, müssen Sie diesen Entscheid irgendwann fällen. Je früher Sie sich Gedanken dazu machen, desto gezielter können Sie planen.

Wann ist ein Kapitalbezug möglich?

Gemäss den gesetzlichen Bestimmungen kann ein Viertel des obligatorischen Altersguthabens in Kapitalform bezogen werden. Dazu braucht es keine spezielle reglementarische Bestimmung. Wenn Ihr Vorsorgereglement also keinen Kapitalbezug vorsieht, können Sie trotzdem einen Viertel des obligatorischen Guthabens beziehen. Ein Kapitalbezug aus dem überobligatorischen Teil oder von mehr als 25 Prozent aber ist nur möglich, wenn dies im Pensionskassenreglement so festgehalten ist. Dort wird auch eine allfällige Anmeldefrist definiert.

TIPP *Schauen Sie im Reglement Ihrer Pensionskasse folgende Punkte nach:*

- *Wie viel vom Altersguthaben kann man als Kapital beziehen?*
- *Ist ein Kapitalbezug des ganzen Altersguthabens möglich?*
- *Welche Anmeldefrist ist zu beachten?*

KAPITALBEZUG UND ERGÄNZUNGSLEISTUNGEN

Im Zusammenhang mit den Ergänzungsleistungen wird immer wieder über eine Beschränkung des Kapitalbezugs aus der Pensionskasse diskutiert: Soll jemand, der sein ganzes Altersguthaben als Kapital bezogen und verbraucht, ja vielleicht sogar verjubelt hat, anschliessend Ergänzungsleistungen erhalten können? Aktuell ist die Antwort Ja – und dies erscheint als ungerecht gegenüber all denen, die eine Pensionskassenrente beziehen und deshalb keinen Anspruch auf Ergänzungsleistungen haben. Im Rahmen der Revision des Bundesgesetzes über die Ergänzungsleistungen wurde diese Frage auch vom Parlament diskutiert. National- und Ständerat haben sich indes im Somer 2018 darauf geeinigt, vorerst alles beim Alten zu lassen.

Es ist jedoch zu erwarten, dass diese Frage früher oder später wieder aufs Tapet kommt. Daher empfiehlt es sich, die weitere Entwicklung in Sachen Kapitalbezug zu verfolgen. ■

Was spricht für eine Rente, was für einen Kapitalbezug?

Wenn Sie wüssten, wie alt Sie werden, wäre der Entscheid für oder gegen eine Rente sehr einfach. Zum Glück wissen wir das nicht und müssen uns daher an ein paar objektive, aber auch subjektive Gründe halten. Nachfolgend sind ein paar Situationen aufgeführt, die eher für einen Rentenbezug sprechen:

- Der Umwandlungssatz, mit dem Ihre Pensionskasse rechnet, liegt über 5,5 Prozent.
- Ihr voraussichtliches Altersguthaben beträgt weniger als 500 000 Franken.
- Neben Ihrer Altersrente werden auch Kinderrenten fällig.
- Sie erfreuen sich einer guten Gesundheit und die Lebenserwartung in Ihrer Familie ist hoch.
- Sie haben wenig oder gar keine Erfahrung mit Kapitalanlagen.
- Sie sind eine eher sicherheitsorientierte Person.
- Ihr Ehemann, Ihre Lebenspartnerin ist deutlich jünger (Anspruch auf Hinterlassenenleistungen).
- Die Pensionskassenrente brauchen Sie grösstenteils zur Deckung Ihrer fixen Kosten.
- In Ihrem aktuellen Budget ist keine oder nur eine geringe Sparquote möglich.

Für einen Bezug des Pensionskassenguthabens in Kapitalform sprechen dagegen eher folgende Gründe:

- Der Umwandlungssatz Ihrer Pensionskasse liegt unter 5 Prozent.
- Ihr voraussichtliches Altersguthaben beträgt mehr als 500 000 Franken.
- Sie haben grosse Erfahrung mit Kapitalanlagen und behalten auch bei Kursverlusten die Nerven.
- Sie sind der Überzeugung, dass Sie langfristig genügend Rendite erzielen können, um Ihre Rente selber zu finanzieren.
- Sie können eine Kurskorrektur an den Kapitalmärkten verkraften.
- Die fixen Kosten sind gemäss Ihrem Budget zum grössten Teil durch die übrigen regelmässigen und gesicherten Einnahmen gedeckt.
- Sie sind alleinstehend, es werden also keine Hinterlassenenrenten fällig.
- Sie wollen einen Grossteil Ihres Vermögens vererben.
- Sie verfügen über eine hohe Budgetdisziplin.

Wahrscheinlich passen sowohl Aussagen für einen Rentenbezug wie auch Argumente für einen Kapitalbezug zu Ihnen. Das macht die Entscheidung nicht einfacher. Als weitere Grundlage für den Entscheid können Sie Ihr Budget zu Hilfe nehmen. Die laufenden Fixkosten sollten wenn immer möglich durch laufende Einnahmen, also durch die Renten von AHV und Pensionskasse, gedeckt sein. Bleibt dann noch Pensionskassenguthaben übrig, können Sie dieses als Kapital beziehen. Möglich ist bei Verheirateten natürlich auch, dass eine Seite das Kapital bezieht und die andere die Rente.

JUANA UND RICO L. KENNEN ihre fixen Lebenshaltungskosten: rund 60 000 Franken pro Jahr. Ihre AHV-Renten betragen laut Vorausberechnung 40 000 Franken, von der Pensionskasse haben sie laut ihren Vorsorgeausweisen Renten von insgesamt 30 000 Franken zu erwarten. Sie errechnen, dass sie etwa einen Drittel des Pensionskassenguthabens in Kapitalform beziehen können (siehe Kasten).

BERECHNUNG RENTE ODER KAPITAL?

Fixe Lebenshaltungskosten gemäss Budget		Fr. 60 000.–
Einnahmen		
AHV-Renten gemäss Vorausberechnung	Fr. 40 000.–	
+ Renten aus der Pensionskasse	+ Fr. 30 000.–	
Total Einnahmen		Fr. 70 000.–
Einnahmenüberschuss		**Fr. 10 000.–**

Bedingungen für einen Teilbezug des Kapitals

Wie beschrieben wenden zahlreiche Vorsorgeeinrichtungen im obligatorischen Teil und im überobligatorischen Teil unterschiedliche Rentenumwandlungssätze an. Eine ideale Aufteilung zwischen Rente und Kapital wäre also, den obligatorischen Teil des Guthabens mit dem hohen Rentenumwandlungssatz als Rente zu beziehen, den überobligatorischen Teil als Kapital. Nur ist dies leider nicht möglich, der Kapitalbezug wird gleichmässig aufgeteilt. Wenn Sie also 40 Prozent Ihres Guthabens als Kapital beziehen wollen, werden Ihnen 40 Prozent des obligatorischen und 40 Prozent des überobligatorischen Guthabens ausgezahlt.

Es ist zudem meist nicht möglich, eine fixe Summe, zum Beispiel 100 000 Franken, als Kapital zu beziehen. Der Kapitalbezug muss in Prozent des Guthabens definiert werden. Im Reglement kann sogar vorgeschrieben werden, dass nur 5er- oder gar 10er-Schritte möglich sind, dass Sie also 15, 20, 25 Prozent als Kapital beziehen können. Auch kann eine Mindestquote verlangt werden, zum Beispiel dass Sie sich mindestens 20 Prozent Ihres Altersguthabens in Kapitalform auszahlen lassen.

TIPP *Schauen Sie im Reglement Ihrer Pensionskasse nach, wie ein Teilbezug geregelt ist und ob es allenfalls eine Mindestquote gibt.*

Steuervorteil beim Kapitalbezug

Bewusst wurde in den bisherigen Überlegungen der steuerliche Aspekt weggelassen. Die Steuern allein sind kein Grund für oder gegen einen

Kapitalbezug – obwohl man oft hört, ein Kapitalbezug sei steuerlich vorteilhafter als eine Rente. Tatsächlich müssen die Renten zu 100 Prozent als Einkommen versteuert werden. Je nach Höhe der übrigen steuerpflichtigen Einnahmen kann dies zu einer relativ hohen Steuerlast führen. Das ausgezahlte Kapital dagegen wird nur einmalig, getrennt vom übrigen Einkommen und erst noch zu einem reduzierten Satz besteuert. Nur schon diese Formulierung erweckt den Eindruck, dass der Kapitalbezug doch viel vorteilhafter sein muss. Die Besteuerung kann durchaus vorteilhaft sein, aber je nach Situation ist auch das Gegenteil möglich. Die Argumentation nur auf steuerlicher Ebene ist daher nicht seriös. Ein umfassendes Beispiel für den Vergleich Kapital- versus Rentenbezug inklusive der steuerlichen Auswirkungen finden Sie im Anhang.

TIPP *Nehmen Sie sich genügend Zeit, um den Entscheid für oder gegen einen Kapitalbezug zu fällen. Berücksichtigen Sie alle Faktoren (Einnahmen, Ausgaben, Erträge auf dem Vermögen, Steuern) und nicht nur die Steuern allein. Diese sind nur am Rand massgebend für den Entscheid.*

So lesen Sie Ihren Pensionskassenausweis

Der persönliche Pensionskassenausweis wird Ihnen mindestens einmal jährlich von der Vorsorgeeinrichtung direkt nach Hause zugestellt. Dieser Ausweis enthält wichtige Informationen zu Ihrer beruflichen Vorsorge. Zwar unterscheiden sich die Ausweise im Design und in der Lesbarkeit, aber mit ein bisschen Übung können Sie aus jedem die wichtigsten Informationen herauslesen. Im Anhang finden Sie einen typischen Pensionskassenausweis mit Erläuterungen zu allen Positionen.

Weitergehende Informationen zur Pensionskassenlösung in Ihrer Firma finden Sie im Vorsorgereglement. Wie bereits erwähnt wird das Reglement teilweise in zwei Dokumente aufgeteilt: Der Vorsorgeplan (oder ähnliche Bezeichnung) umschreibt den versicherten Lohn und die Leistungen, während im Reglement die technischen Details aufgeführt sind. Für einen umfassenden Überblick sind meist beide Dokumente notwendig.

Einkäufe in die Pensionskasse

Ein Einkauf in die Pensionskasse wird jeweils vor allem aus steuerlichen Gründen empfohlen. Solche Einkäufe sind in verschiedenen Situationen möglich:

- Einkauf auf die vollen reglementarischen Leistungen
- Wiedereinkauf nach einer Scheidung
- Einkauf für eine vorzeitige Pensionierung

INFO *Wenn Sie für Ihr Wohneigentum Pensionskassenguthaben vorbezogen haben, müssen Sie diesen Vorbezug zuerst zurückzahlen, bevor Sie einen Einkauf tätigen können. Solange ein Vorbezug besteht, gelten Einzahlungen als Rückzahlung. Diese sind nicht steuerlich absetzbar, Sie können lediglich die beim Vorbezug gezahlten Steuern zurückfordern. Nur der Wiedereinkauf nach einer Scheidung ist auch möglich, ohne dass Sie einen früheren Vorbezug zurückzahlen.*

Der Einkauf auf die vollen reglementarischen Leistungen ist die häufigste Variante; diese Möglichkeit haben Sie zum Beispiel nach einer Lohnerhöhung oder wenn Sie bei einem Stellenwechsel in eine Pensionskasse mit höheren Leistungen kommen. Dann dürfen Sie sich so weit einkaufen, dass Sie die vollen Leistungen der neuen Pensionskasse erhalten. Wie hoch der Betrag dafür ist, sehen Sie auf Ihrem Vorsorgeausweis.

Auch beim Wiedereinkauf nach einer Scheidung geht es darum, eine Lücke aus der Vergangenheit zu schliessen: Den Teil Ihres Pensionskassenguthabens, der im Rahmen des Vorsorgeausgleichs auf Ihre Ex-Frau, Ihren Ex-Mann übertragen wurde, können Sie wieder einzahlen.

Das Reglement Ihrer Pensionskasse kann einen Einkauf für eine vorzeitige Pensionierung vorsehen. Dabei geht es um eine Lücke in der Zukunft; ob diese dann auch tatsächlich entsteht, ist im Zeitpunkt des Einkaufs noch ungewiss. Daher hat der Gesetzgeber Vorkehrungen getroffen, um einen Missbrauch zu verhindern. So muss die Vorsorgeeinrichtung gewährleisten, dass – sollte der Versicherte auf die vorzeitige Pensionierung verzichten – die Leistungen trotz Einkauf maximal fünf Prozent höher sind als ohne Einkauf. Dies kann zur Folge haben, dass Ihr Einkauf für eine vorzeitige Pensionierung an die Vorsorgeeinrichtung verfällt.

TIPP *Ein Einkauf für eine vorzeitige Pensionierung ist erst dann möglich, wenn die vollen reglementarischen Leistungen erreicht sind und wenn der Betrag, der bei einer allfälligen Scheidung wegging, zurückgezahlt ist. Es ist zudem nur dann sinnvoll, sich für eine vorzeitige Pensionierung einzukaufen, wenn Sie sicher sind, dass Sie tatsächlich früher in den Ruhestand gehen. Sonst kann die Einkaufssumme verfallen und Sie erhalten für das Geld keine oder nur eine sehr geringe Leistungsverbesserung.*

Einkauf als Steuersparinstrument

Interessant ist ein Einkauf in die Pensionskasse nicht nur wegen der höheren Leistungen, sondern vor allem auch aus steuerlicher Sicht. Denn Sie können die Einkaufssumme vom steuerbaren Einkommen abziehen und so Ihre Steuerbelastung unter Umständen erheblich reduzieren.

STEFANIE H. WOHNT IN AARAU. Sie ist verheiratet und arbeitet Teilzeit in einem Büro. Von einem guten Kollegen hat sie gehört, dass sie mit einem Einkauf in die Pensionskasse erheblich Steuern sparen kann. Zurzeit verfügt sie über 20 000 Franken, die sie langfristig nicht benötigt. Diese Summe zahlt sie in die Pensionskasse ein. Zusammen mit ihrem Mann versteuert Frau H. 100 000 Franken; die beiden gehören keiner Religionsgemeinschaft an. In dieser Situation spart Stefanie H. mit dem Einkauf gut 4200 Franken Steuern (siehe Kasten).

STEUERREDUKTION DURCH EINKAUF

	Kanton und Gemeinde	Bund	Total
Steuerbelastung ohne Einkauf	Fr. 10 292.–	Fr. 1 968.–	Fr. 12 260.–
Steuerbelastung mit Einkauf	Fr. 6 955.–	Fr. 1 071.–	Fr. 8 026.–
Steuerersparnis	**Fr. 3 337.–**	**Fr. 897.–**	**Fr. 4 234.–**

Die Ersparnis ist markant, trotzdem sind die steuerlichen Überlegungen nur eine einseitige Betrachtung. Es lohnt sich auch hier, über weitere

Punkte nachzudenken und nicht nur kurzfristig die Steuervorteile zu sehen. Folgende Kriterien sollten Sie in Ihrer Abwägung für oder gegen einen Einkauf berücksichtigen:

- Alternativen zum Einkauf
- Zeitpunkt des Einkaufs
- Höhe der Einkaufssumme
- Deckungsgrad der Pensionskasse
- Zinserträge auf dem Pensionskassenguthaben
- Bezugsform der Pensionskassenleistungen und Rentenumwandlungssatz
- Leistungen im Todesfall

TIPP *Lassen Sie sich genügend Zeit für alle Abklärungen und kaufen Sie sich nicht einfach noch schnell im Dezember in die Pensionskasse ein – bloss um in der Steuererklärung ein paar Tausend Franken geltend zu machen.*

Alternativen zum Einkauf

Das Geld, das Sie für einen Einkauf verwenden, bleibt oft sehr lange in der beruflichen Vorsorge gebunden. Sie können es meist erst bei der Pensionierung wieder beziehen. Deshalb sollten Sie unbedingt die Zinsen respektive die Ertragschancen berücksichtigen. Ihr Einkauf wird von der Pensionskasse zurzeit mit rund 1 Prozent verzinst. Wie sieht die Rechnung aus, wenn Sie den Einkaufsbetrag stattdessen in eine Anlage investieren, die mit 3 Prozent rentiert?

EINKAUF ODER ANLAGE?

Zinssatz der Kapitalanlage	Wie lange ist ein Einkauf vorteilhafter?
2 %	12,7 Jahre
3 %	8,5 Jahre
4 %	6,4 Jahre
5 %	5,2 Jahre
6 %	4,3 Jahre

Für Stefanie H. aus dem Beispiel auf Seite 78 ist der Ertrag aus einer solchen Kapitalanlage schon nach neun Jahren höher als bei einem Einkauf, nach zehn Jahren hätte sie aus der Anlage rund 1000 Franken mehr Ertrag – trotz der Steuerersparnis durch den Einkauf. Auf der anderen Seite steht die höhere Sicherheit, die die Pensionskasse in der Regel bietet.

Zeitpunkt des Einkaufs

Hier gilt für einmal der Grundsatz «je später, desto besser». Denn je länger das Geld in der Pensionskasse gebunden bleibt, je höher also der Ertrag ist, den Sie mit einer Anlage desselben Betrags erzielen könnten, desto mehr reduziert sich der Steuervorteil. Zudem spielt auch die Steuerbelastung respektive Ihr Grenzsteuersatz eine grosse Rolle (siehe Seite 206). Die folgende Aufstellung gibt Ihnen eine Grössenordnung, wie lange es bei welchem Zinssatz dauert, bis sich ein Einkauf in die Pensionskasse nicht mehr lohnt. Als Grundlage dient das Beispiel von Stefanie H.

TIPP *Kaufen Sie sich so spät wie möglich ein, frühestens ab Alter 50. Wenn Sie vorher bereits über Kapital verfügen, das Sie nicht benötigen, investieren Sie das Geld anderweitig. Wie Sie die richtige Investition finden, lesen Sie ab Seite 136.*

Höhe der Einkaufssumme

In den meisten Kantonen und auch beim Bund greift bei der Berechnung der Steuern eine Progression: Je höher also Ihr Einkommen ist, desto grösser wird der Steuersatz und damit der Anteil, den Sie als Steuern zu bezahlen haben. Es ist daher ratsam, einen Einkauf auf mehrere Jahre zu verteilen und statt eines grossen Betrags aufs Mal mehrere kleinere Beträge einzuzahlen.

DAS STEUERBARE EINKOMMEN von José N. beläuft sich auf 88 300 Franken. Wenn er sich mit 30 000 Franken einkaufen möchte, tut er das besser in drei Tranchen à 10 000 Franken.

– Steuerersparnis bei Einkauf von einmal Fr. 30 000.–	Fr. 5846.–
– Steuerersparnis bei Einkauf von dreimal Fr. 10 000.–	Fr. 6183.–

Die Progressionsstufen der direkten Bundessteuer sind in dieser Berechnung noch nicht berücksichtigt. Auch dort gibt es bei bestimmten Einkommensstufen eine erhebliche Mehrbelastung, die mit einer geschickten Einkaufsplanung optimal reduziert werden kann.

Deckungsgrad der Pensionskasse

Der Deckungsgrad ist ein wichtiges Kriterium, wenn Sie sich überlegen, Ihrer Pensionskasse zusätzliches Geld anzuvertrauen. Er zeigt an, zu wie viel Prozent die garantierten Leistungen einer Vorsorgeeinrichtung durch die Kapitalanlagen gedeckt sind. Ein Deckungsgrad von 95 Prozent bedeutet, dass die ausgewiesenen Freizügigkeitsleistungen zurzeit nur zu 95 Prozent durch Anlagen abgesichert sind: Es besteht eine Unterdeckung. Kaufen Sie sich in eine Pensionskasse mit dieser Unterdeckung ein, sind also 5 Prozent Ihrer Einkaufssumme aktuell nicht gesichert.

Dies ist zwar nur eine kurzfristige Betrachtung, langfristig ist zu hoffen, dass die Pensionskasse wieder einen Deckungsgrad von über 100 Prozent erreichen wird. Um dieses Ziel zu schaffen, wird die Vorsorgeeinrichtung Erträge auf ihren Kapitalanlagen erzielen müssen. Diese werden Ihnen dann aber nicht als Zins auf Ihrem Einkauf respektive Ihrem Altersguthaben gutgeschrieben, sondern dienen zur Verbesserung des Deckungsgrads. Somit wird Ihr Einkauf nicht oder nur sehr tief verzinst, was sich langfristig negativ auswirkt. Mit einer alternativen Anlage würden Sie langfristig allenfalls mehr Ertrag erzielen.

TIPP *Einen Einkauf in eine Pensionskasse mit Unterdeckung sollten Sie sich zweimal überlegen. Die Chancen auf eine angemessene Verzinsung sind bei einer Unterdeckung noch geringer und als einziger Vorteil bleibt die Steuerersparnis.*

Zinserträge auf dem Pensionskassenguthaben

Wie oben erklärt, spielt der Zinsertrag auf dem Einkauf langfristig eine sehr wichtige Rolle. Je höher die Erträge in Ihrer Pensionskasse sind, desto attraktiver wird ein Einkauf.

TIPP *Fragen Sie bei Ihrer Pensionskasse nach, wie das Altersguthaben in den letzten Jahren verzinst wurde, insbesondere auch wie die Einkäufe verzinst wurden. Überlegen Sie sich je nach Auskunft Alternativen mit einer besseren Rendite.*

Bezugsform der Pensionskassenleistungen und Rentenumwandlungssatz

Ein weiteres Argument für oder gegen einen Einkauf ist die Art, wie Sie Ihr Pensionskassenguthaben beziehen werden. Bei den vorherigen Überlegungen und Berechnungen wurde immer ein Kapitalbezug angenommen. Entscheiden Sie sich für eine Rente, ist zwar die Steuerersparnis beim Einkauf gleich hoch. Das eingezahlte Kapital wird dann aber nicht schon im Zeitpunkt der Pensionierung auf einmal «zurückgezahlt», sondern verteilt auf viele Jahresrenten. Es dauert also sehr viel länger, bis Ihnen das investierte Kapital wieder zur Verfügung steht. Entsprechend schlecht fällt der Vergleich des Einkaufs mit einer Kapitalanlage aus.

Wie lange es dauert, bis Sie die Einkaufssumme in Form einer Rente zurückerhalten, ist abhängig vom Rentenumwandlungssatz. Je tiefer dieser ist, desto länger die Zeitspanne. Bei einem Umwandlungssatz von 5 Prozent etwa wären es rund 16 Jahre. In dieser Zeit haben Sie noch keinen Ertrag erzielt, dieser wird erst mit den darauffolgenden Jahresrenten realisiert. Bei einer so langen Anlagedauer ist ernsthaft zu prüfen, ob sich mit einer alternativen Investition nicht mehr Ertrag herausholen lässt.

TIPP *Wenn Sie später eine Pensionskassenrente beziehen wollen, dauert es je nach Rentenumwandlungssatz sehr lange, bis das Einkaufskapital wieder zurückerstattet ist. Langfristig fahren Sie mit einer Investition in ein Anlageprodukt besser, auch wenn Sie kurzfristig nicht von einem Steuervorteil profitieren können. Gewisse Pensionskassen bieten eine Lösung an, bei der zumindest die Einkaufssumme wieder als Kapital zurückgezahlt wird. Der Einkauf wird dann als separates Altersguthaben geführt. Fragen Sie bei Ihrer Pensionskasse nach, ob dies möglich ist.*

Leistungen im Todesfall

Ein letzter Punkt ist die Frage, was mit dem Einkauf geschieht, wenn Sie sterben. Insbesondere wenn Sie nicht (mehr) verheiratet sind, ist dies nicht unbedeutend.

- Eine Möglichkeit ist, dass der Einkauf eine höhere Todesfallleistung für Ihre Ehefrau, Ihren Partner zur Folge hat. Auch bei einer solchen Lösung dauert es allenfalls sehr lange, bis das investierte Kapital zurückgezahlt ist.

- Wenn Sie alleinstehend sind – und je nach Pensionskasse auch, wenn Sie im Konkubinat leben –, besteht kein Anspruch auf Todesfallleistungen. Die Pensionskasse ist gesetzlich nicht verpflichtet, das noch vorhandene Altersguthaben an die Erben auszuzahlen. Bei einer solchen Lösung verfällt auch die Einkaufssumme.
- Gewisse Pensionskassen bieten eine Lösung an, bei der ein Einkauf im Todesfall immer zurückerstattet wird. Diese Lösung ist in jedem Fall vorzuziehen.

SPERRFRIST NACH DEM EINKAUF

Seit der letzten BVG-Revision gilt nach einem Einkauf eine Sperrfrist von drei Jahren, in der die entsprechende Summe nicht in Kapitalform bezogen werden kann. Dabei muss unterschieden werden zwischen einer vorsorgerechtlichen Sperrfrist und einer steuerlichen Sperrfrist.

Vorsorgerechtlich ist nur das Geld gesperrt, das eingekauft wurde. Ein anderes Guthaben, das schon vorher bestanden hat, kann die Pensionskasse also auszahlen. Sie muss lediglich sicherstellen, dass die Einkaufssumme nicht zu früh zurückgezahlt wird. Wenn Sie kurz nach einem Einkauf einen Vorbezug für Wohneigentum beantragen, werden Sie deshalb eine positive Antwort erhalten.

Steuerlich sieht es aber ganz anders aus. Gemäss einem Bundesgerichtsentscheid darf nach einem Einkauf während dreier Jahre kein Kapital bezogen werden – egal aus welchem Grund und egal ob es sich um den Einkaufsbetrag oder um schon vorher bestehendes Guthaben handelt. Beziehen Sie trotzdem Kapital, wird der Steuerabzug für den Einkauf hinfällig. Das bewirkt rückwirkend eine höhere Steuerbelastung, die inklusive Verzugszinsen eingefordert wird. Aus dem vermeintlichen Steuervorteil ist ein Nachteil geworden. Die Sperrfrist von drei Jahren sollten Sie also immer beachten, um nicht nachträglich eine hohe Steuerrechnung bezahlen zu müssen.

Die drei Jahre werden auf den Tag genau gerechnet: Bei einem Einkauf am 1. Dezember 2017 können Sie frühestens am 2. Dezember 2020 Kapital aus der Pensionskasse beziehen. Besser Sie warten ein paar Tage länger, falls sich die Steuerbehörde auf den Standpunkt stellt, nicht das Einzahlungsdatum sei massgebend, sondern das Datum, an dem der Einkauf im Altersguthaben eingerechnet wurde. Wichtig sind diese Fristen insbesondere auch im Hinblick auf das Pensionierungsdatum. ■

TIPP *Klären Sie bei Ihrer Pensionskasse vor einem Einkauf ab, was mit dem eingezahlten Betrag im Todesfall passiert und ob dieser zurückerstattet wird.*

Vorzeitige Pensionierung in der 2. Säule

Die obligatorische berufliche Vorsorge kennt an sich keine frühzeitige Pensionierung. Das Vorsorgereglement kann dies jedoch vorsehen, frühestens ab Alter 58. Wer noch früher in den Ruhestand gehen möchte, erhält keine Altersleistungen; stattdessen wird die Freizügigkeitsleistung auf ein Freizügigkeitskonto überwiesen (siehe Seite 95). Vielfach ist in den Reglementen eine Pensionierung ab Alter 60 vorgesehen.

Kürzung 1: Reduktion des Umwandlungssatzes

Der Rentenumwandlungssatz für das reguläre Pensionsalter von 64 respektive 65 Jahren beträgt in der obligatorischen Vorsorge 6,8 Prozent. Wird die Rente früher bezogen, muss dieser Satz angepasst werden. Die Kürzung beträgt durchschnittlich 0,15 bis 0,2 Prozent pro Jahr. Bei einer Pensionierung mit 60 können Sie also in der obligatorischen Vorsorge mit einem Rentenumwandlungssatz von 5,7 bis 6,0 Prozent rechnen.

Dasselbe Prinzip gilt in der überobligatorischen Vorsorge. Ausgehend vom tieferen Umwandlungssatz in diesem Bereich fallen die Kürzungen mit 0,1 bis 0,15 Prozent pro Jahr tendenziell etwas tiefer aus.

TIPP *Sehen Sie im Reglement Ihrer Pensionskasse nach, wie hoch der Umwandlungssatz bei einer vorzeitigen Pensionierung noch ist – sowohl für die obligatorische wie auch für die überobligatorische Vorsorge.*

Kürzung 2: Fehlende Sparbeiträge

Die Rentenkürzung wegen des tieferen Rentenumwandlungssatzes ist nur eine Folge eines vorzeitigen Rentenbezugs. Gehen Sie mit 60 Jahren in den Ruhestand, fehlen Ihnen auch fünf Beitragsjahre. Weil die Sparbeiträge nach Alter gestaffelt sind (siehe Seite 70), fällt dies besonders ins Gewicht. Die höchsten Sparbeiträge werden in den letzten zehn Jahren des Berufslebens eingezahlt.

LUKAS G. ÜBERLEGT SICH, bereits mit 60 Jahren in Pension zu gehen. Sein voraussichtliches Altersguthaben bei der Pensionskasse im Alter 65 beträgt 300 000 Franken. Durch den vorzeitigen Ruhestand fehlen ihm fünf Jahre mit dem höchsten Beitragssatz. Sein Altersguthaben erreicht nur den Betrag von 246 000 Franken.

Kumulierte Kürzung bei einem Vorbezug

Nebst den fehlenden Sparbeiträgen gehen auch die Zinsen für die letzten fünf Jahre verloren, also die Zinsgutschriften auf dem höchsten Alterskapital. Auch dieser Effekt darf nicht vernachlässigt werden. Das folgende Beispiel zeigt, wie viel die drei Kürzungen – tieferer Umwandlungssatz, fehlende Sparbeiträge, fehlende Zinsgutschriften – insgesamt ausmachen können.

DIE PENSIONSKASSENRENTE VON LUKAS G. mit 65 würde 20 400 Franken betragen. Durch die vorzeitige Pensionierung mit 60 reduziert sie sich auf 13 974 Franken. Dies entspricht einer Kürzung von 6426 Franken oder rund 32 Prozent. Der Vorbezug um fünf Jahre reduziert die Rente also um fast einen Drittel.

TIPPS *Schauen Sie auf Ihrem persönlichen Ausweis nach, wie hoch die Kürzung der Rente respektive des Alterskapitals bei einer vorzeitigen Pensionierung ist. Sollten diese Zahlen aus dem Vorsorgeausweis nicht ersichtlich sein, lassen Sie sich die Rente von Ihrer Pensionskasse berechnen. Verschiedene Anbieter stellen auf ihren Websites auch Onlinerechner zur Verfügung, mit denen Sie diese Vorausberechnungen selber machen können.*

Für Ihre eigene grobe Rechnung: Als Faustregel können Sie bei der beruflichen Vorsorge von einer Rentenkürzung von rund 6 Prozent pro Jahr Vorbezug ausgehen.

Im Trend: gestaffelte Pensionierung

Eine weitere Möglichkeit besteht darin, dass Sie, die Erwerbstätigkeit nicht an einem bestimmten Tag beenden, sondern sich gestaffelt pensionieren lassen. Dabei reduzieren Sie Ihr Arbeitspensum beispielsweise ab 60 in einer oder mehreren Stufen. In den letzten Jahren hat das Bedürfnis nach einem sanfteren Übergang in den Ruhestand immer stärker zugenommen. Die Sozialversicherungen kommen diesem Wunsch allerdings nur teilweise nach.

- Die AHV kennt die Möglichkeit einer gestaffelten Pensionierung überhaupt nicht. Da müssen Sie sich entscheiden, ob Sie die ganze Rente vorbeziehen wollen oder nicht. Zudem ist der Vorbezug auf maximal zwei Jahre begrenzt (mehr dazu auf Seite 55).
- Auch das BVG kennt im obligatorischen Bereich die gestaffelte Pensionierung nicht. Immerhin überlässt es der Gesetzgeber den Vorsorgeeinrichtungen, in ihrem Reglement eine gestaffelte Pensionierung zu erlauben. Auch hier sind die Varianten zahlreich. Eine der häufigsten Lösungen ist eine Pensionierung in drei Schritten (siehe Beispiel im Kasten). Oft schreiben Vorsorgereglemente vor, dass das Arbeitspensum um mindestens 20 Prozent reduziert wird und dass eine Resterwerbstätigkeit von mindestens 30 Prozent bestehen bleibt. Eine solche Teilpensionierung ist natürlich immer auch mit einer Reduktion des versicherten Lohnes verbunden.

BEISPIEL: FORMULIERUNG DES GESTAFFELTEN BEZUGS DER PENSIONSKASSENLEISTUNGEN

Wird nach Vollendung des 58. Altersjahres der Beschäftigungsgrad beim Arbeitgeber um mindestens 30 % einer Vollzeitbeschäftigung reduziert und verbleibt ein Beschäftigungsgrad von mindestens 40 % einer Vollzeitbeschäftigung, besteht entsprechend der Reduktion des Beschäftigungsgrades Anspruch auf anteilmässige Altersleistungen gemäss den Grundsätzen über die vorzeitige Pensionierung. Die Pensionierung kann in maximal drei Schritten erfolgen.

Quelle: Vorsorgereglement der Baloise-Sammelstiftung für die obligatorische berufliche Vorsorge, Basel

TIPP *Konsultieren Sie Ihr Vorsorgereglement und lesen Sie nach, wie die gestaffelte Pensionierung in Ihrer Pensionskasse geregelt ist:*

- *Um wie viel Prozent müssen Sie Ihr Pensum mindestens reduzieren?*
- *Wie hoch muss die Resterwerbstätigkeit bei der letzten Stufe noch sein?*
- *Wie viele Stufen sind möglich?*

Bei einer gestaffelten Pensionierung erhalten Sie mehrere Teilrenten mit verschiedenen Umwandlungssätzen. Die effektive Kürzung ist deshalb noch schwieriger nachzuvollziehen, was auch die Planung des Kapitalbedarfs erschwert.

LUKAS G. HAT SICH angesichts der hohen Rentenkürzung bei einer vorzeitigen Pensionierung mit 60 (siehe Beispiel auf Seite 85) nun doch für einen gestaffelten Übergang in den Ruhestand entschieden. Mit 60 reduziert er sein Arbeitspensum um 40 Prozent und mit 63 wird er sich dann ganz zur Ruhe setzen. Damit ergeben sich folgende Altersrenten:

Teilrente (40 Prozent) ab Alter 60	Fr. 5590.–
Teilrente (60 Prozent) ab Alter 63	Fr. 9432.–
Total Renten (ab Alter 63)	Fr. 15022.–

Die Kürzung der Rente beträgt durch den gestaffelten Bezug nur noch 5378 Franken, ist also gut 25 Prozent kleiner.

Fazit: Können Sie sich eine vollständige frühzeitige Pensionierung finanziell nicht leisten, prüfen Sie einen gestaffelten Rückzug aus dem Erwerbsleben. Damit erzielen Sie noch länger ein Teileinkommen und auch die Rentenkürzungen fallen weniger hoch aus. So wird Ihr Wunsch nach einem vorzeitigen Ruhestand zumindest teilweise realisierbar.

Am besten lassen Sie sich die verschiedenen Szenarien von Ihrer Pensionskasse berechnen. Einige Vorsorgeeinrichtungen bieten auf ihren Websites auch Tools an, mit denen Sie selber verschiedene Varianten durchrechnen können.

Gestaffelter Kapitalbezug

Planen Sie, Ihr Pensionskassenguthaben in Kapitalform zu beziehen, kann eine gestaffelte Pensionierung auch erhebliche Vorteile bei der Kapitalleistungssteuer bringen. Sie müssen das Kapital dann nicht als einmalige grosse Auszahlung versteuern, sondern die Besteuerung wird über mehrere Jahre verteilt. In Kantonen mit einer progressiven Skala und beim Bund kann das mehrere Tausend Franken Steuervorteil bedeuten (siehe auch Tabelle auf Seite 91). Nach der heutigen Steuerpraxis akzeptieren die Behörden meist bis zu drei Bezüge. Möchten Sie noch stärker staffeln, sollten Sie zuerst mit dem Steueramt Rücksprache nehmen, um eine böse Überraschung zu vermeiden.

In Ihre Planung einbeziehen sollten Sie unbedingt auch die Auszahlung von Konten und Policen der Säule 3a sowie von allfälligen Freizügigkeitskonten. All diese Guthaben gelten als Vorsorgegelder und werden für die Besteuerung im jeweiligen Jahr mit anderen Vorsorgekapitalien zusammengezählt.

TIPP *Machen Sie eine Aufstellung aller Ihrer Vorsorgeleistungen – inklusive der Leistungen für Ihre Ehefrau, Ihren Ehemann. Verteilen Sie die Auszahlung über möglichst viele Jahre und überlegen Sie sich auch einen gestaffelten Bezug des Pensionskassenkapitals. Beginnen Sie frühzeitig mit der Planung – die Zeit bis zur Pensionierung, in der Sie Ihre Guthaben beziehen können, ist sehr begrenzt.*

BEAT W. IST 58 JAHRE ALT, seine Frau Melanie 56. Die beiden planen, ihre Vorsorgegelder ab 60 gestaffelt zu beziehen. Herr W. hat zwei Vorsorgekonten der Säule 3a, seine Frau eines. Zudem besitzt Herr W. eine 3a-Vorsorgepolice, die ihm mit 64 ausgezahlt werden wird. Das Pensionskassenguthaben möchte Beat W. in zwei Schritten als Kapital beziehen; dazu besitzt er auch noch ein Freizügigkeitskonto. Melanie W. hat von früher her auch ein Freizügigkeitskonto, später war sie selbständig erwerbend und keiner Pensionskasse angeschlossen. Spätestens bei Erreichen des ordentlichen Rentenalters werden Herr und Frau W. die Erwerbstätigkeit vollständig aufgeben. Wie aus der Grafik ersichtlich, reicht die Zeit gerade aus, um eine optimale Staffelung zu erreichen.

TIPPS *Am besten beziehen Sie zuerst die Leistungen aus Ihren 3a-Konten und -Policen. Denn diese dürfen Sie mit dem Erreichen des ordentlichen Rentenalters nicht mehr weiterführen (ausser Sie haben noch ein Erwerbseinkommen) und müssen das Geld zwingend beziehen. Freizügigkeitskonten dagegen können Sie auch ohne Erwerbseinkommen bis maximal Alter 70 (69 für Frauen) bestehen lassen und das Geld in dieser Zeitspanne beziehen. Voraussetzung ist, dass die Freizügigkeitsstiftung dies in ihrem Reglement zulässt.*

Falls Sie mehrere 3a-Konten eröffnen möchten, um die steuerliche Progression zu brechen, denken Sie auch an die begrenzte Zeit für den Bezug. Ist es überhaupt möglich, die Guthaben gestaffelt zu beziehen? Insbesondere wenn Sie sich auch das Pensionskassenkapital gestaffelt auszahlen lassen möchten, reicht die verfügbare Zeit oft nicht aus.

PLANUNG DES GESTAFFELTEN BEZUGS FÜR DAS EHEPAAR W.

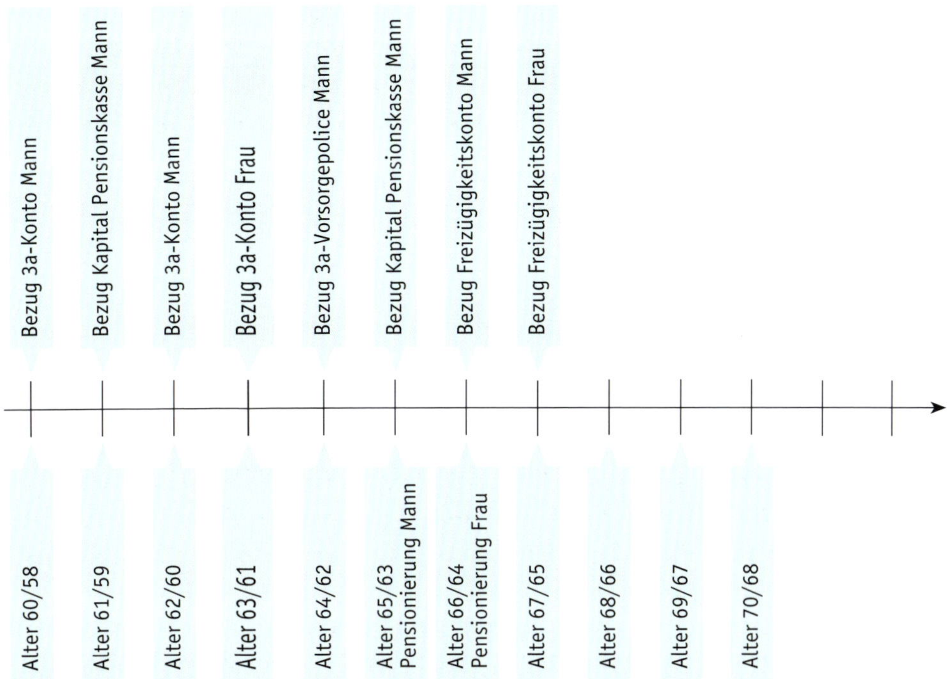

Steuerlicher Vorteil einer gestaffelten Auszahlung

Der gestaffelte Bezug des Pensionskassenguthabens wird vielfach als Optimierungsmassnahme im Rahmen einer Pensionsplanung eingesetzt. Die steuerlichen Vorteile sind in der Tat teilweise beträchtlich. Allerdings: Die Staffelung nur aus steuerlichen Überlegungen vorzunehmen, greift viel zu kurz, werden doch dabei vielfach die tieferen Altersleistungen nicht berücksichtigt. Ein gestaffelter Kapitalbezug setzt – wie ein gestaffelter Rentenbezug – eine Reduktion des Arbeitspensums und somit auch eine Reduktion des versicherten Lohnes voraus.

RITA S. HAT IN IHRER PENSIONSKASSE ein voraussichtliches Altersguthaben von 500 000 Franken angespart. Da sie nicht verheiratet ist, möchte sie das Geld als Kapital beziehen. Sie hat an verschiedenen Veranstaltungen und auch aus der Presse erfahren, dass sie dies in mehreren Etappen tun solle, um erheblich Kapitalleistungssteuern zu sparen. Frau S. ist reformiert und wohnt in der Stadt Zürich.

STEUERERSPARNIS VON FRAU S.

Anzahl Auszahlungen	Steuern Kanton und Gemeinde	Direkte Bundessteuer	Total
Eine Auszahlung	Fr. 47 792.–	Fr. 10 632.–	Fr. 58 424.–
Zwei Auszahlungen	Fr. 27 664.–	Fr. 8 064.–	Fr. 35 728.–
Steuerersparnis	**Fr. 20 128.–**	**Fr. 2 568.–**	**Fr. 22 696.–**

Die Steuerersparnis bei gestaffelter Auszahlung ist für Frau S. mit rund 22 700 Franken recht hoch. Der Kanton Zürich gehört aber auch zu den Kantonen, die bei der Besteuerung von Leistungen aus der Vorsorge eine erhebliche Progression aufweisen (siehe nebenstehende Tabelle). Würde Frau S. in Altdorf wohnen, würde sie mit zwei Auszahlungen nur bei der Bundessteuer sparen, das sind rund 2500 Franken. Denn der Kanton Uri kennt keine Progression mehr und besteuert alle Vorsorgeleistungen zum gleichen Satz.

BESTEUERUNG VON KAPITALAUSZAHLUNGEN IN DEN KANTONEN

Bei der Besteuerung von Vorsorgeleistungen werden in der Schweiz vier Varianten angewendet:

- Fixer Satz für die ganze Auszahlung (Flattax): keine Steuervorteile durch Staffelung
- Fixer Satz bis zu einem bestimmten Betrag, dann Progression: Steuervorteile erst bei Beträgen über dem fixen Betrag
- Progressive Skala: grösster Steuervorteil durch Staffelung
- Progression bis zu einem bestimmten Betrag, danach fixer Steuersatz: Steuervorteile dort, wo die Progression greift

AG	Progression
AI	Fixer Satz bis ca. Fr. 400 000
AR	Fixer Satz bis ca. Fr. 400 000
BE	Progression
BL	Fixer Satz bis ca. Fr. 400 000
BS	Progression
FR	Progression
GE	Progression
GL	Flattax
GR	Fixer Satz bis ca. Fr. 400 000.–
JU	Progression bis ca. Fr. 400 000.–
LU	Progression bis ca. Fr. 400 000.–
NE	Progression bis ca. Fr. 200 000.–
NW	Progression bis ca. Fr. 200 000.–
OW	Flattax
SG	Flattax
SH	Progression bis ca. Fr. 400 000.–
SZ	Progression
SO	Progression bis ca. Fr. 400 000.–
TG	Flattax
TI	Fixer Satz bis ca. Fr. 800 000.–
UR	Flattax
VD	Progression
VS	Fixer Satz bis ca. Fr. 200 000.–
ZG	Progression bis Fr. 800 000.–
ZH	Fixer Satz bis ca. Fr. 380 000.–
Bund	Progression

Und die übrigen Auswirkungen des gestaffelten Bezugs?
Die obige Berechnung entspricht dem, was verschiedene Experten ihren Kunden vorlegen: Das voraussichtliche Alterskapital von 500 000 Franken wird einfach auf zwei gleich grosse Raten aufgeteilt. Dies ist aber nicht richtig. Denn bei einem gestaffelten Kapitalbezug wird zwingend auch eine Reduktion des Arbeitspensums verlangt – und damit reduziert sich das Gesamtguthaben.

RITA S. REDUZIERT IHR PENSUM mit 63 auf 50 Prozent; ihr Lohn beträgt noch 45 000 statt 90 000 Franken. Dadurch reduzieren sich auch ihr versicherter Lohn und der Sparbeitrag. Bis 64 wird sie insgesamt 10 652 Franken weniger Alterskapital haben. Zwar reduziert sich auch ihr Sparbeitrag um rund 4050 Franken; unter dem Strich fehlen ihr aber dennoch 6600 Franken.

Weil Frau S. im Kanton Zürich wohnt, lohnt sich der gestaffelte Kapitalbezug immer noch – sie spart nach Steuern immer noch rund 14 800 Franken. Anders sieht es im Kanton Uri aus, dort würde die Staffelung zum Verlustgeschäft – auch nach Abzug der Steuerersparnis hätte Frau S. rund 4000 Franken weniger.

TIPP *Die gestaffelte Auszahlung des Pensionskassenkapitals wird oft als Wundermittel der Steueroptimierung angepriesen. Die steuerlichen Vorteile sind denn auch unbestritten – die damit verbundenen Minderleistungen der Pensionskasse dürfen aber nicht vergessen gehen. Bevor Sie sich aus steuerlichen Gründen für eine gestaffelte Auszahlung entscheiden, berechnen Sie, ob dies in Ihrem Kanton überhaupt Vorteile bringt. Wenn Sie jedoch – unabhängig von der steuerlichen Situation – sowieso einen gestaffelten Rückzug aus dem Erwerbsleben planen, dann nutzen Sie den Steuervorteil. Welche Art der Besteuerung in Ihrem Kanton angewendet wird, sehen Sie in der Tabelle auf der vorangehenden Seite. Zudem finden Sie auf den Websites der meisten Steuerämter Onlinerechner.*

Freiwillig das bisherige Einkommen weiterversichern
Das Vorsorgereglement kann vorsehen, dass sich Angestellte ab dem 58. Altersjahr bis zum ordentlichen Pensionsalter zum bisherigen Lohn wei-

terversichern können. Vorausgesetzt wird, dass sich das Einkommen um höchstens 50 Prozent reduziert.

Durch eine solche Weiterführung können Sie die Kürzung Ihres Altersguthabens verhindern; Sie erreichen denselben Stand wie bei ordentlicher Pensionierung. Die Aufteilung der Beiträge ist jedoch meist nicht mehr dieselbe, denn der Arbeitgeber muss keinen Beitrag an die freiwillige Weiterversicherung bezahlen. Die Mehrprämie geht also voll zu Ihren Lasten.

Wieder zurück in den Beruf?

Auch wenn es ein langjähriger Traum war, sich vorzeitig pensionieren zu lassen, kann das in der Realität plötzlich ganz anders aussehen. Man fühlt sich unnütz, weiss nicht, was man mit der vielen Freizeit anfangen soll, hat keine Aufgaben mehr. Mitbetroffen sind oft auch die Partner oder Partnerinnen, besonders wenn sie bisher nicht erwerbstätig waren. In ihrem Leben hat sich eigentlich nichts geändert und doch ist auch ihr Alltag nun anders. Deshalb ist es von grosser Wichtigkeit, dass Sie bei einer Planung nicht nur die finanziellen Aspekte berücksichtigen, sondern sich auch Gedanken darüber machen, was sich in Ihrem Leben nach dem Tag X verändern wird.

Fällt Ihnen nach der Pensionierung dann doch die Decke auf den Kopf, kann die Wiederaufnahme einer Erwerbstätigkeit eine gute Option sein, sei es als Teilzeitangestellter oder sogar Vollzeit. Die Frage stellt sich, was das bezüglich der Sozialversicherungen bedeutet – Sie beziehen ja zu diesem Zeitpunkt allenfalls bereits eine Rente der Pensionskasse.

Wieder AHV-pflichtig

Wenn Sie die Erwerbstätigkeit wieder aufnehmen, gelten für die Beitragspflicht bei der AHV dieselben Voraussetzungen wie vor der Pensionierung (siehe Seite 47). Sie müssen also Erwerbstätigenbeiträge zahlen. Sofern Sie noch keine AHV-Rente beziehen, zählen auch diese neuen Beiträge für die künftigen Leistungen. Falls Sie weniger als 50 Prozent erwerbstätig sind oder weniger als neun Monate im Jahr arbeiten, gelten Sie allenfalls trotzdem als nicht erwerbstätige Person und müssen den entsprechenden Beitrag entrichten (siehe Seite 48). Selbstverständlich stehen Ihnen auch alle Optionen eines Rentenaufschubs offen (siehe Seite 57).

ACHTUNG *Wenn Sie bereits eine AHV-Rente beziehen, müssen Sie dennoch Beiträge bezahlen. Diese haben aber keinen Einfluss mehr auf die Rentenhöhe. Sie können also Ihre laufende Rente nicht mehr aufbessern.*

Und bei der Pensionskasse?

In der obligatorischen beruflichen Vorsorge sind Sie wieder beitragspflichtig, sobald Sie ein Einkommen von mindestens 21 150 Franken pro Jahr beziehen (siehe Seite 65). Dies unabhängig davon, ob Sie bereits eine BVG-Altersrente beziehen oder nicht. Sie beginnen einfach neu mit dem Ansparen eines (zusätzlichen) Altersguthabens. Es ist also möglich, gleichzeitig Rentner und erwerbstätige Person zu sein.

Dasselbe gilt nach einem Kapitalbezug. Sie sind auch nicht verpflichtet, das bereits bezogene Kapital wieder in die Pensionskasse einzubringen. Das Geld wurde als Altersleistung erbracht und versteuert. Es gilt deshalb nicht mehr als Vorsorgegeld, sondern gehört zu Ihrem freien Vermögen.

Das neue Vorsorgeverhältnis wird also unabhängig von den bisherigen Leistungen betrachtet. Dies gilt auch in Bezug auf einen Einkauf. Somit haben Sie nach der Wiederaufnahme der Erwerbstätigkeit wieder die Möglichkeit, sich freiwillig in die vollen Pensionskassenleistungen einzukaufen. Dies ist aber vor allem eine vorsorgerechtliche Betrachtung. Ob die Einkäufe auch steuerlich abzugsfähig sind, lässt sich aktuell nicht abschliessend beurteilen. Noch fehlen entsprechende Entscheide in der Steuerpraxis. Bevor Sie sich zu einem Einkauf entschliessen, sollten Sie die Abzugsmöglichkeit mit Ihrer Steuerbehörde besprechen.

INFO *Sobald Sie wieder ein AHV-pflichtiges Erwerbseinkommen aufweisen, können Sie auch wieder in die Säule 3a einzahlen und die Beiträge von Ihrem steuerbaren Einkommen abziehen. Die Maximalbeträge sind dieselben wie für alle anderen Erwerbstätigen: 6768 Franken, wenn Sie einer Pensionskasse angehören, 20 Prozent des Erwerbseinkommens, maximal 33 840 Franken, ohne 2. Säule (siehe auch Seite 102).*

Freizügigkeitsleistung statt Pensionierung

Wie beschrieben ist eine vorzeitige Pensionierung vom Vorsorgereglement abhängig. Nur falls sie darin vorgesehen ist, können Sie vor dem ordentlichen Rentenalter eine Altersleistung beziehen. Natürlich bleibt ein vorzeitiger Austritt aus der Firma durch eine Kündigung des Arbeitsvertrags immer eine Option (siehe Seite 30). In diesem Fall werden aber nicht die Altersleistungen fällig, sondern die Freizügigkeitsleistung. Und diese wird Ihnen auch nicht bar ausgezahlt, sondern auf ein oder zwei Freizügigkeitskonten überwiesen. Die meisten Freizügigkeitsstiftungen lassen eine Pensionierung bereits mit 60 Jahren zu. So ist es möglich, die Freizügigkeitsleistung sofort nach dem Austritt als Kapital zu beziehen.

Der Nachteil einer solchen Lösung ist, dass Sie Ihr Altersguthaben nur in Kapitalform beziehen können. Eine Rentenzahlung ist nicht möglich. Die meisten Pensionskassenreglemente sehen aber zum Glück eine frühzeitige Pensionierung vor, sodass diese Situation nur äusserst selten anzutreffen ist.

Einschränkungen beim Kapitalbezug umgehen

Viel häufiger ist in Vorsorgereglementen jedoch vorgesehen, dass nicht das ganze Altersguthaben in Kapitalform bezogen werden kann, sondern ein Teil als Rente ausgezahlt wird. Hier stellt sich die Frage, ob man diese Regelung mit einer Kündigung der Arbeitsstelle umgehen kann. Das hängt von zwei Aspekten ab.

Zum Ersten vom **ordentlichen Rentenalter,** das im Vorsorgereglement festgehalten ist. Achtung, dieses kann durchaus tiefer sein als das ordentliche Rentenalter bei der AHV (64/65). Entscheidend ist, welches

FREIZÜGIGKEITSLEISTUNG

Als Freizügigkeitsleistung bezeichnet das Gesetz die Summe, die Sie bei einem Austritt aus der Vorsorgeeinrichtung, beispielsweise bei einem Stellenwechsel, mitnehmen würden. Die Summe entspricht dem bis zum Zeitpunkt des Austritts angesparten Altersguthaben inklusive Verzinsung (eine Ausnahme stellen die seltenen Pensionskassen mit Leistungsprimat dar, siehe Seite 68). Die Höhe der Freizügigkeitsleistung ist meist auch aus dem Pensionskassenausweis ersichtlich. ■

ordentliche Rentenalter Ihr Vorsorgereglement vorsieht. Nur bis zu diesem Zeitpunkt ist ein Austritt aus der Pensionskasse möglich. Danach können Sie nur noch die Altersleistungen – Rente und Teilkapital – und keine Freizügigkeitsleistung mehr beziehen.

DAS VORSORGEREGLEMENT DER XY GMBH sieht vor, dass maximal 50 Prozent des Altersguthabens als Kapital ausgezahlt wird, die andere Hälfte muss als Rente bezogen werden. Das Reglement bestimmt ein ordentliches Rentenalter von 62 Jahren. Gerhard O., geboren am 20. Juni 1957, will sein ganzes Guthaben als Kapital beziehen und setzt auf die Freizügigkeitslösung. Herr O. muss vor dem 1. Juli 2019 aus der Firma austreten, sonst gelten die Bestimmungen für die Altersleistungen.

Der zweite Aspekt, den es zu beachten gilt, ist die **steuerliche Behandlung.** Wie erwähnt können Sie die Freizügigkeitsleistung beim Austritt auf zwei verschiedene Freizügigkeitseinrichtungen überweisen lassen. So können Sie die Auszahlung des Kapitals auf zwei Steuerperioden verteilen und die Steuerprogression brechen. Ob die Steuerbehörde dies aber akzeptiert, hängt davon ab, wie die vorzeitige Pensionierung im Reglement Ihrer Pensionskasse definiert ist.

- Wenn Sie aus der Pensionskasse und der Firma zu einem Zeitpunkt austreten, zu dem bereits eine vorzeitige Pensionierung möglich wäre, ist die Aufsplittung auf zwei Konten zwar erlaubt. Beim Bezug werden die Kapitalien aber wieder zusammengezählt. Die Argumentation der Steuerbehörden: Die Aufteilung auf zwei Konten sei nur aus steuerlichen Überlegungen vorgenommen worden und es handle sich eigentlich nicht um eine Kündigung des Arbeitsverhältnisses, sondern um eine vorzeitige Pensionierung. Bei dieser aber würde das gesamte Kapital auf einmal fällig und somit auch als Ganzes versteuert. Diese Auslegung wurde durch das Bundesgericht gestützt.
- Eine Aufsplittung der Freizügigkeitsleistung wird höchstens dann akzeptiert, wenn es sich um einen effektiven Austritt aus der Firma handelt. Davon geht das Steueramt dann aus, wenn Sie sich nach der Kündigung um eine neue Arbeitsstelle bemühen und sich vor allem beim zuständigen Regionalen Arbeitsvermittlungszentrum (RAV) als arbeitslos anmelden.

DAS REGLEMENT DER FIRMA XY GMBH (siehe vorangehende Seite) sieht auch eine vorzeitige Pensionierung ab Alter 60 vor. Um das ganze Kapital beziehen zu können, kündigt die Mitarbeiterin Monika B. mit 61 ihren Arbeitsvertrag. Damit sie weniger Steuern bezahlen muss, verlangt sie, dass die Freizügigkeitsleistung auf zwei Freizügigkeitseinrichtungen überwiesen wird.

Variante A – keine Anmeldung beim RAV: Die Freizügigkeitsleistung von Frau B. wird auf zwei Freizügigkeitskonten ausgezahlt, da sie gemäss Vorsorgereglement das ordentliche Rentenalter noch nicht erreicht hat, ein Austritt also möglich ist. Da es sich aber steuerlich gesehen nicht um eine Kündigung handelt, sondern um eine vorzeitige Pensionierung, ist für die Besteuerung das gesamte Kapital massgebend. Dies auch dann, wenn Frau B. die Freizügigkeitskonten in zwei verschiedenen Jahren bezieht. Spätestens bei der zweiten Kapitalauszahlung wird die Steuerbehörde intervenieren und Nachsteuern inklusive Verzugszinsen auf die erste Auszahlung nachfordern.

Variante B – Anmeldung beim RAV: Hier handelt es sich auch aus steuerlicher Sicht um einen Austritt aus der Pensionskasse und nicht um eine vorzeitige Pensionierung. Die Freizügigkeitsleistungen werden also getrennt in der jeweiligen Steuerperiode veranlagt und besteuert. Die Auszahlung der Freizügigkeitsleistung kann Frau B. auch dann verlangen, wenn sie Arbeitslosentaggelder bezieht. Aber das bezogene Freizügigkeitskapital wird von der Arbeitslosenversicherung als Altersleistung angesehen und die Taggelder werden entsprechend gekürzt.

TIPP *Falls Sie sich für einen Kapitalbezug via Austritt aus der Pensionskasse entscheiden und das Kapital über zwei verschiedene Freizügigkeitskonten beziehen möchten, melden Sie sich beim RAV als arbeitslos an. Nur so handelt es sich um einen effektiven Austritt. Diese Regelung gilt, sobald gemäss Reglement der Pensionskasse eine vorzeitige Pensionierung möglich wäre.*

Karin L. – dank Erbschaft in den frühen Ruhestand

Karin L. ist 61 Jahre alt und arbeitet seit mehreren Jahren in der Debitorenbuchhaltung einer mittelgrossen Firma. Kürzlich ist ihre Grosstante verstorben, die sie ab und zu besucht hat. Nun erhält sie ein Schreiben des mit der Erbteilung beauftragten Rechtsanwalts. Karin L. wurde von der Grosstante als Haupterbin eingesetzt; die Erbschaft beläuft sich auf 228 000 Franken. Da die Grosstante im Kanton Schwyz gelebt hat, entfallen auch die Erbschaftssteuern.

Nach der ersten freudigen Überraschung beginnt Frau L. zu rechnen. Ob dank der Erbschaft eine vorzeitige Pensionierung möglich wäre? In den letzten Monaten hatte sie nämlich immer mehr Mühe, sich jeden Tag für die Arbeit zu motivieren. Seit letztem Herbst, als ihr langjähriger Vorgesetzter in Pension ging und durch einen neuen Chef ersetzt wurde, hat sich diese Unlust noch verstärkt. Darum kommt ihr die Erbschaft sehr gelegen.

Karin L. hat einen langjährigen Partner, die beiden wohnen aber getrennt und sind finanziell unabhängig voneinander. Dies soll auch künftig so bleiben. Frau L. lebt in einer älteren 3,5-Zimmer-Wohnung in der Agglomeration von Luzern.

Aus dem Budget ergibt sich folgender Kapitalbedarf von Karin L.

Ausgabenüberschuss ab Alter 61 (3 Jahre)	Fr. 82 800.–
Ausgabenüberschuss ab Alter 64 (21 Jahre)	Fr. 50 400.–
Total Kapitalbedarf	Fr. 133 200.–

Die Pensionierung mit 61 ist problemlos finanzierbar. Karin L. benötigt dazu nicht einmal die ganze Erbschaft und kann sich noch einiges zusätzlich leisten.

BUDGET VON KARIN L.

	Mit 61 Jahren	Ab 64 Jahren
Einnahmen		
AHV-Rente		Fr. 28200.–
Pensionskassenrente	Fr. 23400.–	Fr. 23400.–
Total Einnahmen	**Fr. 23400.–**	**Fr. 51600.–**
Ausgaben		
Lebenshaltungskosten	Fr. 24000.–	Fr. 24000.–
Miete	Fr. 20000.–	Fr. 20000.–
Krankenkasse	Fr. 5000.–	Fr. 5000.–
Steuern	Fr. 2000.–	Fr. 5000.–
Total Ausgaben	**Fr. 51000.–**	**Fr. 54000.–**
Einnahmen-/Ausgabenüberschuss		
Total Einnahmen	Fr. 23400.–	Fr. 51600.–
Total Ausgaben	Fr. 51000.–	Fr. 54000.–
Ausgabenüberschuss	**Fr. –27600.–**	**Fr. –2400.–**

Altersvorsorge: die 3. Säule

3

Für die 1. und die 2. Säule definiert der Staat eine Vorsorgepflicht. Die 3. Säule dagegen ist freiwillig, Sie sind selber verantwortlich für den Aufbau dieses Zweigs Ihrer Vorsorge. Während sich der Staat bei der gebundenen Vorsorge 3a mit Steuervorteilen beteiligt, sind Sie in der Säule 3b ganz auf sich gestellt. Dafür sind Sie frei, was Sie mit Ihrem Vermögen tun und wann Sie es beziehen.

Vorsorgen in der gebundenen Säule 3a

Der Staat hat ein Interesse daran, dass seine Bürgerinnen und Bürger im Alter gut abgesichert sind. Deshalb beteiligt er sich am freiwilligen Sparen in der Säule 3a mit Steuervorteilen. Wenn vom Sparen in der 3. Säule die Rede ist, ist vielfach nur die Säule 3a gemeint.

Im Gegenzug zu den Steuervorteilen gibt es einige Einschränkungen, daher der Name «gebundene Vorsorge». Insbesondere sind die hier angesparten Gelder fürs Alter reserviert und können – abgesehen von einigen Ausnahmefällen – frühestens fünf Jahre vor dem ordentlichen Rentenalter wieder bezogen werden. Zudem sind die Einzahlungen nach oben begrenzt.

Wer kann wie viel einzahlen?

Die erste Voraussetzung für das Sparen in der gebundenen Vorsorge ist ein steuer- und AHV-pflichtiges Erwerbseinkommen. Nichterwerbstätige können keine Vorsorge in der Säule 3a aufbauen. Zudem gelten unterschiedliche Höchstbeträge für die Einzahlungen:

- Wenn Sie einer Pensionskasse angehören, also in der 2. Säule versichert sind, können Sie pro Jahr maximal 6768 Franken in die Säule 3a einzahlen – und von den Steuern absetzen.
- Sind Sie nicht in der 2. Säule versichert, sind es 20 Prozent Ihres steuerpflichtigen Erwerbseinkommens, maximal aber 33 840 Franken (Stand 2018).

STEPHAN W. IST ALS SELBSTÄNDIGER TREUHÄNDER tätig. Sein Einkommen beläuft sich auf 100 000 Franken pro Jahr. Er ist keiner Pensionskasse angeschlossen. Somit kann er jährlich eine Einzahlung von 20 000 Franken in die gebundene Vorsorge tätigen.

AUCH DAS STEUERBARE EINKOMMEN VON CÉDRIC C. beläuft sich auf 100 000 Franken. Da er als Angestellter einer Pensionskasse angehört, kann er nur 6768 Franken in die Säule 3a einzahlen.
TAMARA B. IST EINE ERFOLGREICHE ARCHITEKTIN. Sie ist bei der AHV-Ausgleichskasse als selbständig erwerbend angemeldet. Ihr jährliches Einkommen beträgt 200 000 Franken. Sie kann nicht die ganzen 20 Prozent (40 000 Franken) einzahlen, sondern nur den Maximal-betrag von 33 840 Franken.

Oft hört man, Selbständigerwerbende könnten jeweils den «grossen» Betrag in die Säule 3a einzahlen. Der Erwerbsstatus allein ist jedoch nicht massgebend. Es kommt vielmehr darauf an, ob jemand bereits in der beruflichen Vorsorge versichert ist.

HANNES J. IST INHABER eines Einzelunternehmens mit mehreren Angestellten. Er hat sich freiwillig der Pensionskasse angeschlossen, in der er sein Personal versichert. Deshalb kann er nur 6768 Franken in die Säule 3a einzahlen.
RENATA T. ARBEITET ALS TEILZEITANGESTELLTE; sie hat einen Jahreslohn von 20 000 Franken. Sie ist nicht BVG-versichert und kann daher 20 Prozent von ihrem AHV-pflichtigen Einkommen in der Säule 3a sparen – das sind 4000 Franken. Wäre Frau T. in einer Firma angestellt, in der ein tieferer Koordinationsabzug gilt (siehe Seite 66), wäre sie ebenfalls der Pensionskasse angeschlossen. Dann könnte sie 6768 Franken in die gebundene Vorsorge einzahlen und in der Steuererklärung geltend machen.

Beiträge nach einer vorzeitigen Pensionierung

Auch nach einer vorzeitigen Pensionierung gelten die oben beschriebenen Regeln. Falls Sie also noch ab und zu etwas arbeiten und dafür einen Lohn erhalten, können Sie auch weiterhin in der Säule 3a sparen. Welchen Betrag Sie einzahlen und in der Steuererklärung abziehen können, hängt allein davon ab, ob Sie auch wieder Beiträge an eine Pensionskasse zahlen. Gemäss einem Kreisschreiben der Eidgenössischen Steuerverwaltung (ESTV) gilt man auch dann als Person ohne 2. Säule, wenn man aufgrund der vorzeitigen Pensionierung bereits eine Altersrente der Pensionskasse erhält.

MARIO H. HAT SICH MIT 60 JAHREN vorzeitig pensionieren lassen. Von der Pensionskasse erhält er eine Rente von 40 000 Franken. Ab und zu hilft er noch in seinem früheren Betrieb aus und macht Ferienvertretungen. Er erhält dafür einen Lohn von 15 000 Franken pro Jahr; in der beruflichen Vorsorge ist er nicht mehr versichert. Herr H. kann also 20 Prozent seines jährlichen Einkommens – das sind 3000 Franken – in die Säule 3a einzahlen und steuerlich absetzen.

Einzahlung im Jahr der Pensionierung

Solange Sie ein steuer- und AHV-pflichtiges Erwerbseinkommen haben, dürfen Sie in die Säule 3a einzahlen. Das gilt auch im Jahr Ihrer vorzeitigen Pensionierung. Und auch für die Höhe des Abzugs gelten dieselben Regeln. Kritisch wird es jedoch, wenn Sie schon Anfang Jahr in den Ruhestand treten. Dann kann es passieren, dass der zulässige Abzug mit 6768 Franken höher ausfällt als Ihr Erwerbseinkommen (beispielsweise 6000 Franken). Wie das gehandhabt wird, ist von Kanton zu Kanton unterschiedlich. So akzeptiert etwa der Kanton Aargau nur einen Abzug bis zum Nettolohn abzüglich der Berufsauslagen. In anderen Kantonen kann man maximal den Nettolohn geltend machen, wieder andere Kantone erlauben den vollen Abzug von 6768 Franken (siehe Kasten).

Ausserdem ist zu beachten, dass die Einzahlung in die gebundene Vorsorge noch während der Erwerbsphase zu erfolgen hat – wenn Sie am

STEUERABZUG IM JAHR DER PENSIONIERUNG

Ausgangslage
Pensionierung: 1. Februar 2018
Jahreslohn brutto 2018: Fr. 6000.–
Nettolohn (steuerrelevant): Fr. 5400.–
BVG-pflichtig

Zulässiger Abzug	Kanton
Fr. 5400.– minus Berufsauslagen	AG
Fr. 5400.– (Nettolohn)	GE, BL, BS, GR, OW, SG, SO, TG, ZH
Fr. 6768.–	AR, BE, FR, GL, JU, LU, NE, NW, SH, SZ, VS, ZG

Quelle: Umfrage bei den Kantonen durch mendoweb.ch/Blog, Stand: 14.12.2017

1. Februar pensioniert werden, also im Januar. Es gibt zwar auch hier Kantone, die eine Einzahlung nach dem Pensionierungsdatum gelten lassen, doch diese sind in der Minderzahl. Darum sollten Sie die Zahlung vor Ihrem Altersrücktritt vornehmen.

TIPP *Zahlen Sie Ihren Betrag an die gebundene Vorsorge – nicht nur im Jahr der Pensionierung – wenn immer möglich zu Jahresbeginn ein. Sie profitieren so bereits ab Januar vom Vorzugszins. Über die Jahre hat dies auch bei den aktuell tiefen Zinsen einen erheblichen Zinseszinseffekt.*

Laufzeit der gebundenen Vorsorge

In die gebundene Vorsorge kann man grundsätzlich ab dem 18. Altersjahr bis zur ordentlichen Pensionierung einzahlen. Es ist sogar eine Weiterführung bis 70 möglich – vorausgesetzt, man hat weiterhin ein steuerbares Erwerbseinkommen.

Wer kein Erwerbseinkommen mehr hat, muss die Gelder der Säule 3a mit 64 respektive 65 zwingend beziehen. Ein Aufschub über das ordentliche Pensionierungsaltern hinaus ist – im Gegensatz zu einem Freizügigkeitskonto (siehe Seite 89) – nicht möglich. In der Regel kommt die Bank auf Sie zu, damit Sie Ihr 3a-Konto auflösen.

Für die Zeit der vorzeitigen Pensionierung gilt diese Regelung jedoch nicht. Sie können also Ihr Vorsorgekonto bis zum ordentlichen Pensionsalter bestehen lassen, auch wenn Sie kein Erwerbseinkommen mehr erzielen. Solange die Gelder noch in der Säule 3a liegen, werden sie in der Steuererklärung nicht als Vermögen angegeben und auch die Erträge gelten nicht als steuerbares Einkommen.

TIPP *Planen Sie die Auszahlungen Ihrer Vorsorgekonten der Säule 3a spätestens bis zu Ihrem 64. respektive 65. Geburtstag. Auch eine 3a-Lebensversicherungspolice sollte zu diesem Zeitpunkt ausgezahlt werden. Falls Ihr 3a-Versicherungsvertrag länger läuft, sollten Sie ihn auflösen – sonst werden Nachsteuern fällig.*

Die 3a-Guthaben beziehen

Wie bereits beschrieben ist ein Bezug der Vorsorgegelder für Männer mit 60 und für Frauen mit 59 möglich. Ausgezahlt werden muss immer das ganze Guthaben auf einem Konto oder in einer Police; eine Staffelung ist nur möglich, wenn mehrere Gefässe bestehen. Die Rückzugsbedingungen für Vorsorgekonten bei einer Bank und für Vorsorgepolicen bei einem Lebensversicherer sind unterschiedlich.

3a-Konto

Ihr Vorsorgekonto bei der Bank können Sie grundsätzlich jederzeit auflösen, sobald die Bedingungen für eine Auszahlung erfüllt sind. Meist ist dies kostenlos, gewisse Banken verlangen jedoch für eine Auflösung vor dem Pensionsalter eine Gebühr bis zu ein paar Hundert Franken. Es gibt auch Banken, bei denen Sie eine Kündigungsfrist einhalten müssen – diese beträgt jedoch meist nicht mehr als einen Monat.

TIPPS *Kontaktieren Sie Ihre Bank rechtzeitig und erkundigen Sie sich nach den Rückzugsbedingungen für Ihr Vorsorgekonto, um Überraschungen zu vermeiden – vor allem wenn Sie Ihre Vorsorgegelder gestaffelt beziehen möchten (siehe auch Seite 109). Wenn Sie zum Beispiel erst im November die Auszahlung verlangen und eine Kündigungsfrist von einem Monat besteht, werden die Gelder wohl erst im Januar des folgenden Jahres ausgezahlt. Steuerlich fallen sie damit in die neue Steuerperiode und werden möglicherweise mit anderen Leistungen kumuliert, etwa mit einem Kapitalbezug aus der Pensionskasse.*

Falls Sie weiterhin berufstätig sind und in die Säule 3a einzahlen wollen, denken Sie daran, rechtzeitig ein neues Konto zu eröffnen.

3a-Police (Lebensversicherung)

Ein Lebensversicherungsvertrag hat, anders als ein Bankkonto, einen fixen Ablauftermin. An diesem Tag werden die Leistungen zur Auszahlung fällig. Die meisten Steuerämter stellen auf dieses Datum ab. Es nützt Ihnen also nichts, wenn Sie die Auszahlungspapiere einer Police, die per 1. Dezember zur Auszahlung fällig wird, bis im Januar zurückbehalten, damit die Auszahlung erst im neuen Jahr auf Ihr Konto kommt. Das Fälligkeitsdatum für die Leistung bleibt der 1. Dezember und die Veranlagung erfolgt per diesem Tag. Haben Sie im gleichen Jahr bereits andere Vorsorgeleistungen bezogen, werden die Beträge zusammengezählt und so versteuert. Auch Leistungen an Ihre Ehefrau respektive Ihren Mann aus dem gleichen Jahr werden addiert.

Es kann zudem vorkommen, dass Sie zusätzlich Vermögenssteuern nachzahlen müssen, weil die Gelder per 31. Dezember nicht mehr gebundenes, sondern freies und somit steuerbares Vermögen darstellen.

TIPP *Planen Sie die Auszahlungen einer 3a-Lebensversicherung fix zum Ablaufdatum der Police ein. Verschieben Sie allenfalls die Auszahlung von 3a-Konten in ein anderes Jahr, um die Steuern zu reduzieren.*

Eine Verlängerung der Vertragszeit bei Lebensversicherungen ist meist nur innerhalb der aktuellen Produktepalette möglich. Verträge, die vor ein paar Jahren oder gar Jahrzehnten abgeschlossen wurden, beinhalten zum Teil massiv höhere garantierte Zinsen (technischer Zins) und andere Grundlagen für die Risikotarife (Tod und Invalidität). Die Versicherer haben daher kein Interesse – und auch keine Verpflichtung –, diese für sie ungünstigen Produkte zu verlängern. Trotzdem kann es nicht schaden, anzufragen und eine Verlängerung zu verlangen.

FONDSLÖSUNGEN IN DER GEBUNDENEN VORSORGE

Die Säule 3a weist aufgrund der gesetzlichen Bestimmungen eine lange Laufzeit auf. Das Geld wird ja erst bei der (vorzeitigen) Pensionierung wieder ausgezahlt. Diese lange Laufzeit können Sie nutzen, um zusätzliche Renditechancen wahrzunehmen. Gerade im heutigen Tiefzinsumfeld sollten Sie das Geld nicht einfach auf ein klassisches Vorsorgekonto einzahlen – insbesondere wenn Sie schon früh mit Sparen beginnen. Prüfen Sie auch Angebote mit Fonds.

Selbstverständlich gilt es auch hier, ein Risikoprofil zu erstellen und die Lösung darauf abzustimmen (mehr dazu auf Seite 125). Dank der langen Laufzeiten können Sie aber tendenziell einen (etwas) höheren Aktienanteil wählen. Für risikofreudige Anleger gibt es heute auch in der Säule 3a Produkte mit einem Aktienanteil von über 50 Prozent. Das höhere Risiko kann sich langfristig durch eine höhere Rendite auszahlen. ■

TIPP *Falls mehrere Vorsorgepolicen (inklusive der Policen Ihres Ehemanns, Ihrer Frau) im gleichen Jahr ablaufen, fragen Sie bei den Gesellschaften nach, ob die eine oder andere Police eventuell verlängert werden kann. Auch wenn es eher unwahrscheinlich ist, Fragen kostet ja nichts.*

Vorzeitige Auflösung einer Vorsorgepolice

Die vorzeitige Auflösung einer Vorsorgepolice ist immer möglich. Das Versicherungsvertragsgesetz bestimmt, dass eine Lebensversicherung nach der Zahlung der ersten Jahresprämie wieder aufgelöst werden kann. Allerdings werden Sie dabei nicht das gesamte eingezahlte Kapital zurückerhalten, sondern nur den sogenannten Rückkaufswert. Je kürzer die bisherige Laufzeit, desto höher ist der Rückkaufsabzug und desto weniger Geld erhalten Sie zurück.

INFO *Beim Abschluss einer Lebensversicherungspolice fallen erhebliche Kosten an: Gesundheitsprüfung, Erstellen der Police, Inkassokosten und nicht zuletzt die Abschlussprovision. Diese Kosten werden auf die gesamte Laufzeit des Vertrags verteilt. Wird die Police vorzeitig aufgelöst, werden die noch nicht amortisierten Kosten als Rückkaufsabzug vom Kapital abgezogen. Zudem nehmen heute immer mehr Versicherer bei einer vorzeitigen Auflösung einen Abzug für das Zinsrisiko vor. Dies dann, wenn der aktuelle Zinssatz höher liegt als der Durchschnittszins während einer definierten Periode (beispielsweise während der letzten sieben Jahre). Die Begründung: Der Versicherer muss Geld zurückzahlen, das aktuell zu einem besseren Zins angelegt werden könnte als während der letzten Jahre. Dadurch entsteht dem Unternehmen ein Zinsverlust – und der wird dem Kunden weiterbelastet.*

Für die Planung der Auszahlung aus 3a-Lebensversicherungen sollten Sie daher in erster Linie den definierten Vertragsablauf der Police einsetzen. Staffeln Sie stattdessen den Bezug der anderen Vorsorgeguthaben.

TIPP *Wenn Sie, um Ihre Vorsorgeguthaben zu staffeln, einen vorzeitigen Bezug ins Auge fassen, lassen Sie sich unbedingt vor Auflösung der Police den Rückkaufswert berechnen. Und fragen Sie* *auch nach dem Betrag, den Sie bei Ablauf des Vertrags erhalten würden. So sehen Sie den effektiven Verlust und können diesen mit der Steuereinsparung vergleichen (siehe Kasten). Ist der Rückkaufsabzug höher als die Einsparung bei den Steuern, ist die vorzeitige Auflösung nicht zu empfehlen.*

RÜCKKAUFSWERT VERSUS STEUERERSPARNIS

Rückkaufswert per 30.11.2018	Fr. 94 879.–
Voraussichtliche Auszahlung per Ablauf am 1.12.2020	Fr. 113 785.–
Differenz	Fr. 18 906.–
– zwei Jahresprämien à Fr. 6768.–	– Fr. 13 536.–
Rückkaufsverlust	Fr. 5 370.–
Steuereinsparung durch gestaffelten Bezug	Fr. 4 580.–
Verlust durch vorzeitige Auflösung	**Fr. 790.–**

3a-Gelder gestaffelt beziehen

Sie können die Vorsorgegelder der Säule 3a schon ab 60 respektive 59 beziehen, dies unabhängig davon, ob Sie weiterhin arbeiten und ein Erwerbseinkommen erzielen. Es ist also möglich, das Vorsorgekonto bei der Bank XY nach dem 60. Geburtstag zu beziehen und danach weitere Einzahlungen auf ein neues Konto zu leisten. So können Sie den Bezug der Gelder aus der 2. Säule und der Säule 3a gezielt über mehrere Jahre verteilen und damit die Kapitalleistungssteuern reduzieren. Wichtig ist, dass Sie alle Auszahlungen von Vorsorgegeldern inklusive der Gelder Ihrer Ehefrau, Ihres Mannes in die Planung einbeziehen. Wie eine optimale Planung aussehen kann, lesen Sie im Beispiel von Beat W. auf Seite 88.

TIPP *Ein gestaffelter Bezug der Gelder aus der Säule 3a ist nur über mehrere Konten und/oder Vorsorgepolicen möglich. Ein einzelnes 3a-Konto oder eine Vorsorgepolice können Sie immer nur als*

Ganzes beziehen, Teilbezüge sind nicht erlaubt. Führen Sie also mehr als nur ein Vorsorgekonto – bei verschiedenen Banken oder auch bei derselben. Das Gleiche gilt für Vorsorgepolicen, Sie können beim gleichen Versicherer mehrere 3a-Policen abschliessen.

Steuerreduktion durch Kantonswechsel

Eine grössere Steuereinsparung als durch die Staffelung der Vorsorgegelder können Sie allenfalls mit einem Wohnsitzwechsel erzielen. Bei der Kapitalleistungssteuer gibt es von Kanton zu Kanton beachtliche Unterschiede (siehe Kasten).

Massgebend für die Besteuerung von Vorsorgeleistungen ist nicht wie bei der Einkommenssteuer der Wohnsitz am 31. Dezember, sondern der Wohnsitz bei der Fälligkeit der Leistung. Bei einer Vorsorgepolice ist dies das Ablaufdatum des Versicherungsvertrags (in der Police aufgeführt). Für 3a-Bankkonten gibt es keine einheitliche Regelung. Massgebend ist je nach zuständiger Steuerbehörde der Zeitpunkt, zu dem die Zahlung erfolgt oder zu dem sie verlangt wird, oder auch das Erreichen des ordentlichen Rentenalters.

ACHTUNG *Die Aufstellung in der nebenstehenden Tabelle ist eine Momentaufnahme; die Zahlen können jederzeit ändern. Im Rahmen Ihrer Pensionierungsplanung sollten Sie also die aktuellen Werte erfragen.*

KAPITALLEISTUNGSSTEUER IN DEN KANTONEN

Kanton	Bezogene Summe			
	100 000.–	200 000.–	400 000.–	800 000.–
AG	3 290.–	9 355.–	22 735.–	50 853.–
AI	2 672.–	6 680.–	14 640.–	29 280.–
AR	5 831.–	11 663.–	23 325.–	54 425.–
BE	3 683.–	9 131.–	22 316.–	55 001.–
BL	3 423.–	6 845.–	13 690.–	54 320.–
BS	4 750.–	12 750.–	28 750.–	60 750.–
FR	4 904.–	13 768.–	36 400.–	81 664.–
GE	3 072.–	8 945.–	21 399.–	48 602.–
GL	5 130.–	10 260.–	20 520.–	41 040.–
GR	3 086.–	6 173.–	12 345.–	42 796.–
JU	4 902.–	11 253.–	24 077.–	49 726.–
LU	4 202.–	10 979.–	25 286.–	53 899.–
NE	5 735.–	13 568.–	27 135.–	54 270.–
NW	4 363.–	10 991.–	23 826.–	47 652.–
OW	5 580.–	11 160.–	22 320.–	44 640.–
SG	5 690.–	11 380.–	22 760.–	45 520.–
SH	2 569.–	7 354.–	17 879.–	35 759.–
SZ	1 464.–	4 896.–	18 727.–	60 874.–
SO	3 941.–	10 159.–	23 815.–	49 875.–
TG	5 580.–	11 160.–	22 320.–	44 640.–
TI	3 900.–	7 800.–	15 600.–	31 400.–
UR	4 261.–	8 521.–	17 072.–	34 084.–
VD	5 573.–	14 349.–	35 327.–	83 079.–
VS	4 260.–	8 808.–	24 830.–	65 223.–
ZG	1 830.–	6 226.–	16 836.–	36 068.–
ZH	4 580.–	9 160.–	20 026.–	78 007.–

Belastung im Kantonshauptort

- ■ Höchste Belastung pro Auszahlungsbetrag (NE 100 000.–, VD 200 000.–, FR 400 000.–, VD 800 000.–)
- ■ Tiefste Belastung pro Auszahlungsbetrag (SZ 100 000.–, SZ 200 000.–, GR 400 000.–, AI 800 000.–)

Quelle: Aufstellung Schwarz & Partner Finanzkonsulenten AG (www.finanzkonsulenten.ch), Stand 2017

Silva K. und Andreas W. – wenn nicht mit 60, dann mit 62

Andreas W. und Silva K. leben seit vielen Jahren unverheiratet zusammen; sie sind beide gleich alt. Ihr gemeinsames Hobby sind Velotouren. Schon in den letzten Jahren haben sie ihre Ferien benutzt und verschiedene Ecken in Europa per Rad erkundet. Für die Zeit nach der Pensionierung planen sie mehrere grössere Touren, zum Beispiel die Donau entlang, von der Quelle bis zur Mündung ins Schwarze Meer. Da sie jeweils mit dem Zelt und als Selbstversorger unterwegs sind, halten sich die Kosten in einem begrenzten Rahmen.

Die beiden wohnen zusammen in einem kleinen Einfamilienhaus im Entlebuch. Frau K. hat keine eigenen Kinder. Die Kinder von Herrn W. sind alle schon selber Eltern und wohnen in unmittelbarer Nähe. Nach der Pensionierung will das Paar auch auf die Enkelkinder aufpassen, aber nicht regelmässig, sondern nur wenn es der Terminkalender zulässt.

Sowohl Andreas W. wie auch Silva K. waren immer erwerbstätig. Herr W. wird von der AHV die maximale Rente erhalten. Die AHV-Rente von Frau K. beläuft sich gemäss Vorausberechnung auf 21 060 Franken. Die beiden haben beschlossen, die AHV-Renten erst ab dem ordentlichen Rentenalter zu beziehen, ein Vorbezug kommt für sie nicht infrage.

Die Pensionskassenrente von Andreas W. mit 65 würde 23 500 Franken pro Jahr betragen. Da es sich um eine Minimallösung nach dem Gesetz handelt, ist keine Lebenspartnerrente vorgesehen. Deshalb hat er sich für einen Kapitalbezug entschieden – er würde mit 65 insgesamt 345 600 Franken erhalten. Silva K. will ihr Pensionskassenguthaben in Rentenform beziehen; mit 64 könnte sie mit 14 800 Franken pro Jahr rechnen.

Das Vermögen von Herrn W. beläuft sich auf 85 000 Franken, Frau K. hat 124 000 Franken gespart. Die Kosten für den Lebensunterhalt teilen sie sich jeweils.

Silva K. und Andreas W. möchten so früh wie möglich in Pension gehen und haben daher verschiedene Szenarien durchgerechnet.

Wenn Andreas W. und Silva K. mit 60 in Pension gehen, beträgt ihr Kapitalbedarf bis zum Alter 85:

Ausgabenüberschuss ab Alter 60 (4 Jahre)	Fr. 218160.–
Ausgabenüberschuss ab Alter 64 (1 Jahr)	Fr. 35480.–
Ausgabenüberschuss ab Alter 65 (20 Jahre)	Fr. 285600.–
Total Kapitalbedarf	Fr. 539240.–

SZENARIO 1 VON SILVA K. UND ANDREAS W.: PENSIONIERUNG MIT 60

	Mit 60 Jahren	Mit 64 Jahren	Ab 65 Jahren
Einnahmen			
AHV-Rente Silva K.		Fr. 21060.–	Fr. 21060.–
AHV-Rente Andreas W.			Fr. 28200.–
Pensionskassenrente Silva K.	Fr. 10360.–	Fr. 10360.–	Fr. 10360.–
Total Einnahmen	**Fr. 10360.–**	**Fr. 31420.–**	**Fr. 59620.–**
Ausgaben			
Lebenshaltungskosten	Fr. 30000.–	Fr. 30000.–	Fr. 30000.–
Kosten Haus	Fr. 17500.–	Fr. 17500.–	Fr. 17500.–
Krankenkasse	Fr. 8400.–	Fr. 8400.–	Fr. 8400.–
Kosten Reisen	Fr. 8000.–	Fr. 8000.–	Fr. 8000.–
Steuern	Fr. 1000.–	Fr. 3000.–	Fr. 10000.–
Total Ausgaben	**Fr. 64900.–**	**Fr. 66900.–**	**Fr. 73900.–**
Einnahmen-/Ausgabenüberschuss			
Total Einnahmen	Fr. 10360.–	Fr. 31420.–	Fr. 59620.–
Total Ausgaben	Fr. 64900.–	Fr. 66900.–	Fr. 73900.–
Ausgabenüberschuss	**Fr. –54540.–**	**Fr. –35480.–**	**Fr. –14280.–**

Das Gesamtvermögen der beiden beläuft sich auf 209 000 Franken. Dazu kommt noch die Auszahlung des Pensionskassenguthabens von Andreas W. Mit 60 würde sich dieses Kapital (nach Abzug der Steuern) auf 217 000 Franken belaufen. Gesamthaft haben die beiden also 426 000 Franken – ein Ruhestand mit 60 ist nicht finanzierbar.

Mit 62 ist das Kapital, das Andreas W. von der Pensionskasse zugut hat, um einiges höher. Es beträgt nach Steuern 256 000 Franken. Und weil der Kapitalbedarf rund 160 000 Franken tiefer ist, reicht das zusammen mit dem Vermögen von 204 000 Franken, um den vorzeitigen Ruhestand zu finanzieren.

SZENARIO 2 VON SILVA K. UND ANDREAS W.: PENSIONIERUNG MIT 62

	Mit 62 Jahren	Mit 64 Jahren	Ab 65 Jahren
Einnahmen			
AHV-Rente Silva K.		Fr. 21 060.–	Fr. 21 060.–
AHV-Rente Andreas W.			Fr. 28 200.–
Pensionskassenrente Silva K.	Fr. 12 140.–	Fr. 12 140.–	Fr. 12 140.–
Total Einnahmen	**Fr. 12 140.–**	**Fr. 33 200.–**	**Fr. 61 400.–**
Ausgaben			
Lebenshaltungskosten	Fr. 30 000.–	Fr. 30 000.–	Fr. 30 000.–
Kosten Haus	Fr. 17 500.–	Fr. 17 500.–	Fr. 17 500.–
Krankenkasse	Fr. 8 400.–	Fr. 8 400.–	Fr. 8 400.–
Kosten Reisen	Fr. 8 000.–	Fr. 8 000.–	Fr. 8 000.–
Steuern	Fr. 1 000.–	Fr. 3 000.–	Fr. 10 000.–
Total Ausgaben	**Fr. 64 900.–**	**Fr. 66 900.–**	**Fr. 73 900.–**
Einnahmen-/Ausgabenüberschuss			
Total Einnahmen	Fr. 12 140.–	Fr. 33 200.–	Fr. 61 400.–
Total Ausgaben	Fr. 64 900.–	Fr. 66 900.–	Fr. 73 900.–
Ausgabenüberschuss	**Fr. –52 760.–**	**Fr. –33 700.–**	**Fr. –12 500.–**

Die freie Vorsorge in der Säule 3b

Zur Säule 3b gehören alle frei verfügbaren Vermögenswerte: Ihr Kontoguthaben, Ihre Wertschriftenanlagen, Ihr Eigenheim, eine Lebensversicherungspolice. Anders als bei der Säule 3a können Sie über Ihr Vermögen in der Säule 3b jederzeit frei verfügen. Dafür profitieren Sie kaum von Steuererleichterungen.

Bei der freien Vorsorge bestimmen Sie selber, wann Sie welche Mittel für welchen Zweck einsetzen. Ob Sie Ihr ganzes verfügbares Einkommen für die schönen Dinge des Lebens aufbrauchen oder einen Sparbatzen fürs Alter zur Seite legen, ist allein Ihre Entscheidung. Sicherlich ist es kein Nachteil, mindestens ein Reservepolster für den Notfall auf der Seite zu haben. Auch wenn Sie zum Beispiel Einkäufe in die Pensionskasse planen, müssen Sie das Geld zuerst in der freien Vorsorge ansparen. Und wenn Ihr grosses Ziel in der Frühpensionierung besteht, dann ist es unerlässlich, während der Erwerbstätigkeit gezielt Geld für dieses Projekt auf die Seite zu legen.

Anders als bei den Vorsorgegeldern der 2. Säule und der Säule 3a gibt es für den Bezug Ihrer freien Ersparnisse keine Einschränkungen. Sie allein bestimmen, für welche Ziele Sie welche Mittel ansparen wollen und wann Sie diese Ziele realisieren. Vielleicht gewinnen Sie auch die Erkenntnis, dass nicht alle Ziele realisierbar sind. Dann gilt es, Prioritäten zu setzen, den einen oder anderen Wunsch zurückzustellen und/oder das Budget zu überarbeiten, um die Sparquote zu erhöhen.

INFO *Ebenfalls völlig frei sind Sie darin, wie Sie die Gelder der Säule 3b anlegen. Je geschickter Sie hier vorgehen, desto grösser ist die Chance, dass zum vorgesehenen Pensionierungszeitpunkt tatsächlich genügend Mittel vorhanden sind. Bei der Säule 3b geht es deshalb immer auch um das Thema Anlagestrategie (mehr dazu auf Seite 136).*

Was gehört zur Säule 3b?

Sämtliche in Ihrer Steuererklärung deklarierten Vermögenswerte gehören zu Ihrer Säule 3b. Ihre Bankkonten, Ihre Wertschriften in Form von Obligationen, Aktien oder Anlagefonds, Ihre Lebensversicherungspolicen mit Rückkaufswert, Ihr Auto, Ihr Wohnwagen, ein Darlehen, das Sie zum Beispiel Ihrer Tochter gewährt haben, und auch Ihr Eigenheim – all das bildet Ihre individuelle Säule 3b (siehe Beispiel im Kasten).

- In der Steuererklärung werden die **Bankkonto- und Wertschriftenguthaben** im Wertschriftenverzeichnis detailliert aufgeführt; das Total wird unter Wertschriften und Guthaben als Vermögen ausgewiesen.
- Die **Lebensversicherungspolicen,** die einen Rückkaufswert aufweisen, werden gemäss der Bescheinigung des Versicherers bei den Versicherungsprodukten aufgeführt. Einen solchen Rückkaufswert haben Policen mit Sparanteil; eine reine Risikopolice für Todesfall und Invalidität beinhaltet grundsätzlich kein angespartes Kapital und hat auch keinen Rückkaufswert. Rückkaufsfähige Versicherungspolicen können sowohl über Jahresprämien als auch mit einer Einmaleinlage finanziert werden. Beinhaltet eine Leibrentenpolice einen Rückkaufswert, ist dieser ebenfalls als Vermögen zu deklarieren.
- Die **Motorfahrzeuge** sind ebenfalls ein Bestandteil Ihrer freien Vorsorge. Wenn Sie für 40 000 Franken ein neues Fahrzeug kaufen, beziehen Sie dieses Geld zum Beispiel vom Bankkonto oder Sie verkaufen Wertschriften, um die Anschaffung zu finanzieren. Es findet also eine Vermögensumschichtung statt. Da die Fahrzeuge jährlich an Wert verlieren, reduziert sich auch der Steuerwert.
- Eine **Liegenschaft** – ob selbst bewohnt oder vermietet, spielt keine Rolle – ist ebenfalls ein Bestandteil Ihrer individuellen Vorsorge. Der relevante Steuerwert minus die Hypothek wird in der Steuererklärung als Vermögen erfasst.

INFO *Ein geleastes Fahrzeug ist nicht Bestandteil Ihres Vermögens, sondern gehört der Leasinggesellschaft. Geleaste Fahrzeuge sind denn auch in der Steuererklärung nicht aufgeführt.*

Das Vorsorgeguthaben in der Pensionskasse macht häufig den grössten Teil des Vermögens aus. Dieses sowie die Guthaben in der gebundenen

IHR FREIES VERMÖGEN IN DER STEUERERKLÄRUNG

Nr.	Position	Verweis	Code	Betrag
30.	**Bewegliches Vermögen**			
30.1	Wertschriften und Guthaben	*Wertschriftenverzeichnis*	400	806 153 *
30.2	Bargeld, Gold und andere Edelmetalle		404	
30.3	Lebens- und Rentenversicherungen (Steuerwert gem. Bescheinigung der Versicherungsges.) Versicherungsgesellschaft / Abschlussjahr / Ablaufsjahr / Steuerwert			
	Total		406	
30.4	Motorfahrzeuge: [redacted] Kaufpreis: 74 800 Jahrgang: [redacted]		412	9 694
30.5	Anteile an unverteilten Erbschaften, Geschäfts-/Korporationsanteile	*Aufstellung*	414	
30.6	Übrige Vermögenswerte; nähere Bezeichnung:		416	
31.	**Liegenschaften,** Verkehrswert gemäss Neufestsetzung ab 1.1.2009			
31.1	Einfamilienhaus oder Stockwerkeigentum	Bewertungsdifferenz ausserkantonale Liegenschaften	9020	93 296 *
	Gemeinde [redacted] [redacted] ZH Strasse [redacted]		420	499 000
31.2	Zum Verkehrswert besteuert	*Liegenschaftenverzeichnis*	421	335 866 *
31.3	Zum Ertragswert besteuert (Land- oder Forstwirtschaft)	*Liegenschaftenverzeichnis*	422	
32.	**Eigenkapital Selbständigerwerbender ohne Geschäftswertschriften**	*Hilfsblatt A*	430	7 322
33.	**Total der Vermögenswerte**		460	1 751 331
34.	**Schulden**	*Schuldenverzeichnis*	470	- 977 000 *
35.	**Steuerbares Vermögen gesamt**		490	774 331
36.	**Vom steuerbaren Vermögen gemäss Ziffer 35 entfallen:**			
36.1	Auf steuerbare Vermögenswerte in anderen Kantonen		494	- 201 462 *
36.2	Auf steuerbare Vermögenswerte im Ausland		496	- *
37.	**Steuerbares Vermögen im Kanton Zürich**		498	572 869

Säule 3a sind nicht Bestandteil des steuerbaren Vermögens. Wenn Sie eine Frühpensionierung planen, ist es jedoch enorm wichtig, diese Vermögenswerte in die Überlegungen mit einzubeziehen. Sie bilden Ihre finanzielle Ausgangslage ab.

Ihre weiteren Ersparnisse dienen dazu, die Einkommenslücken ab dem Zeitpunkt der Pensionierung zu decken. Solche Lücken entstehen häufig auch bei einem Altersrücktritt mit 64 respektive 65 (siehe Berechnung auf Seite 162). Auch dann wird das angesparte Kapital sukzessive aufgebraucht. Ist allerdings die Frühpensionierung eines Ihrer Lebensziele, dann erhöht sich Ihr Kapitalbedarf deutlich. Wie Sie dieses Kapital optimal ansparen und Ihrem Ziel einen Schritt näherkommen, das ist das Thema der folgenden Seiten.

Kapital aufbauen in der freien Vorsorge

Der Kapitalaufbau findet hauptsächlich oder ausschliesslich während der Phase der Erwerbstätigkeit statt. Planen Sie eine Frühpensionierung, stellt sich einerseits verstärkt die Frage nach Sparmöglichkeiten. Anderseits geht es aber auch darum, das Angesparte sinnvoll anzulegen. Wenn Sie frühzeitig mit Sparen anfangen, dauert es lange, bis Sie das Geld brauchen. Je besser Ihr Geld dann angelegt ist, je mehr Rendite es bringt, desto eher kommen Sie an Ihr Ziel.

Die Möglichkeiten zur Geldanlage sind heutzutage sehr vielfältig. Einerseits stehen Ihnen bei den Banken diverse Anlageinstrumente zur Verfügung, anderseits gibt es auch bei Versicherungsgesellschaften sowie Vermögensverwaltungsfirmen diverse Angebote. Hier den Durchblick zu behalten, ist selbst für Profis kein einfaches Unterfangen. Welche dieser Anlageformen für Sie relevant sein können, hängt von Ihrem Risikoprofil ab (mehr dazu auf Seite 125). Hier vorerst eine grobe Übersicht:

Bankkonten und Termingeld

Bankkonten dienen zur Deponierung Ihrer eisernen Reserve für Unvorhergesehenes sowie einer Liquiditätsreserve; diese hilft, eine Zeitspanne ohne Einkommen zu überbrücken, und sollte Ihre Ausgaben für etwa drei bis sechs Monate decken. Zudem eignet sich das Bankkonto auch für die demnächst anfallenden Ausgaben – beispielsweise die Steuerrechnung, die Ferien oder die Versicherungsprämien. Für längerfristige Anlagen sind Bankkonten hingegen ungeeignet. Sie beinhalten zwar ein sehr bescheidenes Risiko, aber auch eine sehr tiefe Verzinsung. Und je länger Sie das Geld investieren können, desto stärker wirken sich nur schon kleine Zinsunterschiede auf das Endvermögen aus.

INFO *Bankguthaben stellen eine Forderung an die Bank dar und sind bis zu einem Betrag von 100 000 Franken pro Kunde und Bank konkursgeschützt. Informationen dazu finden Sie unter www.esisuisse.ch (Einlagensicherung Schweiz).*

Termingeldanlagen – ehemals Kassenobligationen – der Banken gelten als sichere Anlagen. Ab 1000 Franken und mit Laufzeiten von üblicherweise zwei bis zehn Jahren können Sie solche Anlagen täglich bei der Bank tätigen. Im Gegensatz zu den Obligationen sind sie aber nicht handelbar. Wenn Sie das Geld vorzeitig benötigen, sind Sie auf den Goodwill der Bank angewiesen.

Eine weitere Alternative zum Konto sind Festgeld- oder Treuhandanlagen sowie Money Market Funds. Aufgrund der aktuellen Zinssituation im Schweizer Franken werden diese Anlageprodukte aber derzeit nicht nachgefragt (Stand Sommer 2018).

Obligationen

Obligationen sind Schuldpapiere von Unternehmen oder der öffentlichen Hand (Bund, Kantone, Gemeinden). Damit erhalten Sie gegenüber dem Schuldner ein Forderungsrecht auf jährliche Zinsen (Coupon) und auf Rückzahlung per Fälligkeitszeitpunkt. Ihre Anlage ist also so sicher wie die Institution, die für die Verpflichtung aufkommt. Je höher die Schuldnerqualität (Bonität), desto tiefer ist die Verzinsung der Obligation. Im Gegenzug ist die Sicherheit recht hoch, dass Sie den jährlichen Coupon und die Rückzahlung am Fälligkeitstag tatsächlich erhalten. Wer zum Beispiel eine Obligation des Schweizer Staates kauft, legt viel Wert auf hohe Sicherheit.

CELIA T. HAT BEI IHRER HAUSBANK 150 000 Franken auf diversen Konten. Ihr ist es unwohl, weil der Schutz pro Kunde und Bank auf 100 000 Franken limitiert ist. Anderseits ist sie mit ihrer Bank zufrieden und möchte ihr Guthaben nicht auf weitere Institute verteilen. Frau T. entschliesst sich, der Bank den Auftrag zu erteilen, für 50 000 Franken eine Obligation eines Unternehmens mit Topbonität zu kaufen und im Wertschriftendepot für sie zu halten. Auf diese Weise reduziert Frau T. ihr Bankguthaben auf 100 000 Franken und verschiebt 50 000 Franken zu einem neuen Schuldner (Herausgeber der Obligation), ohne dass sie ihr Vermögen auf andere Institute verteilen muss.

Gemäss dem Pictet-Index (regelmässige Aufbereitung von Daten zu Schweizer Aktien und Obligationen) liegt die langfristige Verzinsung von Schweizer Obligationen zwischen 4 und 4,5 Prozent (www.group.pictet, im Suchfeld «Die Performance von Aktien und Obligationen in der Schweiz» eingeben). Seit der Finanzkrise im Jahr 2008 ist die Verzinsung jedoch kontinuierlich gesunken, im Sommer 2018 lag sie für Obligationenanlagen mit kurzer Laufzeit und Topbonität im negativen Bereich, für Laufzeiten von zehn Jahren bei 0 Prozent. Bei Obligationen in Fremdwährungen wie US-Dollar oder Euro liegt die Verzinsung in der Regel etwas über derjenigen in Schweizer Franken.

Nicht vergessen sollten Sie die Kosten für den Kauf einer solchen Anlage: einmalige Courtage von rund 1 Prozent des Umsatzes sowie die jährlichen Depotgebühren von 0,20 bis 0,5 Prozent des Depotwerts.

Aktien

Mit dem Kauf von Aktien beteiligen Sie sich an einer Firma – mit allen Chancen und Risiken. Sie sind Aktionär, werden im Aktionärsregister eingetragen (bei Namenaktien), können an der Generalversammlung teilnehmen und tragen die Chancen und Risiken des Unternehmens mit. Auch erhalten Sie, sofern von der Generalversammlung beschlossen, eine Dividendenzahlung. Und Sie haben die Chance auf Kursgewinne, die über den Renditemöglichkeiten einer Obligation liegen. Auf der anderen Seite müssen Sie mehr Risiken in Kauf nehmen: Ein schlechter Unternehmenserfolg wegen Missmanagement oder aus anderen Gründen kann zu Dividendenausfällen führen, schlimmstenfalls auch zum Konkurs der Firma und damit zum Verlust Ihres Geldes. Zudem besteht immer das Risiko von Börsenschwankungen und Kursverlusten (siehe auch Seite 131).

INFO *Die Diversifikation ist das A und O der Geldanlage. Die Verteilung auf mehrere Unternehmen reduziert das Anlagerisiko. Auch die Aufteilung auf die verschiedenen Anlagemöglichkeiten (Obligationen, Aktien, Immobilien) reduziert das Risiko.*

Anlagefonds

Um bei einer Anlage in Einzeltitel eine breite Diversifikation zu erreichen, braucht es ein recht grosses Vermögen. Eine gute Alternative sind Anlagefonds. Dabei legen Sie Ihr Geld zusammen mit diversen weiteren Anlegern quasi in einen Sammeltopf. Je nach Anlagepolitik des Fonds wird das Geld breit diversifiziert in diverse Anlagemöglichkeiten investiert: Festgeld, Obligationen, Aktien, Immobilien, Edelmetalle. Es gibt eine Vielzahl von Anlagefonds, zum Beispiel reine Obligationenfonds, reine Immobilien- und Aktienfonds. Daneben gibt es Fonds, die alle Anlagekategorien beinhalten können – die Strategiefonds, auch Mischfonds genannt. Solche

Fonds gibt es mit unterschiedlichsten Ausrichtungen, zum Beispiel auch mit Gewicht auf Nachhaltigkeit der Anlagen.

TIPP *Wichtig ist, dass Sie bei «Ihren» Fonds die Details der Investitionen und der Anlagestrategie kennen und verstehen. Hilfreich sind das Factsheet und das Key Investor Information Document (KIID), die Ihnen wesentliche Informationen liefern. Lassen Sie sich die Einzelheiten von Ihrem Finanzberater erklären und fragen Sie nach, bis Sie alles verstanden haben (zum Berater siehe Seite 25).*

SO FUNKTIONIERT EIN FONDS

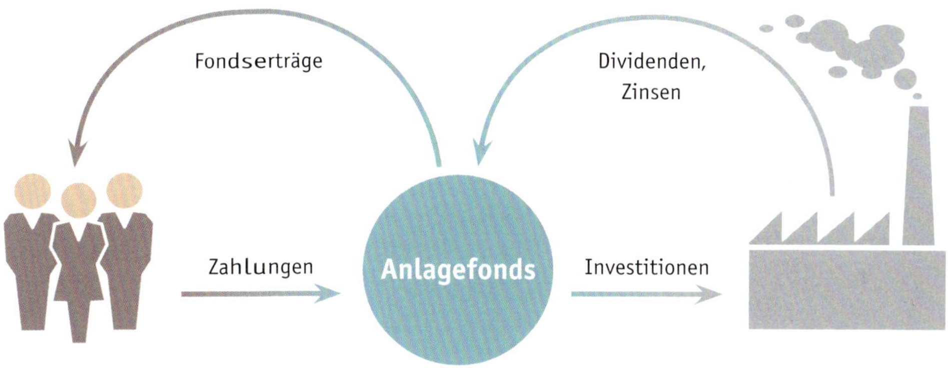

Quelle: Swiss Funds & Asset Management Association (SFAMA)

Nach schweizerischem Recht sind Anlagefonds Sondervermögen, das eine Fondsleitung aufgrund der Anlagepolitik des Anlagefonds verwaltet. Eine von der Fondsleitung unabhängige Depotbank verwahrt die Wertschriften des Anlagefonds. Das Geld wird nach dem Prinzip der Risikostreuung investiert.

INFO *Der grosse Vorteil der Anlagefonds liegt in der Diversifikation der Geldanlagen und im Status des Sondervermögens. Sollte ein Emittent eines Anlagefonds seine finanziellen Verpflichtungen nicht mehr erfüllen können, ist das im Anlagefonds investierte Geld geschützt.*

Exchange Traded Funds (ETF) wie auch Indexfonds sind einfache, transparente und kostengünstige Anlagefonds. Im Gegensatz zu den herkömmlichen Anlagefonds werden sie passiv bewirtschaftet, das heisst: Ein ETF bildet einfach einen Börsenindex ab, zum Beispiel den Swiss Market Index (SMI), oder investiert mindestens sehr indexnah. Es wird also erst gar nicht versucht, besser zu sein als der Index. Daher fallen deutlich weniger Kosten an, was sich in einer günstigen Total Expense Ratio (TER, siehe Seite 144) niederschlägt. Anders als bei herkömmlichen Anlagefonds, deren TER zwischen 1 und 2 Prozent betragen, liegen diese Kosten bei den meisten ETF im Bereich von 0,05 bis 0,5 Prozent. Zudem können sie – anders als Indexfonds und die anderen herkömmlichen Fonds – an der Börse gehandelt werden.

Mit einem **Fondssparplan** erhalten Sie die Möglichkeit, sukzessive – zum Beispiel monatlich oder quartalsweise – einen fixen Betrag von beispielsweise 500 Franken in die von Ihnen definierten Anlagefonds zu investieren. Bei hohen Kursen erhalten Sie für Ihr Geld weniger Fondsanteile, bei tiefen mehr. Mit diesem Vorgehen reduziert sich das Risiko, dass alles zu Höchstwerten gekauft wird. Doch Sie brauchen eiserne Disziplin und Durchhaltewillen. Wenn Sie zum Beispiel in einen Aktienfonds investieren und sich die Märkte sehr schlecht entwickeln, fahren Sie kurzfristig auch Verluste ein. Betrachten Sie Ihren Sparplan über die ganze Zeitperiode und für das Anlageziel, für das Sie ihn effektiv eingerichtet haben.

Immobilien

Auch Immobilien gehören zu den Anlagemöglichkeiten. Einerseits können Sie direkt investieren, indem Sie ein Eigenheim oder auch eine Mietliegenschaft kaufen. Sie werden als Eigentümer im Grundbuch eingetragen. Wenn Sie Ihre Liegenschaft vermieten, erhalten Sie dafür einen Mietertrag – Ihre Rendite. Allerdings tragen Sie auch das Risiko, dass die Liegenschaft über eine gewisse Zeit leer steht, ausserordentliche Renovationen anfallen oder sich der Wert reduziert.

Statt direkt eine Immobilie zu erwerben, können Sie auch mit dem Kauf von Aktien einer Immobiliengesellschaft oder von Anteilscheinen eines Immobilienfonds Ihr Geld in Liegenschaften investieren. Dadurch diversifizieren Sie Ihr Anlageportfolio und partizipieren an der Wertentwicklung der Immobilien.

Edelmetallanlagen

Edelmetallanlagen, insbesondere in Form von Gold, sind vor allem in Zeiten von hoher Unsicherheit gefragt. Im Gegensatz zur Anlage in Obligationen und Aktien erzielen Sie mit Gold keine laufenden Erträge in Form von Zinsen und Dividenden. Im Gegenteil: Für die Aufbewahrung fallen Kosten an. Mit Gold (und anderen Edelmetallen) können Sie also nur Geld verdienen, wenn sich der Kurs gegenüber Ihrem Kaufpreis erhöht. Edelmetallanlagen – auch in Form von beispielsweise einem ETF auf Goldminenaktien – stellen eine mögliche Depotbeimischung dar, etwa um das Gesamtrisiko Ihres Portfolios zu optimieren.

Strukturierte Produkte

Strukturierte Anlageprodukte werden von den Banken gerne empfohlen. Solche Anlagemöglichkeiten bestehen aus einer herkömmlichen Anlage, etwa einer Obligation oder Aktie, kombiniert mit einem oder mehreren derivaten Finanzinstrumenten.

Derivate Finanzinstrumente sind Termingeschäfte und beinhalten das Recht, einen Basiswert – etwa eine Aktie – zu kaufen oder zu verkaufen. Der Preis ist von der Entwicklung des Basiswerts abhängig. Derivate Finanzinstrumente bilden also eine bestimmte Markterwartung ab. Bewegen sich die Preise gemäss dieser Erwartung, können Sie zusätzlich Geld verdienen. Wenn nicht, Pech gehabt und womöglich Verluste erlitten.

Das Risiko einer solchen Anlage ist vom gewählten Produkt abhängig. Es gibt strukturierte Produkte mit eher bescheidenem Risiko, beispielsweise Kapitalschutzprodukte, aber es gibt auch Produkte mit sehr hohen Risiken, etwa Renditeoptimierungs- oder Partizipationsprodukte.

In der Schweiz sind die Barrier Reverse Convertibles am beliebtesten. Das hängt wohl damit zusammen, dass in der Werbung dafür hauptsächlich die (hohen) Couponzahlungen ins Auge stechen. Aber auch hier gilt: Hohe Rendite (in Form der Couponzahlungen) lässt sich nur mit entsprechend hohem Risiko erzielen. Dazu ein Beispiel:

HANS M. WILL EINEN TEIL seines Vermögens vom Sparkonto nehmen und in einen Barrier Reverse Convertible auf Aktien der Bank XY anlegen. Dieser verspricht einen Coupon von 10 Prozent. Allerdings muss sich Herr M. bewusst sein, dass er bei Fälligkeit seiner Anlage allenfalls nicht das investierte Geld zurückerhält, sondern eine

Titellieferung des Basiswerts, also Aktien der Bank XY. Der schöne Gewinn durch die Couponzahlung kann durch den Verlust auf den Aktien überkompensiert werden. Ob Hans M. am Schluss das Geld oder den Basiswert erhält, ist von der Preisentwicklung des Basiswerts abhängig.

Sicher ist, dass strukturierte Anlageprodukte nur für Anleger infrage kommen, die die Mechanismen der Produkte kennen, eine klare Markterwartung haben und diese Anlage auf die weiteren Vermögenswerte und ihr Risikoprofil (siehe nächste Seite) abgestimmt haben.

TIPP *Gute Hinweise zu den diversen strukturierten Produkten finden Sie unter anderem auf der Website des Schweizerischen Verbands für Strukturierte Produkte (www.svsp-verband.ch).*

Über Versicherungsprodukte Vermögen aufbauen

Auch die Versicherer bieten diverse Anlagemöglichkeiten in Form von Policen. Es gibt drei Kategorien:

- **Klassische gemischte Lebensversicherung:** Dabei verpflichten Sie sich, während der Laufzeit jährlich eine bestimmte Prämie einzuzahlen. Diese deckt einerseits das Todesfallrisiko – sollten Sie während der Vertragsdauer versterben, wird ein Todesfallkapital ausgezahlt. Mit dem Rest der Prämie sparen Sie ein Erlebensfallkapital an, das Ihnen bei Vertragsende ausgezahlt wird. Eine solche Police empfiehlt sich nur, wenn Sie sicher sind, dass Sie die Prämie während der ganzen Laufzeit zahlen können.
- **Einmalig finanzierte Lebensversicherung:** Statt jährlicher Prämien zahlen Sie einmalig einen grösseren Betrag ein. Am Ende der Laufzeit erhalten Sie das Kapital inklusive Zinsen wieder zurück.
- **Leibrentenversicherung:** Statt eines Kapitals erhalten Sie eine Rente ausgezahlt – für eine abgemachte Zeitspanne oder auch lebenslang.

Die Versicherungsprodukte gibt es einerseits mit einem festen Zinssatz, was allerdings in der aktuellen Tiefzinsphase schlicht und einfach nicht interessant ist. Deshalb offerieren Versicherer fondsgebundene Policen, bei denen der Sparteil der Prämien in Fonds investiert wird. Während das Todesfallkapital garantiert ist, hängt die Erlebensfallsumme vom Börsenverlauf ab: Sie erhalten den Wert der Anteilscheine ausgezahlt.

Leibrenten dienen als regelmässiges Zusatzeinkommen, etwa zur AHV-Rente, und reduzieren das finanzielle Langlebigkeitsrisiko. In Zeiten von hohen Nominalzinsen waren sie ein interessantes Anlageinstrument. Im aktuellen Zinsumfeld beim Schweizer Franken (Stand 2018) werden kaum mehr Leibrentenpolicen abgeschlossen. Auch der oft angepriesene Steuervorteil – dass die Rente nur zu 40 Prozent als Einkommen versteuert werden muss – ist gar kein wirklicher Vorteil. Erstens setzt sich die Rente zusammen aus einem Kapitalbezug, der so oder so steuerfrei ist, und den erwirtschafteten Erträgen, die steuerpflichtig sind. Und zweitens handelt es sich meist um Geld, das Sie bereits einmal versteuert haben.

Geld gezielt anlegen – das Risikoprofil

Wie gut können Sie noch schlafen, wenn die Börse taucht und Ihr Portfolio 40 Prozent an Wert einbüsst? Werden Sie Ihr ganzes Zusammengesparte für den Lebensunterhalt brauchen oder gibt es «Spatzig» in Ihrem Budget? Ihre Antwort auf diese beiden Fragen bestimmt Ihr Risikoprofil. Gelegentlich wird es auch Kundenprofil oder Anlegerprofil genannt.

Ihr Risikoprofil wird bestimmt von Ihrer Risikofähigkeit und Ihrer Risikobereitschaft. Sehr wichtig ist die Risikofähigkeit – also die Frage, wie viel Risiko in Ihrer finanziellen Situation überhaupt möglich ist. Die Risikobereitschaft ist auch ein emotionaler Faktor und schwankt wie die Börse: Sind die Kurse stark gestiegen, werden die Leute risikofreudig; nach einem Taucher werden (zu) viele risikoscheu. Diese Rückspiegelbetrachtung ist zwar gefährlich, und trotzdem hilft sie. Denn die Vergangenheit zeigt, dass es schon immer Übertreibungen nach oben und unten gegeben hat. Die wird es mit grosser Wahrscheinlichkeit auch in Zukunft geben – und wie in der Vergangenheit werden sich die Schwankungen längerfristig ausgleichen.

INFO *Eine einfache Börsenwahrheit gilt für alle Ihre Anlagen: Rendite und Risiko sind Zwillinge. Je mehr Rendite Sie erzielen wollen, desto mehr Risiko müssen Sie eingehen können und wollen.*

Risikofähigkeit: objektive Beurteilung

Ihre Risikofähigkeit wird massgeblich durch folgende Faktoren bestimmt:

- Einkommen und Ausgaben (Budget), Verpflichtungen
- Vermögen
- Anlagehorizont

Ab dem Zeitpunkt der Frühpensionierung reduzieren sich die Einnahmen in aller Regel. Ihr Erwerbseinkommen fällt gänzlich weg, das Ersatzeinkommen in Form von Renten aus der AHV und allenfalls der Pensionskasse fällt tiefer aus (siehe auch Seite 157 und 159). Gut möglich, dass Ihre laufenden Ausgaben mit diesen Einnahmen nicht gedeckt sind. Wenn Sie genug Vermögen haben, ist das nicht weiter schlimm. Dafür haben Sie ja während Ihrer Erwerbstätigkeit gespart; nun stehen Ihnen die Mittel für die Deckung der Defizite zur Verfügung. Je nachdem können Sie sich auch weitere Wünsche erfüllen – etwa eine längere Reise, einen Alterssitz im warmen Süden.

Der Anlagehorizont ist ein entscheidender Faktor (mehr dazu lesen Sie auf Seite 128). Geld, das Sie in den ersten Jahren der Pensionierung für den Lebensunterhalt benötigen, muss Ihnen dann sicher zur Verfügung stehen. Damit können Sie keine Risiken eingehen. Je länger Sie auf einen bestimmten Teil Ihres Vermögens «verzichten» können, desto schwankungsanfälligere Anlagen dürfen Sie ins Portfolio legen. Voraussetzung ist aber, dass Sie Ihren Anlagehorizont nicht aus den Augen verlieren.

GINA D. IST 60 und will in zwei Jahren aus dem Berufsleben zurücktreten. Sie hat ausgerechnet, dass sie pro Jahr etwa 15 000 Franken aus ihrem Vermögen brauchen wird. Die 75 000 Franken für die Zeit zwischen 75 und 80 (Anlagehorizont 15 Jahre) legt sie in einen schwankungsanfälligen Anlagefonds an. Als Frau D. 68 Jahre alt ist, brechen die Börsenkurse ein, auch ihre Anlage ist betroffen. Trotz einiger unruhiger Nächte behält Frau D. die Nerven und verkauft nicht.

Sie wird belohnt: Zwei Jahre später hat ihr Anlagefonds aufgeholt und liegt sogar etwas über den Erwartungen.

Nach sehr guten Börsenphasen kann Frau D. einen Teil des Erfolgs auch realisieren und verkaufen. Damit partizipiert sie zwar nicht mehr an allfälligen weiteren Kurssteigerungen des Anlagefonds, dafür erhöht sich ihr Vermögen unerwartet und sie hat einen längeren Zeithorizont für ihre anderen Anlagen.

Generell gilt es, die Entwicklung der Anlagen im Auge zu behalten, und Papiere auch mal zu verkaufen, wenn beispielsweise nach Kursgewinnen der Aktienanteil zu hoch ist (Rebalancing). Zu häufiges Rebalancing empfiehlt sich allerdings nicht, das verursacht bloss unnötige Kosten. Je nach Produkt und Dienstleistung – zum Beispiel bei einem Strategiefonds oder Vermögensverwaltungsmandat – wird dieses Rebalancing automatisch vorgenommen.

ACHTUNG *Je kürzer die verbleibende Anlagezeit, desto schwankungsärmere Anlagen sollten im Portfolio sein. Sie sollten also genug früh mit dem Abbau der risikoreicheren Anlagen beginnen. So vermeiden Sie, dass Sie just dann verkaufen müssen, wenn die Börsen Tiefststände aufweisen.*

WAS HEISST RISKANT?

Mit dem Begriff Risiko wird meist nur Negatives verbunden – sprich: die roten Balken auf Börsencharts (siehe Seite 140). Im Risiko liegen aber auch immer Renditechancen. Deshalb werden Sie in diesem Ratgeber statt von riskanten eher von schwankungsanfälligen Anlagen lesen. ■

Wichtig: Am Anfang Ihrer seriösen Anlageplanung stehen Ihr Budget und Ihre finanzielle Ausgangslage. Deshalb ist es von grosser Bedeutung, dass Sie das Budget gewissenhaft erstellen und sämtliche vorhandenen Vermögenswerte berücksichtigen (mehr dazu auf Seite 13). Auf dieser Basis definieren Sie Ihre Anlageziele und entwickeln daraus Ihre Anlagestrategie.

Risikobereitschaft: subjektive Beurteilung

Die Risikobereitschaft wird durch folgende Faktoren bestimmt:

- Bauchgefühl, Sicherheitsbedürfnis
- Renditevorstellungen
- Erfahrung mit Geldanlagen
- Interesse an wirtschaftlichen Zusammenhängen

Falls Sie mit kurzfristigen Vermögenseinbrüchen nicht umgehen können, sollten Sie keine schwankungsanfälligen Anlagen tätigen. Im Gegenzug dürfen Sie aber auch keine hohen Renditen erwarten. Hierzu ein Bonmot des 1999 verstorbenen André Kostolany, eines bekannten und über lange Zeitabschnitte auch erfolgreichen Aktienanlegers: «Wer gut schlafen will, kauft Obligationen, wer gut essen will, bevorzugt Aktien».

Je höher Ihre Renditevorstellung ist, desto höhere Risiken in Form von Vermögensschwankungen müssen Sie eingehen und akzeptieren (gemessen wird das Risiko am Aktienanteil einer Anlage). Risikolos gibt es nichts, erst recht nicht an den Finanzmärkten. Und erfahrene Anleger fallen nicht gleich in Panik, wenn der Aktienmarkt 10 oder auch 20 Prozent nach unten korrigiert wird. Sie bleiben gelassen, ihr Verhalten wird auch durch die Erfahrungen und die Renditezahlen aus der Vergangenheit geprägt.

TIPP *Überschätzen Sie Ihre Risikobereitschaft nicht. Wenn Sie sich bisher kaum für Geldanlagen interessierten und die Finanzseiten der Wirtschaftszeitungen jeweils ungelesen zur Seite legten, ist die Wahrscheinlichkeit gross, dass Sie bei Kursschwankungen überreagieren und im falschen Moment voller Panik verkaufen.*

Der Anlagehorizont

Der Anlagehorizont – auch Zeithorizont genannt – ist besonders wichtig für Ihre Planung. Deshalb hier einige Überlegungen dazu, warum Sie dem Faktor Zeit grosse Beachtung schenken sollten.

Je länger Ihr Anlagehorizont ist, desto wahrscheinlicher wird eine positive Rendite und die Annäherung an eine gute Jahresdurchschnittsrendite. Voraussetzung ist, dass Sie am einmal ermittelten Anlagehorizont auch festhalten! Sie werden negative und positive Jahre erleben. Und da niemand im Voraus sagen kann, wann was eintreten wird, ist das Festhalten am Anlagehorizont eine der wichtigsten Eigenschaften beim Geldanlegen. Natürlich ist es nicht verboten, nach einer kurzfristig sehr guten Börsenentwicklung einen Teil der Gewinne ins Trockene zu bringen. Doch gerade dann, wenn kurz nach Ihrer Investition alles in den Keller sackt, gilt es, Nerven und Geduld nicht zu verlieren.

ZEIT VERRINGERT RISIKO

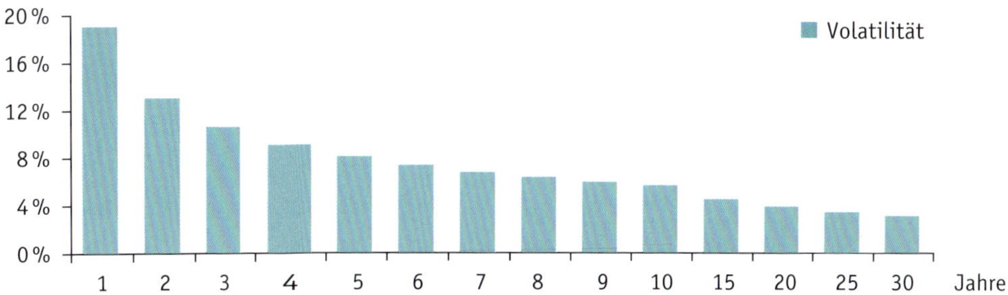

Halten Sie eine Anlage nur 1 Jahr, kann der Kurs um 20 Prozent schwanken – nach oben wie nach unten. Bei einem Anlagehorizont von 20 Jahren sind es noch 4 Prozent.

INFO *Jahresvolatilität ist der Fachbegriff für Risiko. Sie zeigt, wie sehr die einzelnen Jahresrenditen um den durchschnittlichen Renditewert schwanken können. Je höher diese Schwankungsbreite, desto höher ist das Risiko einer Anlage. Bei hoher Volatilität können die einzelnen Jahreswerte sehr stark vom Durchschnittswert abweichen – nach oben, aber eben auch nach unten. In Krisenzeiten nehmen die Kursschwankungen und somit die Volatilitäten kurzfristig stark zu. Die Volatilität finden Sie zum Beispiel auf dem Factsheet eines Anlagefonds ausgewiesen.*

Die Grafik auf der nächsten Seite zeigt die Bandbreite der möglichen Jahresdurchschnittsrenditen im Zeitablauf etwas detaillierter. Auch hier wird deutlich: Die Bandbreite der Schwankungen nähert sich immer mehr der

ABNEHMENDE STANDARDABWEICHUNG DER EINFACHEN JAHRESRENDITEN

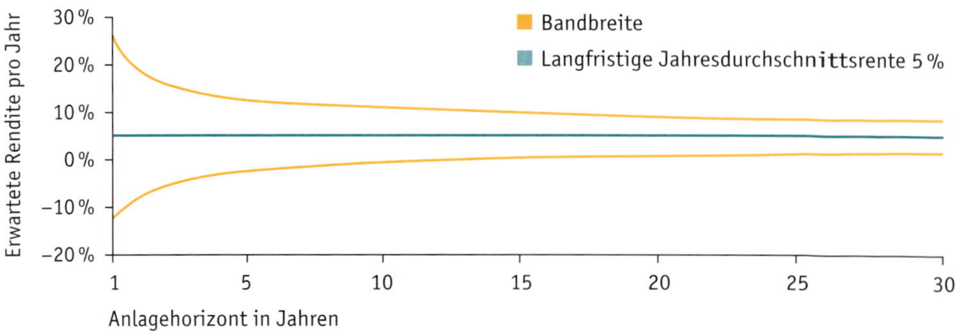

Durchschnittsrendite an. In der Grafik wurde mit einer Rendite von 5 Prozent gerechnet – das ist deutlich unter den historischen Durchschnittsrenditen von 6 bis 8 Prozent. Angenommen, die Volatilität (Schwankungsbreite) der Anlage liegt bei 19 Prozent. Dann – so zeigen verschiedene Untersuchungen – schwankt die Jahresrendite zwischen minus 14 und plus 24 Prozent (5 – 19 bzw. 5 + 19). Je länger das Geld investiert bleibt, desto tiefer die Schwankungsbreite: Nach 20 Jahren liegt sie noch bei 4 Prozent. Das Risiko ist also merklich tiefer, ohne dass man auf das Renditepotenzial von Aktien verzichten muss. Erkennbar ist auch, dass das Risiko vor allem zu Beginn (zum Beispiel vom ersten auf das zweite Jahr) sehr stark abnimmt.

Was lässt sich aus diesen Grafiken ablesen?

Klar ist, je länger Ihr Anlagehorizont für eine schwankungsanfällige Anlage, desto grösser auch die Chance, dass Sie die anvisierte Durchschnittsrendite erreichen. Allerdings: Die Grafik «Abnehmende Standardabweichung der einfachen Jahresrenditen» bildet nur 70 Prozent der untersuchten Fälle ab; die verbleibenden 30 Prozent liegen ausserhalb der Bandbreiten. Im Jahr 2002 zum Beispiel erzielte der Swiss Performance Index (SPI) eine Rendite von minus 26 Prozent.

Mit einem kurzen Anlagehorizont von einem Jahr können Sie also Pech haben und ein miserables Aktienjahr erwischen, eines wie das Jahr 2008 – mit minus 34 Prozent das schlechteste Schweizer Aktienjahr seit dem

Messbeginn von 1926. Oder Sie haben Glück und erzielen eine Rendite wie im besten Aktienjahr 1985: plus 61 Prozent. Ob Sie Pech oder Glück haben – das wissen Sie immer erst hinterher.

Deshalb gilt: Halten Sie an Ihrem Anlagehorizont fest! Sie werden Jahre erleben, in denen Ihre Aktien überdurchschnittlich rentieren, aber auch Jahre mit heftigen Korrekturen nach unten. Und genau nach solchen Börseneinbrüchen müssen Sie standhaft bleiben und das Geld in den Aktienmärkten investiert lassen. Sie haben ja im Voraus definiert, dass Sie diesen Teil Ihres Vermögens noch gar nicht brauchen. Also geben Sie ihm die notwendige Zeit, um sich wieder zu erholen.

TIPP *Wer nach einer Korrektur überhastet verkauft, realisiert seine Verluste. Und vor allem ist man nicht mehr investiert, wenn die Börsen wieder im positiven Bereich schliessen. Machen Sie diesen Fehler nicht. Es reicht, dass ihn viele andere Anleger machen.*

Hochs und Tiefs an der Börse

Wie stark die Hochs und Tiefs an den Börsen ausfallen können, zeigt ein Blick auf die besten und schlechtesten Aktienjahre seit Messbeginn im Jahr 1926. Im Kasten sehen Sie die Extremwerte des Pictet-Aktienindexes für die Zeit von 1926 bis 2017 (entspricht den Werten des SPI).

EXTREME AKTIENJAHRE

Negativjahre		Positivjahre	
Kalenderjahr	Jahresrendite	Kalenderjahr	Jahresrendite
2008	–34,05 %	1985	61,36 %
1974	–33,14 %	1997	55,19 %
1931	–30,09 %	1936	52,52 %
1987	–27,48 %	1993	50,81 %
2002	–25,95 %	1961	49,39 %

Diese Extremwerte hat es alle gegeben und sie werden vermutlich auch in Zukunft vorkommen. Doch handelt es sich um eher seltene Ereignisse. Während aber gute Börsenjahre in den Medien kaum Echo finden, hören, lesen und sehen Sie bei einem Börseneinbruch täglich, ja sogar stündlich Meldungen dazu. Das heizt die Panik an und kann auch Sie – wie die grosse Masse – dazu verleiten, Verkäufe zu tätigen, obwohl Sie das Geld gemäss Ihrer Planung gar nicht benötigen (zur Planung siehe Kapitel 4).

TIPP *Versuchen Sie, sich aus der allgemeinen Panik herauszuhalten. Halten Sie an Ihrem Anlagehorizont fest. Ansonsten laufen Sie Gefahr, dass Sie während der (sehr) positiven Börsenjahre nicht investiert sind. Beherzigen Sie die Tipps der bekannten Finanzexperten (siehe Kasten auf der nächsten Seite).*

Aktien sind häufiger im Plus als im Minus

Die folgende Grafik zeigt die Renditeverteilungen von 1926 bis 2017. Es fällt auf, dass die positiven Renditen (Kalenderjahre in den grünen Balken)

DIE JAHRESRENDITEN AM SCHWEIZER AKTIENMARKT SEIT 1926 (GRUNDLAGE: SPI)

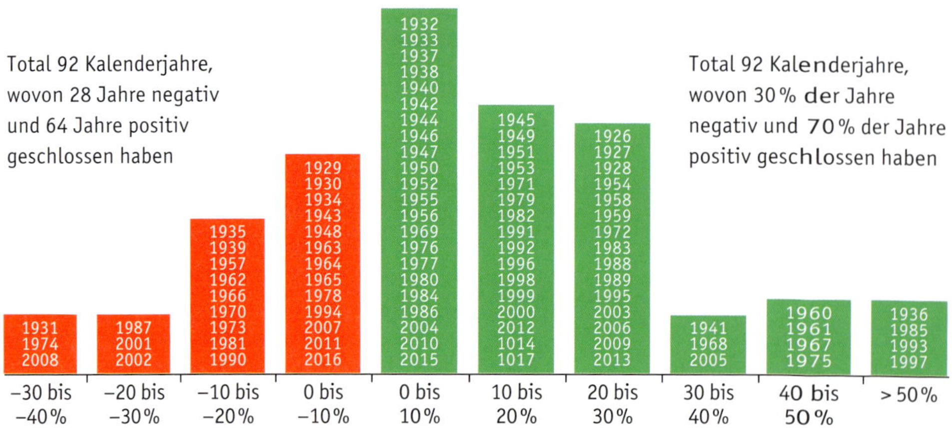

Lesebeispiel: Im Kalenderjahr 2008 endete der SPI (Schweizer Börsenindex, bestehend aus rund 220 Aktien) mit einer negativen Jahresrendite zwischen minus 30 und minus 40 Prozent; das Kalenderjahr 2005 brachte eine Rendite zwischen plus 30 und 40 Prozent.

DER RAT DER EXPERTEN

Erwin W. Heri, Finanzprofessor und Betreiber von fintool.ch, hat in seinem Buch «Die acht Gebote der Geldanlage» unter anderem folgende Gebote aufgestellt:

- Investieren Sie.
- Trachten Sie nicht nach dem kurzfristigen Gewinn.
- Versuchen Sie nicht, den «richtigen Moment» abzuwarten – es gibt ihn nicht.
- Versuchen Sie nicht, den «richtigen» Titel zu finden – es gibt ihn nicht.
- Versuchen Sie nicht, mehr zu wissen als der Markt, denn der Markt weiss viel.
- Seien Sie diszipliniert.
- Trauen Sie keinem, der hohe Vermögenserträge verspricht.

Und Warren Buffet, einer der erfolgreichsten – und wahrscheinlich der weltweit bekannteste – Aktienanleger, hält unter anderem folgende Tipps bereit:

- Investiere immer langfristig; Kaufen und Halten ist die beste Aktienstrategie.
- Investiere nie in ein Geschäft, das du nicht verstehst.
- Wer Panik kriegt, wenn die Aktien um fünfzig Prozent einbrechen, sollte nicht investieren.
- Du solltest ein Geschäft kaufen wollen und nicht eine Aktie mieten.

deutlich häufiger waren. Doch die Anlegerinnen und Anleger erinnern sich fast ausschliesslich an die negativen Börsenjahre (Kalenderjahre in den roten Balken). Je weiter links in der Grafik sich ein Kalenderjahr befindet, desto stärker bleibt es im Gedächtnis. Und so erscheinen Aktienanlagen als äusserst riskant. Nicht weiter verwunderlich, dass mit solchen Gedankengängen keine Aktienanlagen getätigt werden.

ACHTUNG *Wer eine ansprechende Rendite erwirtschaften will, kommt um Aktien nicht herum. Doch nicht alle Anleger können sich Aktien leisten. In Aktien investieren dürfen Sie nur Geld, das Sie die nächsten 10, besser 15 Jahre sicher nicht benötigen. Zudem müssen Sie bei zwischenzeitlichen Verlusten von 30 Prozent und mehr die Nerven behalten können. Sonst besteht die Gefahr, dass Sie aus Panik im dümmsten Moment verkaufen und möglicherweise Verluste realisieren.*

Kaspar und Claudia B. – Pensionierung in drei Schritten

Kaspar und Claudia B. werden nächstes Jahr beide 60. Herr B. arbeitet als Kadermitglied in der Finanzbuchhaltung einer grösseren Handelsfirma; seine Frau ist nicht erwerbstätig und kümmert sich um das Haus und die beiden Katzen. Schon seit einiger Zeit machen sich die beiden Gedanken über die Pensionierung. Aus verschiedenen Gründen – vor allem auch, weil der Umwandlungssatz seiner Pensionskasse immer weiter gesenkt wurde – hat sich Kaspar B. für einen vollständigen Kapitalbezug entschieden. Aber das will er nicht auf einmal tun, sondern das Arbeitspensum laufend reduzieren. Er hat mit seinem Vorgesetzten vereinbart, dass er ab 60 die Anstellung um 20 Prozent reduzieren wird, ab 62 wird er noch ein 50-Prozent-Pensum bestreiten und dann mit 63 ganz aus dem Erwerbsleben ausscheiden. Die Pensionskasse der Firma lässt die gestaffelte Pensionierung zu.

Die zusätzliche Freizeit will Herr B. nutzen, um die schon länger aufgeschobene Erneuerung des Gartens in Angriff zu nehmen. Auch das gemeinsame Haus ist etwas in die Jahre gekommen und es gibt das eine oder andere zu tun. Als begeisterter Handwerker freut sich Kaspar B. auf diese Tätigkeiten. Da er aber nicht alles selber machen kann, rechnet er mit zusätzlichen Kosten von 20 000 Franken.

Gemeinsam mit seiner Frau will er zudem öfters zum Wandern in die Berge fahren. Auch werden sie ab und zu in den Berghütten übernachten. Seit vielen Jahren sind sie nämlich aktive Mitglieder bei der lokalen SAC-Sektion.

Von der AHV wird das Ehepaar B. die maximale plafonierte Rente von 42 300 Franken erhalten. Sie wollen die Rente nicht vorbeziehen, da sie an diversen Veranstaltungen gehört haben, dass sich dies finanziell kaum lohne. Das Kapital aus der Pensionskasse von Herrn B. würde sich im Alter 63 auf 400 000 Franken belaufen. Da er das Geld aber in Etappen beziehen will, wird es etwas weniger sein. Mit 60 gelangen 56 000 Franken zur Auszahlung, nach Abzug der Steuern werden ihm noch 50 000 Franken zur Verfügung stehen. Mit 62 wird Herr B. 98 000 Franken beziehen (nach Steuern 90 000 Franken). Mit 63 wird dann der Rest von 200 000 Franken ausgezahlt, nach Steuern entspricht dies 185 000 Franken.

Daneben hat Herr B. ein Vorsorgekonto auf der Kantonalbank. Dieses will er sich – um die Progression zu brechen – mit 64 auszahlen lassen. Nach Abzug der Steuern wird das Kapital 284 000 Franken betragen. Dazu kommt noch das weitere Vermögen der Familie B. von 120 000 Franken.

Für die gestaffelte Pensionierung errechnen Herr und Frau B. folgenden Kapitalbedarf:

Ausgabenüberschuss ab Alter 60 (2 Jahre)	Fr. 4000.–
Ausgabenüberschuss ab Alter 62 (1 Jahr)	Fr. 28000.–
Ausgabenüberschuss ab Alter 63 (2 Jahre)	Fr. 144000.–
Ausgabenüberschuss ab Alter 65 (20 Jahre)	Fr. 634000.–
Kosten Umbau Garten	Fr. 20000.–
Total Kapitalbedarf	Fr. 830000.–

Das Vermögen des Ehepaars B. inklusive der Vorsorgegelder beläuft sich auf 729000 Franken. Trotz der finanziell guten Situation fehlen rund 100000 Franken. Über Kapitalerträge mittels einer geeigneten Anlagestrategie lässt sich die Differenz zumindest ein Stück weit ausgleichen. Allenfalls sind aber auch Einsparungen bei den Ausgaben notwendig.

BUDGET VON KASPAR UND CLAUDIA B.

	Mit 60 Jahren	Mit 62 Jahren	Mit 63 Jahren	Ab 65 Jahren
Einnahmen				
Lohn Kaspar B.	Fr. 80000.–	Fr. 50000.–		
AHV-Rente Kaspar und Claudia B.				Fr. 42300.–
Total Einnahmen	**Fr. 80000.–**	**Fr. 50000.–**	**–.–**	**Fr. 42300.–**
Ausgaben				
Lebenshaltungskosten	Fr. 35000.–	Fr. 35000.–	Fr. 35000.–	Fr. 35000.–
Aufwand Haus	Fr. 28000.–	Fr. 28000.–	Fr. 28000.–	Fr. 28000.–
Krankenkasse	Fr. 9000.–	Fr. 9000.–	Fr. 9000.–	Fr. 9000.–
Steuern	Fr. 10000.–	Fr. 6000.–	–.–	Fr. 2000.–
Total Ausgaben	**Fr. 82000.–**	**Fr. 78000.–**	**Fr. 72000.–**	**Fr. 74000.–**
Einnahmen-/Ausgabenüberschuss				
Total Einnahmen	Fr. 80000.–	Fr. 50000.–	–.–	Fr. 42300.–
Total Ausgaben	Fr. 82000.–	Fr. 78000.–	Fr. 72000.–	Fr. 74000.–
Ausgabenüberschuss	**Fr. –2000.–**	**Fr. –28000.–**	**Fr. –72000.–**	**Fr. –31700.–**

Anlagestrategie

Die strategische Aufteilung des Vermögens auf verschiedene Investitionsmöglichkeiten ist der wichtigste Aspekt des Anlagegeschäfts und bestimmt zum Grossteil den langfristigen Erfolg. Deshalb ist es sehr wichtig, diesem Punkt die notwendige Aufmerksamkeit zu schenken. Was alles für Ihre Anlagestrategie von Bedeutung ist, erfahren Sie auf den folgenden Seiten.

Die Basis Ihrer Anlagestrategie bildet Ihr Risikoprofil, das Resultat aus Ihrer Risikofähigkeit, Ihrem Anlagehorizont und Ihrer Risikobereitschaft (siehe Seite 125). Daraus wird abgeleitet, wie viel von Ihrem Vermögen in welche Anlagekategorien investiert werden soll.

Ihre Anlagestrategie legen Sie in der Regel nicht allein, sondern zusammen mit einem Finanzberater, einer Finanzberaterin fest. Die Fachleute stimmen Ihr Portfolio auf die künftigen Budgetlücken ab und können Ihnen zeigen, für welchen Teil Ihres Portfolios welche Anlagestrategie mit welchen Chancen und Risiken sinnvoll ist. Nehmen Sie sich bei der Wahl des Beraters genügend Zeit und holen Sie mindestens zwei Offerten ein (mehr zu einer guten Finanzberatung lesen Sie auf Seite 25).

Was ist eine Anlagestrategie?

Anlagestrategien können sehr konservativ sein oder auch sehr realwertorientiert (Kapitalgewinn) – je nach der Gewichtung der einzelnen Anlagekategorien (Konten, Obligationen, Aktien etc.). Abhängig von der gewählten Anlagestrategie können die Vermögensschwankungen klein oder gross ausfallen, parallel dazu die mögliche Rendite.

Eine sehr konservative Anlagestrategie setzt hauptsächlich, je nach Anbieter sogar ausschliesslich, auf Geldwertanlagen. Dazu gehören Barguthaben, Gelder auf den Bankkonten, Obligationenanlagen oder auch eine klassische gemischte Versicherungspolice. Solche Geldwertanlagen zeichnen sich durch tendenziell geringe Risiken aus (keine heftigen Vermögensschwankungen), sie werfen aber auch entsprechend geringe Renditen ab.

ACHTUNG *Auch Obligationenanlagen können heftigen Kursschwankungen ausgesetzt sein. Wenn die Zinssätze steigen, können langfristige Obligationen oder Obligationenfonds, die lange Laufzeiten im Portfolio halten, heftig einbrechen. Bei Obligationen in Fremdwährungen besteht zudem das Risiko von Währungsschwankungen. Aus dem Vorteil des möglicherweise höheren Zinses kann schnell ein Nachteil werden, wenn die Währung abgewertet wird.*

BUCHTIPP

Mehr zum Thema Anlagekategorien und zu den verschiedenen Anlagestrategien finden Sie in diesem Beobachter-Ratgeber: **Plötzlich Geld – so legen Sie richtig an. Möglichkeiten zur souveränen Vermögensverwaltung.**

www.beobachter.ch/buchshop

Eine sehr realwertorientierte Anlagestrategie konzentriert sich hauptsächlich auf Sach- oder Realwerte. Dazu gehören Immobilien, Aktienanlagen, Investitionen in Edelmetalle. Realwertanlagen sind grösseren Vermögensschwankungen ausgesetzt, haben aber, mindestens in der Vergangenheit, in der Regel auch höhere Renditen abgeworfen. Eine wesentliche Voraussetzung für eine solche Anlagestrategie ist ein langer Anlagehorizont. Gelder, die Sie demnächst für eine Anschaffung oder für den Lebensunterhalt brauchen, sollten Sie nicht in Realwerte investieren.

VON SICHERHEIT BIS KAPITALGEWINN: ANLAGESTRATEGIEN

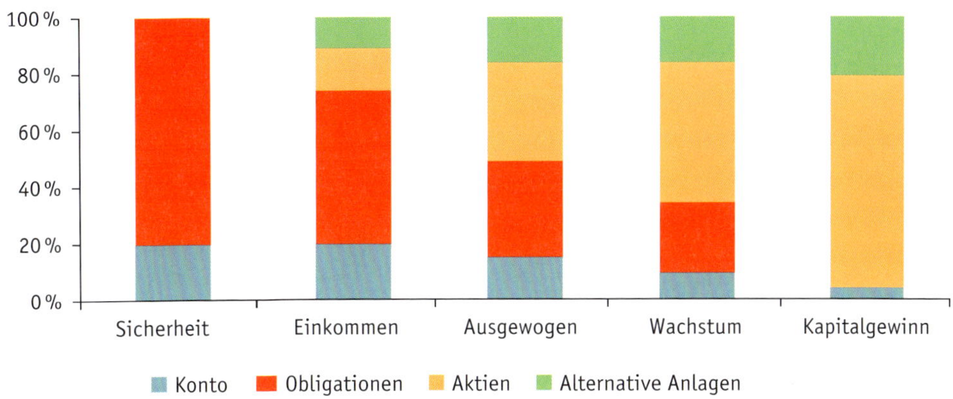

In der Praxis wird häufig nach standardisierten Anlagestrategien investiert (siehe Kasten auf der vorangehenden Seite). Sie beinhalten unterschiedliche Gewichtungen der einzelnen Anlagekategorien und somit auch unterschiedliche Risiko-/Renditeprofile.

SANDOR T. WILL 100 000 FRANKEN investieren. Aufgrund seines Risikoprofils empfiehlt ihm seine Beraterin eine ausgewogene Anlagestrategie (siehe Grafik).

AUFTEILUNG DER INVESTITION VON SANDOR T.

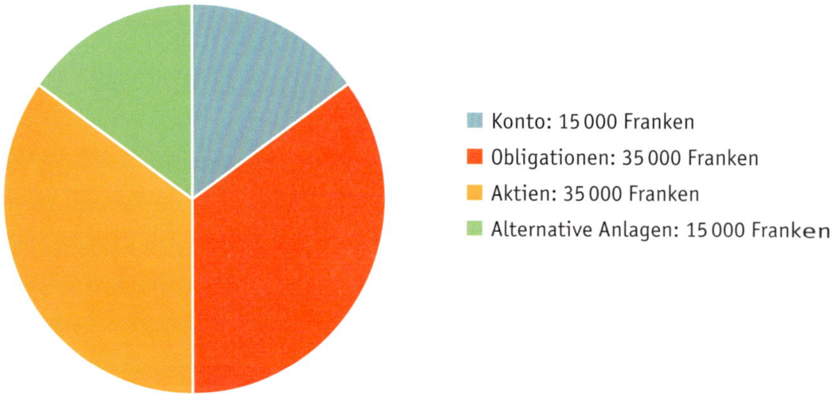

Anlagekategorien und ihre Risiken

Anlagekategorien werden gelegentlich auch als Anlageklassen bezeichnet. Die einzelnen Anlageklassen haben unterschiedliche Risiko-/Rendite-Eigenschaften und ermöglichen Ihnen in der Kombination, das Gesamtrisiko Ihrer Investitionen zu reduzieren und auf Ihr Risikoprofil abzustimmen. Aus der Gewichtung der einzelnen Kategorien entsteht eine Anlagestrategie.

- **Liquidität:** Dazu gehören Kontoguthaben und kurzfristig investierte Anlagen, in der Regel mit einer Restlaufzeit bis zu einem Jahr. Gelegentlich werden sie auch als Geldmarktanlagen (Money Market), Liquidität oder Cash bezeichnet. Das Risiko in dieser Anlagekategorie ist bescheiden, entsprechend bescheiden fallen allerdings auch die Renditen aus.

- **Obligationen** – oder mit der englischen Bezeichnung: Bonds – gelten ebenfalls als sichere Anlagen. Bei Obligationenanlagen legen Sie Ihr Geld für eine fixe Laufzeit an und sollten dafür mit einer höheren Rendite als bei der Anlagekategorie Liquidität entschädigt werden. Gegenüber dem Kontoguthaben haben Sie höhere Risiken, da die Obligationenkurse in Abhängigkeit vom Zinsniveau, von der Restlaufzeit der Obligation sowie der Bonität des Schuldners schwanken. Und es ist durchaus möglich, dass auch Obligationenanlagen heftige Kursschwankungen erleben.
- Für **Aktienanlagen** wird häufig auch der englische Begriff Equity verwendet. Aktien sind schwankungsanfällig, teilweise mit extremen Kursausschlägen, und deshalb nur für Gelder bestimmt, die langfristig nicht benötigt werden (mindestens 10 Jahre, besser mehr). Das Risiko (kurzfristiger) Schwankungen ist beträchtlich. Im Gegenzug wurde der Anleger bisher jeweils mit einer gegenüber schwankungsärmeren Anlagen deutlich höheren Jahresdurchschnittsrendite entschädigt.
- Anlagen in Immobilien, Rohstoffe, Private Equity sowie Hedge Funds gehören zur Kategorie **alternative Anlagen.** Je nach Produkt sind die Risiken und Renditechancen der alternativen Anlagen sehr unterschiedlich. So liegen Risiko und Rendite von Immobilienanlagen zwischen denjenigen der Obligationen und der Aktien. Eine Anlage in Private Equity hingegen – also in Unternehmen, die (noch) nicht an der Börse kotiert sind – ist mit höheren Risiken verbunden als eine Aktienanlage und lockt mit höheren Renditemöglichkeiten. In alternative Anlagen sollten Sie nur investieren, wenn Sie über die Chancen und insbesondere die Risiken sowie die Kosten ausführlich informiert wurden und alles verstehen. Ansonsten: Finger weg!

Mehr Informationen zu einzelnen Finanzprodukten finden Sie ab Seite 118. Die konkreten Produkte lassen sich in der Regel einer Anlagekategorie zuteilen. Ein reiner Aktienfonds zum Beispiel gehört zur Anlagekategorie Aktien.

Wie Sie die einzelnen Anlagekategorien gewichten, hängt von Ihrem individuellen Risikoprofil und der daraus bestimmten Anlagestrategie ab.

RENDITE VON AKTIEN UND OBLIGATIONEN IN DER SCHWEIZ

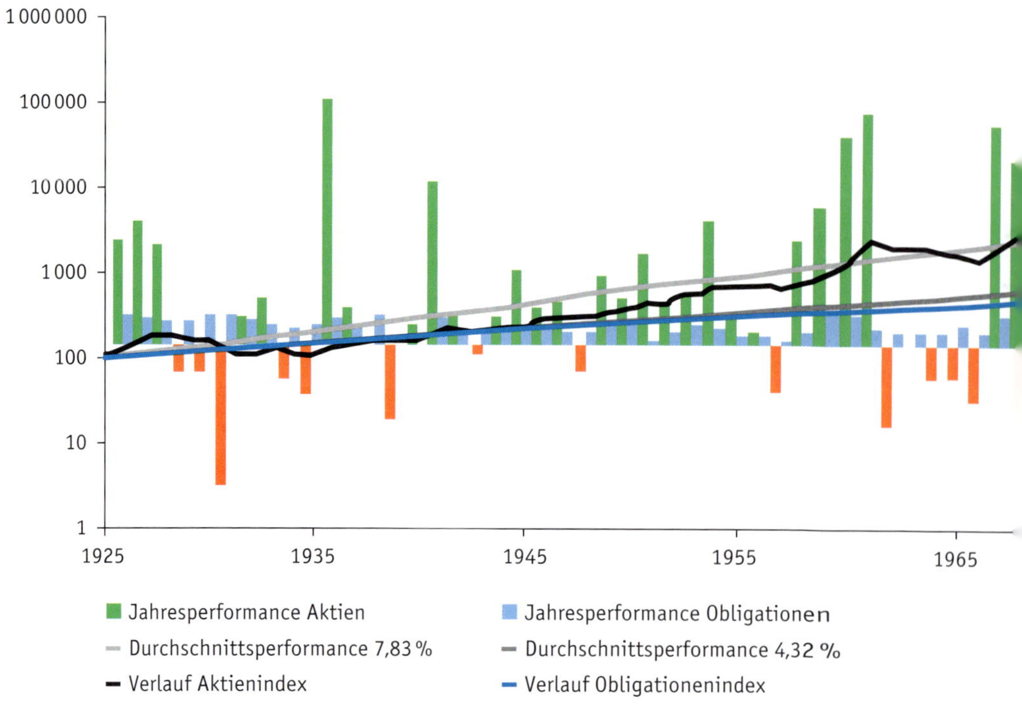

Wichtig: Diversifizieren Sie die Anlagen innerhalb der Anlagekategorien Obligationen, Aktien und alternative Anlagen. Und geben Sie den einzelnen Anlagen die für die Anlagekategorie wichtige Zeit.

So bestimmen Sie Ihre Anlagestrategie

Unter Berücksichtigung Ihrer Risikofähigkeit und Ihrer Risikobereitschaft wird die Anlagestrategie bestimmt. Wenn Sie eigentlich eine hohe Risikofähigkeit haben – sprich: genügend Mittel, um die notwendigsten Ausgaben zu decken und Ihre Anlagen lange genug zu halten –, aber keine

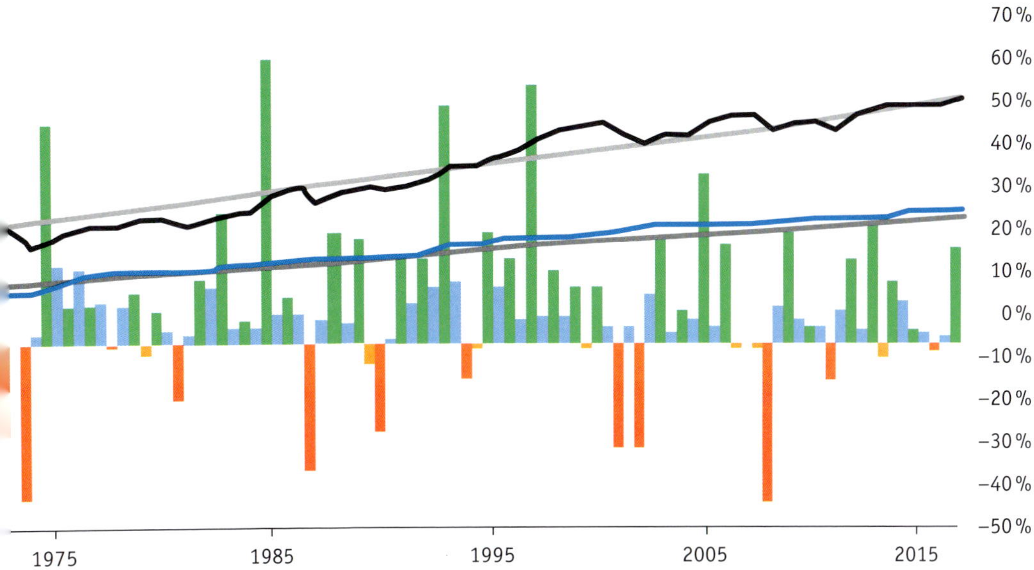

Die grünen Säulen zeigen die positiven Renditen von Aktien, die roten die negativen.
Die blauen Säulen zeigen die positiven Renditen von Obligationen, die (wenigen) orangen die negativen.
Die schwarze Kurve zeigt den langfristigen Aktienindexverlauf.
Die blaue Kurve zeigt den langfristigen Obligationenindexverlauf.

Quelle: Pictet-Daten

oder nur eine geringe Risikobereitschaft, dann sollten Sie sich nochmals Gedanken machen. Woran liegt es, dass Ihre Risikobereitschaft so gering ist? Hierzu ein paar Anhaltspunkte:

- An welche Börsen-Kalenderjahre können Sie sich gut erinnern?
- Was heisst das für Sie im Zusammenhang mit dem Begriff Risiko?
- Betrachten Sie das Risiko einseitig?
- Was heisst eigentlich Risiko?
- Wird Risiko möglicherweise in Form einer höheren Rendite entschädigt?
- Wieso möchten Sie nicht mehr Risiken eingehen?
- Müssen Sie überhaupt Risiken eingehen?

Wenn Sie sich zu solchen Fragen ein paar Gedanken gemacht haben und sich mit erfahrenen Anlegern unterhalten, kann es durchaus sein, dass sich Ihre Wahrnehmung von Risiko ändert. Und dies durchaus zu Ihrem Vorteil! Denn die Vergangenheit hat gezeigt, dass man dank dem Eingehen systematischer Risiken (Marktrisiken) mit Aktienanlagen gegenüber den «sicheren» Geldanlagen wie Obligationen eine Zusatzrendite (auch Risikoprämie genannt) von jährlich rund 3 bis 4 Prozent erzielen konnte. Das sind Durchschnittswerte aus über 200 Jahren (siehe auch Grafik auf der vorangehenden Seite). Verglichen mit den sehr sicheren Geldanlagen wie Kontoguthaben beträgt die Zusatzrendite sogar 4 bis 5 Prozent. Was das bedeutet, sehen Sie an einem einfachen Zahlenbeispiel.

WANDA D. WILL IN 15 JAHREN über ein Kapital von 100 000 Franken verfügen können. Wie viel muss sie heute anlegen, um ihr Sparziel in 15 Jahren zu erreichen? Wenn Frau D. jegliche Vermögensschwankungen ausschliessen will und eine risikoarme Anlagestrategie wählt, darf sie keine wirkliche Rendite erwarten. Entsprechend muss sie bereits heute 100 000 Franken zur Seite legen. Kann Wanda D. jedoch Vermögensschwankungen akzeptieren, darf sie mit einer anderen Rendite rechnen. Geht sie von 5 Prozent aus, reduziert sich ihr heutiger

SPAREN MIT UND OHNE RENDITE

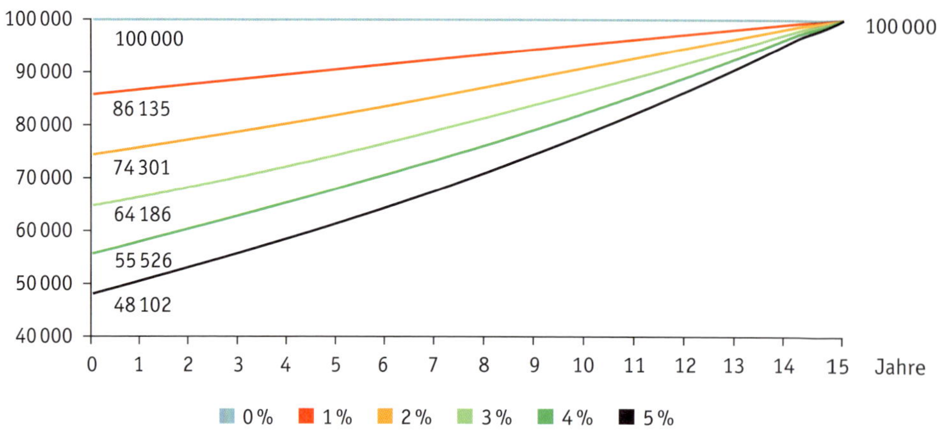

VERTEILUNG DER SPARSUMME VON FRAU D.

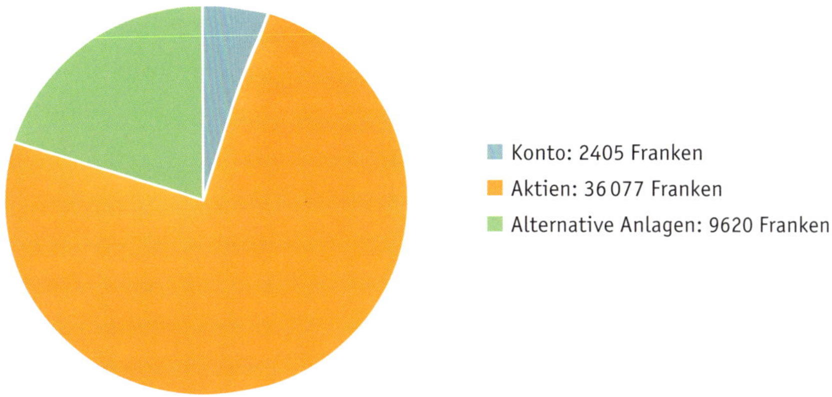

Kapitalbedarf auf rund die Hälfte, gut 48 000 Franken (siehe Grafik auf Seite 142). Zins und Zinseszins sind enorm wichtige Beitragszahler!

Eines ist klar: Die jährliche Rendite von Frau D. kann stark um die anvisierten 5 Prozent schwanken. Sie muss also unbedingt den Anlagehorizont einhalten, insbesondere nach negativen Renditejahren. Denn die 5 Prozent sind ein Durchschnitt, der sich über die Jahre ergeben sollte. Wie die Verteilung der 48 000 Franken auf die einzelnen Anlagekategorien aussehen könnte, sehen Sie in der oben stehenden Grafik.

Die Anlagestrategie umsetzen

Ist die Anlagestrategie festgelegt, geht es um die Umsetzung. Dabei müssen Sie entscheiden, welche konkreten Finanzprodukte eingesetzt werden. Generell gilt: Setzen Sie für die Umsetzung Ihrer Anlagestrategie(n) nur Anlageprodukte ein,

- die Sie verstehen,
- die kostengünstig und
- die transparent sind.

Lassen Sie sich von Ihrer Bankberaterin oder einem unabhängigen Finanzexperten die Risiken der einzelnen Anlageinstrumente erklären. Fragen Sie so lange nach, bis Sie alles verstehen. Es ist Ihr Geld, es gibt keine unnötigen Fragen. Wenn Sie ein Anlageprodukt und dessen Risiken nicht verstehen respektive wenn der Berater es Ihnen nicht gut genug erklären kann, lassen Sie die Finger davon und suchen Sie eine neue Vertrauensperson (mehr dazu auf Seite 25).

ACHTUNG *Seien Sie äusserst kritisch, wenn Ihnen Renditen versprochen werden, die deutlich über den langfristigen Durchschnittsrenditen der einzelnen Anlagekategorien liegen. Erst recht, wenn diese ohne Risiken erzielt werden sollen. Das ist schlicht nicht möglich!*

DIESE KOSTEN FALLEN AN

- **Courtage:** Vergütung an die Bank für die Ausführung von Kauf- und Verkaufsaufträgen von Wertschriften aller Art. Es handelt sich um eine einmalige Gebühr, die abhängig ist vom Tarifmodell der Bank.
- **Ausgabekommission:** einmalige Gebühr beim Kauf von Anlagefonds (anstelle der Courtage)
- **Rücknahmekommission:** einmalige Gebühr beim Verkauf von Anlagefonds, wird eher selten verlangt
- **Börsengebühr:** Gebühr für den Kauf und Verkauf von Wertschriften, die von der Börse erhoben wird
- **Umsatzabgabe:** einmalige Gebühr für den Handel mit Wertpapieren. Bei inländischen Effekten werden pro Transaktion 0,75 Promille auf dem Umsatz erhoben, für ausländische Effekten sind es 1,5 Promille.
- **TER** (Total Expense Ratio): jährlich wiederkehrende Produktekosten bei Anlagefonds, die direkt dem Produkt belastet werden. Die TER enthält unter anderem die Management-Fee (Verwaltungsgebühren) für die Bewirtschaftung des Anlagefonds. Zusätzlich sind Administrationsgebühren sowie Revisions- und Druckkosten enthalten. In der TER nicht enthalten sind die Transaktionsgebühren.
- **Depotgebühren:** jährlich wiederkehrende Gebühr für die Aufbewahrung der Wertschriften
- **Spreads:** Differenz zwischen Geld- und Briefkurs. Beim Kauf eines Wertpapiers zahlen Sie den höheren Briefkurs, beim Verkauf erhalten Sie den tieferen Geldkurs.

Kosten fressen Rendite

Die Kosten – ob Transaktionskosten beim Kauf und Verkauf (Courtage, Kommissionen), Haltekosten in Form von Depotgebühren oder auch die jährlich wiederkehrenden Kosten einer Anlage – schmälern Ihre Rendite in jedem Fall. Achten Sie also darauf, günstige Anlageprodukte zu wählen, insbesondere was die jährlich wiederkehrenden Kosten angeht. Am Ende zählt, was Ihnen bleibt. Lieber 3 Prozent netto, als 4 Prozent brutto bei Kosten von 1,5 Prozent. Im aktuellen 0-Prozent-Zinsumfeld ist es noch bedeutender, die Kostenseite im Anlagegeschäft zu optimieren. Die Berechnungen in diesem Ratgeber gehen immer von Nettorenditen aus.

Kosten von Anlagefonds

Die jährlich fälligen TER bei den Anlagefonds werden Ihnen nicht etwa in Form eines Einzahlungsscheins in Rechnung gestellt, sondern direkt mit der Rendite verrechnet. Wie hoch die TER eines Fonds ist, sehen Sie im Factsheet. In der ausgewiesenen TER ist die Management-Fee enthalten. Diese darf somit nicht nochmals verrechnet werden.

Die Höhe der TER ist unter anderem davon abhängig, wie aktiv eine Anlage bewirtschaftet wird. Je aktiver sich die Fondsmanager mit Anlageentscheiden auseinandersetzen und versuchen, eine Mehrrendite gegenüber der Marktentwicklung zu erzielen, desto teurer wird das Konstrukt. Und sicher ist, dass die Gebühren verrechnet werden, auch wenn sich keine Mehrrendite ergeben sollte. Kostengünstiger sind passiv verwaltete

DIE BENCHMARK

Der Erfolg von Anlagefonds – oder auch einer Vermögensverwaltung – muss messbar sein. Dafür dienen die Benchmarks (Vergleichsindizes): Ein Anlagefonds, der in Schweizer Aktien investiert, kann zum Beispiel an der Entwicklung des Swiss Market Index (SMI) gemessen werden. Übertrifft er sie, haben die Fondsmanager gute Arbeit geleistet und die Kosten mehr als hereingeholt.

Als Benchmark sollte jeweils ein Index eingesetzt sein, dessen Entwicklung alle Anleger einfach einsehen können. Gute Benchmarks, da öffentlich und kostenlos zugänglich, sind beispielsweise der Swiss Performance Index (SPI), der Swiss Market Index (SMI), der deutsche Aktienindex (DAX), der amerikanische Aktienindex (S&P 500). Die Entwicklung dieser Aktienindizes können Sie jederzeit verfolgen. ■

Anlageprodukte, zum Beispiel Indexfonds oder ETF (siehe Seite 122). Das Beispiel eines seit mehreren Jahrzehnten existierenden aktiv bewirtschafteten Anlagefonds im Swiss Performance Index (SPI) zeigt das Zusammenspiel von Kosten und Rendite deutlich (siehe Kasten). Der Anlagefonds weist aktuell eine TER von 0,96 Prozent pro Jahr aus; darin enthalten ist die Management-Fee von 0,85 Prozent. Im Vergleich zu vielen anderen aktiven Aktienfonds ist diese TER relativ bescheiden.

Als Benchmark für dieses Produkt ist der SPI definiert. Seit der Lancierung des Anlagefonds hat die Benchmark eine Gesamtrendite von 481,9 Prozent erzielt, der Fonds 381,8 Prozent. Der Unterschied von 100 Prozent ist unter anderem auf die Kosten über all die Jahre zurückzuführen.

Zwar hat der Anlagefonds in den letzten Jahren besser abgeschnitten als die Benchmark, die Fondsrendite (nach TER) ist besser als die Indexrendite. Ob er dies allerdings auch weiterhin und über lange Zeit erreichen wird, ist fraglich. Bisher hat es jedenfalls auch dieser Fonds nicht geschafft, sonst wäre der Renditeunterschied zur Benchmark seit Lancierung nicht so gross.

PERFORMANCEVERGLEICH MIT DER BENCHMARK

Performance (in %)

	1 Mt.	2017 1.1.–31.10.	2016	2015	3 Jahre p. a.	5 Jahre p. a.	seit Lancierung
Fonds	1.8	19.8	0.6	4.3	8.9	12.3	381.8
Index	1.5	18.3	–1.4	2.7	6.9	11.7	481.9

Vergleichsindex: Swiss Performance Index TR

Quelle: Factsheet des Anlagefonds (2018)

Das ist mit ein Grund, weshalb die passiven und günstigeren Anlageprodukte immer beliebter werden. Dank der tieferen Kosten von rund 0,05 bis 0,5 Prozent erhöht sich die Rendite und nähert sich dem Vergleichsindex. Ein ETF mit einer TER von beispielsweise 0,25 Prozent hätte über die ganze Laufzeit eine Rendite von netto rund 450 Prozent erwirtschaftet.

Die richtigen Finanzprodukte für Ihre Anlagestrategie

Für die Anlage Ihrer Gelder stehen unzählige Finanzprodukte zur Verfügung (eine Beschreibung der wichtigsten Gruppen finden Sie ab Seite 118). Zusätzlich erschwerend ist, dass sowohl Banken wie auch Versicherer Anlageprodukte anbieten. Hinzu kommen die diversen Angebote der Vermögensverwalter. Jede Lösung, ob von der Bank, dem Versicherer oder dem Vermögensverwalter ausgearbeitet, hat Vor- und Nachteile. Wichtig ist, dass Sie sich für eine Variante entscheiden, die auf Ihre Bedürfnisse abgestimmt ist, die in Ihr Gesamtportfolio eingebettet werden kann und für Sie als Anlageinstrument verständlich ist. Allenfalls ist es auch eine Kombination von Produkten diverser Anbieter.

TIPP *Lassen Sie die Finger von Finanzprodukten, die Sie nicht verstehen oder von denen Ihnen nur die Sonnenseite aufgezeigt wird. Und achten Sie auf realistische Renditeprognosen.*

Liquidität

Eine Reserve – man weiss ja nie – sowie die Mittel, die Sie **kurzfristig** benötigen, sollten Sie auf Bankkonten halten. Diese gelten als sichere Anlagen, zudem ist das Geld in der Regel schnell verfügbar. Die hohe Sicherheit bedeutet aber auch, dass Sie auf diesen Guthaben keine vernünftigen Renditen erzielen werden. Deshalb eignen sich Konten nicht für längerfristig zu investierende Gelder.

Je nach Bank und Kontoart gibt es unterschiedliche kündigungsfreie Bezugsmöglichkeiten. In der Regel ist ein maximaler Betrag definiert, den Sie in einer bestimmten Periode ohne Kündigung beziehen können. Wollen Sie mehr beziehen, müssen Sie den Betrag im Voraus kündigen, sonst wird Ihnen eine Kommission belastet.

TIPP *Prüfen Sie, wie Ihre Bank(en) die Bezugsmöglichkeiten und die Kündigungsfristen für Ihre Konten geregelt hat. Das ist vor allem auch für die Gelder wichtig, die Sie laufend beziehen werden (zum Beispiel gemäss Ihrem Etappenplan, siehe Seite 177). Denn wenn Sie die Kündigungsfrist nicht einhalten, wird Ihnen eine hohe Gebühr belastet.*

Anlagen in Obligationen

In Obligationen – auch Anleihen genannt – investieren Sie Gelder, die **mittel- bis langfristig** (ab rund fünf Jahren) zur Verfügung stehen müssen (mehr dazu auf Seite 119). In der Regel werden Sie mit einer höheren Verzinsung (Coupon bzw. Verfallsrendite) entschädigt als beim Konto.

Allgemein gelten Obligationen als sichere Anlage. Die Sicherheit ist aber nur so gut wie die Bonität des Schuldners. Wer Wert auf eine sehr gute Bonität legt, wird eine Obligation der Schweizer Eidgenossenschaft der Anleihe einer Firma, die in finanziellen Schwierigkeiten steckt, vorziehen. Obligationen sind nicht risikolos. Nebst dem Bonitätsrisiko – der Schuldner kann seine Verpflichtungen nicht mehr erfüllen, prominentes Beispiel: die Swissair – besteht auch ein Zinsänderungsrisiko. Die Entwicklung der Zinssätze und die Restlaufzeit beeinflussen den Wert einer Obligation. Bei sinkenden Zinssätzen – wie in den vergangenen Jahren beim Schweizer Franken und vielen weiteren Währungen – steigt der Wert einer (bestehenden) Obligation und umgekehrt.

Beim Kauf einer Obligation ist die Verfallsrendite entscheidend. Diese ergibt sich aus den jährlichen Couponzahlungen sowie der Kursdifferenz zwischen dem Kaufpreis und dem Rückzahlungspreis. Die Rückzahlung einer Obligation erfolgt normalerweise zu 100 Prozent.

SERDAR T. KAUFT EINE OBLIGATION mit einer Restlaufzeit von fünf Jahren und einem jährlichen Coupon von 3 Prozent zu 105 Prozent des Nominalwerts. Innerhalb der fünf Jahre verliert er also 5 Prozent (Differenz zwischen den bezahlten 105 und den zurückgezahlten 100 Prozent). Grob gerechnet macht das 1 Prozent pro Jahr aus; die Verfallsrendite beträgt also nicht 3 Prozent wie der Coupon, sondern nur 2 Prozent.

TIPP *Auch bei Obligationen sollten Sie diversifizieren, indem Sie in mehrere Schuldner investieren und unterschiedliche Laufzeiten wählen. Falls das Anlagevolumen zu gering ist, um mittels Einzelanlagen die Risiken zu streuen, eignen sich Obligationenfonds. Auch hier gilt: Ein Fonds, der nur Obligationen in Schweizer Franken von Topschuldnerqualität kauft, birgt ganz andere Risiken – aber auch ganz andere Renditechancen – als ein Fonds, der ausschliesslich in mittel- und südamerikanische Unternehmen Geld investiert.*

Aktienanlagen

Aktien sind ein Instrument für die Anlage von **langfristig** verfügbaren Geldern – mindestens zehn Jahre, besser länger. Anders als bei Obligationen gibt es bei Aktienanlagen keine fixen Couponzahlungen und auch keine Rückzahlung bei Endfälligkeit. Und sie sind schwankungsanfällig. Deswegen werden Aktien oft als Risikoanlagen bezeichnet. Dafür bekommt man eine deutlich höhere Rendite als bei Obligationenanlagen – mindestens in der Vergangenheit war das so.

Auch in Aktien können Sie direkt oder indirekt via Anlagefonds investieren. Wenn Sie zum Beispiel Aktien der Firma Novartis kaufen, ist dies eine Direktanlage. Sie sind Aktionär, werden im Aktionärsregister eingetragen (bei Namenaktien), können an der Generalversammlung teilnehmen und tragen die Chancen und Risiken dieser Anlage. Auch erhalten Sie, sofern von der Generalversammlung beschlossen, eine Dividendenzahlung.

Um das Anlagerisiko zu reduzieren, sollten Sie Aktien von mehreren Unternehmen kaufen – aus unterschiedlichen Branchen und verschiedenen Ländern. Im Idealfall streuen Sie Ihre Aktienanlagen weltweit. Falls Ihnen dafür das nötige Kapital fehlt und weil aus zu vielen kleinen Positionen hohe Kaufgebühren entstehen, kann eine Anlage in einen Aktienfonds sinnvoll sein. Dann übernimmt der Fonds die Diversifikation für Sie.

TIPP *Achten Sie auf einfache, kostengünstige und transparente Anlagefonds. Exchange Traded Funds (ETF) sowie Indexfonds bieten Ihnen diese Möglichkeit. Verlangen Sie von Ihrem Berater im Anlagevorschlag explizit auch solche Anlageinstrumente.*

Alternative Anlagen

Auch dafür gibt es die Möglichkeit einer Direktanlage – zum Beispiel mit dem Kauf einer Liegenschaft oder eines Goldbarrens – oder einer indirekten Anlage via Fonds, etwa über Anteilscheine eines Immobilienfonds.

Versicherungsprodukte

Auch die Versicherungsgesellschaften bieten diverse Anlageprodukte an. Im Unterschied zur reinen Banklösung erhalten Sie mit der Einbettung in eine Police immer auch einen Versicherungsschutz. Die Frage ist allerdings, ob Sie diesen Schutz überhaupt benötigen.

Ein garantiertes Todesfallkapital zum Beispiel ist sinnvoll, um den Hinterbliebenen ein finanzielles Polster zu hinterlassen. Denn durch den Todesfall reduziert sich das Einkommen (oder fällt sogar ganz weg) und die Hypothekarlast auf einem Eigenheim kann zu hoch werden. Wenn jemand hingegen ledig ist, keine Schulden oder andere finanziellen Verpflichtungen hat, ist der Nutzen eines Todesfallkapitals fraglich.

Wählen Sie eine Leibrente, übertragen Sie das Langlebigkeitsrisiko der Versicherungsgesellschaft und müssen sich nicht mehr um die Anlage Ihres Geldes kümmern. Die Rentenhöhe ist von Ihrem Alter beim Abschluss sowie den Renditen auf den Finanzmärkten abhängig. Eine Leibrente kann sinnvoll sein, wenn Sie zum Beispiel nur eine Rente aus der 1. Säule beziehen und einen Teil der Budgetlücke für Ihr ganzes Leben absichern möchten (siehe auch Seite 124). Im aktuellen Zinsumfeld allerdings werden kaum noch Leibrentenversicherungen verkauft.

TIPPS *Lassen Sie sich die Vor- und Nachteile der einzelnen Versicherungsprodukte genau erklären und fragen Sie nach, wenn Ihnen etwas unklar ist. Kaufen Sie nur Produkte, die Sie verstehen und die zu Ihrem Risikoprofil passen. Fragen Sie sich auch, für welches Anlageziel das Produkt eingesetzt werden soll.*

Wenn Sie nur das Invaliditäts- und/oder Todesfallrisiko versichern wollen, sind Sie mit einer reinen Risikoversicherung besser bedient.

Je nach Ausgestaltung der Versicherungspolice profitieren Sie von steuerlichen Vorteilen. Ihr Finanzberater kann Ihnen zeigen, welche Kriterien dazu erfüllt sein müssen.

Wählen Sie die richtige Sparvariante

Die richtige Anlagevariante ist von Ihrem Risikoprofil und massgeblich auch vom Anlagehorizont abhängig (mehr dazu lesen Sie ab Seite 125). Folgende Grundsätze sollten Sie beachten:

- Gelder, die **kurzfristig** zur Verfügung stehen müssen, sind als Kontoguthaben zu halten. Die Rendite ist zwar sehr bescheiden, kann nach Steuern, Kosten und unter Berücksichtigung der Inflation sogar negativ sein. Dafür bestehen keine Risiken in Form von Vermögensschwankungen. Auf kurze Sicht ist die Deckung der finanziellen Lücken in Ihrem Pensionierungsbudget relevant, nicht die Rendite. Kontenguthaben lassen sich mit der Sauerstoffzufuhr für Ihren Körper vergleichen: Um zu überleben, benötigen Sie Sauerstoff, und zwar jetzt. Also steht die Zufuhr des Sauerstoffs im Vordergrund.

- Mittel, die Sie **später** benötigen, können durchaus auch in Wertschriften und/oder Versicherungspolicen angelegt werden. Das aktuelle Zinsumfeld beeinflusst Ihren Anlageentscheid. Im Zinsumfeld von 2018 etwa ist es für die Privatanleger nicht sinnvoll, eine zehnjährige Schweizer Bundesanleihe zu kaufen. Diese bringt eine negative Verfallsrendite, nach Berücksichtigung sämtlicher Kosten und den Steuern wird der Verlust sogar noch höher. Und sollte in Zukunft Inflation herrschen, werden die Aussichten noch düsterer.

Vermögenswerte, die Sie **langfristig** investieren können, dürfen Sie auch zum Zeitpunkt der Frühpensionierung noch in Aktien anlegen (oder als Aktienanlage belassen). In der Vergangenheit haben Aktien über längere Fristen (rund 20 Jahre) Jahresdurchschnittsrenditen zwischen 5 und 8 Prozent erzielt. Allerdings müssen Sie bereit und in der Lage sein, teilweise heftige Schwankungen zu akzeptieren (siehe Grafiken auf den Seiten 132 und 140).

Vermögensanlagen richtig staffeln

Zentral ist, dass Ihre gesamten Vermögensanlagen auf Ihre Verpflichtungen abgestimmt angelegt werden. Im Fachjargon nennt sich das Asset and Liability Management, kurz ALM. Daraus ergeben sich unterschiedliche Anlagehorizonte, die Sie mit den diversen Anlageinstrumenten und -formen bestmöglich ausnutzen können. Vergessen Sie dabei nicht, eine eiserne Reserve zu halten, damit Unvorhergesehenes – etwa der Ausstieg der Heizung in Ihrer Liegenschaft – finanziell abgesichert ist. Ein Konzept, mit dem Sie dieses Abstimmen gut in den Griff bekommen, wird detailliert im nächsten Kapitel beschrieben (siehe Seite 177).

TIPP *Diversifizieren Sie Ihre Geldanlagen und berücksichtigen Sie bei der Portfoliozusammensetzung den jeweiligen Anlagehorizont.*

Mario. C – Planung schon ab 40

Mario C., alleinstehend, ist 40 Jahre alt und hat in seiner Firma soeben eine Führungsfunktion übernommen. Er wird von seinen Kolleginnen und Kollegen als sehr strukturiert und vorausplanend beschrieben. So macht er sich bereits heute Gedanken über seine Pensionierung. Sein Ziel ist es, spätestens mit 60 in den Ruhestand zu gehen und dann auch genügend Geld zur Verfügung zu haben, um seinem grossen Hobby, dem Fotografieren, nachzugehen. Dazu möchte er noch zahlreiche Länder dieser Erde bereisen und erkunden.

Mit seiner neuen beruflichen Aufgabe und der grösseren Verantwortung ist auch ein höherer Lohn verbunden. Nun sieht Herr C. die Möglichkeit, einen grösseren Teil seines Einkommens zu sparen und so die vorzeitige Pensionierung zu finanzieren. Seine monatliche Sparquote beläuft sich auf 2000 Franken. Für seine Planung hat er auch ein Budget aufgestellt. Er geht davon aus, dass er auch im Ruhestand ungefähr dieselben Ausgaben haben wird. Dazu werden jedoch noch die Kosten für die Reisen von 25 000 Franken pro Jahr kommen.

Bei der AHV rechnet Herr C. mit einer Rente von 25 000 Franken, seine Pensionskassenrente mit 60 beträgt gemäss dem aktuellen Vorsorgeausweis 50 000 Franken. Mario C. geht aber davon aus, dass er aufgrund der aktuellen Entwicklung der Umwandlungssätze nur eine Rente von rund 35 000 Franken erhalten wird.

Mario C. errechnet aus seinem Budget folgenden Kapitalbedarf bis zum Alter 85:

Ausgabenüberschuss ab Alter 60 (5 Jahre)	Fr. 215 000.–
Ausgabenüberschuss ab Alter 65 (20 Jahre)	Fr. 400 000.–
Total Kapitalbedarf	Fr. 615 000.–

Um dieses Kapital in den nächsten 20 Jahren anzusparen, sind – je nach Zins – folgende monatliche Sparbeträge notwendig:

- Zins 1 %: Fr. 2315.–
- Zins 2 %: Fr. 2086.–
- Zins 3 %: Fr. 1873.–
- Zins 4 %: Fr. 1677.–
- Zins 5 %: Fr. 1496.–

Auch mit seinem hohen Budget von jährlich 80 000 Franken ist Mario C.s Wunsch nach einer vorzeitigen Pensionierung durchaus realistisch – vorausgesetzt, er hat die nächsten 20 Jahre etwa dasselbe Einkommen und spart diszipliniert. Dabei kann er bei einer Anlagedauer von 20 Jahren durchaus auch ein höheres Risiko eingehen und so höhere Renditen erzielen.

BUDGET VON MARIO C.

	Mit 60 Jahren	Ab 65 Jahren
Einnahmen		
AHV-Rente		Fr. 25 000.–
Pensionskassenrente	Fr. 35 000.–	Fr. 35 000.–
Total Einnahmen	**Fr. 35 000.–**	**Fr. 60 000.–**
Ausgaben		
Lebenshaltungskosten	Fr. 20 000.–	Fr. 20 000.–
Kosten Eigentumswohnung	Fr. 25 000.–	Fr. 25 000.–
Krankenkasse	Fr. 5 000.–	Fr. 5 000.–
Reisen	Fr. 25 000.–	Fr. 25 000.–
Steuern	Fr. 3 000.–	Fr. 5 000.–
Total Ausgaben	**Fr. 78 000.–**	**Fr. 80 000.–**
Einnahmen-/Ausgabenüberschuss		
Total Einnahmen	Fr. 35 000.–	Fr. 60 000.–
Total Ausgaben	Fr. 78 000.–	Fr. 80 000.–
Ausgabenüberschuss	**Fr. –43 000.–**	**Fr. –20 000.–**

4

Die Früh-pensionierung planen

In den bisherigen Kapiteln haben Sie das Drei-Säulen-Konzept der Altersvorsorge sowie die Möglichkeiten einer vorzeitigen Pensionierung in den drei Säulen kennengelernt und einiges über Anlagestrategien erfahren. Nun geht es konkret an die Planung Ihrer vorzeitigen Pensionierung. Sie finden eine Zusammenfassung der finanziellen Auswirkungen und erfahren, welche Massnahmen Sie ergreifen können, um Ihr Ziel zu erreichen.

Was kostet die Frühpensionierung?

Wie hoch sind die effektiven Kosten Ihrer Frühpensionierung? Viel höher, als man denkt. Die wichtigsten Faktoren: Es fehlt Ihnen der Lohn aus den letzten Jahren der Erwerbszeit und Sie müssen mit Rentenkürzungen rechnen. Auf den folgenden Seiten erfahren Sie, wie Sie sich einen Überblick über die Kosten verschaffen.

Wie viel Ihre frühzeitige Pensionierung kostet, hängt ganz entscheidend von Ihrer persönlichen Lebenserwartung ab. Natürlich können Sie in Ihrer Planung den statistischen Erfahrungswert von 85 Jahren individuell anpassen – Ihr Gesundheitszustand und das Alter, das Ihre Eltern, Grosseltern etc. erreicht haben, sind Anhaltspunkte dafür. Setzen Sie den Wert aber nicht zu tief an; Sie wiegen sich sonst in einer falschen Sicherheit. Bei einer derart langfristigen Planung empfiehlt es sich, eher vorsichtig zu kalkulieren, damit böse Überraschungen möglichst ausbleiben.

INFO *Dieser Ratgeber geht von einer Lebenserwartung von 85 Jahren aus. Ab dem ordentlichen Rentenalter mit 64 respektive 65 sind das also rund 20 Jahre. In den Berechnungen werden Sie daher immer wieder den Faktor 20 antreffen.*

Die Gesamtkosten einer Frühpensionierung setzen sich zusammen aus dem Lohnausfall sowie den Rentenkürzungen bei den verschiedenen Sozialversicherungen:

	Kosten Lohnausfall
+	Kosten der 1. Säule
+	Kosten der 2. Säule
=	Total Kosten einer Frühpensionierung

Auf den folgenden Seiten wird diese Berechnung am Beispiel von Reto G., einem alleinstehenden Mann kurz vor der frühzeitigen Pensionierung, durchgespielt.

Der Lohnausfall

Die weitaus grössten Kosten entstehen durch den Lohnausfall. Angenommen, Sie verdienen 80 000 Franken pro Jahr und lassen sich mit 60 Jahren pensionieren. Dann fehlen Ihnen als Mann nur schon deswegen 400 000 Franken (als Frau 320 000). Auf der anderen Seite fallen einige Auslagen weg: Sie müssen gewisse Sozialversicherungsbeiträge nicht mehr zahlen, etwa an die obligatorische Unfallversicherung (Nichtberufsunfall), die Arbeitslosen- und eventuell eine Krankentaggeldversicherung. Und natürlich fallen auch die effektiven Berufsauslagen weg.

DER JAHRESLOHN VON RETO G. beläuft sich auf brutto 80 000 Franken, netto sind es 67 020 Franken. Seine Berufsauslagen betragen rund 4000 Franken pro Jahr. Wie hoch ist der Lohnausfall, wenn er sich mit 60 pensionieren lässt?

Nettolohn kumuliert (5 × 67 020)	Fr. 335 100.–
– Berufsauslagen (5 × 4000)	– Fr. 20 000.–
Effektiver Lohnausfall	Fr. 315 100.–

Zusätzlich muss Herr G. bis zum ordentlichen Pensionierungsalter Beiträge an die AHV bezahlen. Diese sind im nächsten Schritt berücksichtigt.

TIPP *Für eine grobe Berechnung können Sie Ihren Nettojahreslohn – gegebenenfalls auch den Ihres Mannes, Ihrer Frau – mit der Anzahl Jahre multiplizieren, die Sie früher in Pension gehen möchten. So viel Geld sollte mindestens als freies Vermögen zur Verfügung stehen; sonst wird es schwierig, den frühzeitigen Ruhestand zu finanzieren.*

Finanzielle Auswirkungen in der 1. Säule

Gemäss den aktuellen gesetzlichen Bestimmungen kann die Rente der AHV um ein Jahr oder um zwei Jahre vorbezogen werden. Die Kürzung der Rente beträgt 6,8 Prozent pro Vorbezugsjahr und die Reduktion gilt lebenslang. Bei Ehepaaren mit Plafonierung wird die Rente des Ehegatten gekürzt, der sie vorzeitig bezieht.

RETO G. LÄSST SICH MIT 60 vorzeitig pensionieren. Er will seine AHV-Rente so früh wie möglich beziehen – also mit 63. Da er früher deutlich mehr verdient hat, hätte er gemäss der Rentenvorausberechnung der AHV-Ausgleichskasse Anspruch auf die maximale Rente von 2350 Franken pro Monat; mit dem Vorbezug um zwei Jahre erhält er noch 2030 Franken. Das sind 3840 Franken weniger pro Jahr.

Die Kürzung bei der AHV ist einfach zu bestimmen, da es sich um einen fixen Prozentsatz handelt (6,8 Prozent bei einem Jahr, 13,6 Prozent bei zwei Jahren). Was das in Franken bedeutet, sehen Sie im Kasten.

Wie hoch die effektiven Kosten einer vorzeitigen Pension bei der AHV schliesslich ausfallen, hängt von zwei Faktoren ab: Wird die Rente vorbezogen oder nicht? Wie hoch ist die Lebenserwartung?

RENTENKÜRZUNGEN BEI DER AHV

Rente	Kürzung pro Monat	
	1 Jahr Vorbezug	2 Jahre Vorbezug
Minimalrente Fr. 1175.–	Fr. 80.–	Fr. 160.–
Maximalrente Fr. 2350.–	Fr. 160.–	Fr. 320.–
Maximale plafonierte Rente Fr. 3525.– (Vorbezug durch beide Ehegatten)	Fr. 240.–	Fr. 480.–

DIE RENTENKÜRZUNG FÜR RETO G. beträgt 320 Franken pro Monat oder 3840 Franken pro Jahr. Bis zum ordentlichen Rentenalter muss er zudem AHV-Beiträge als Nichterwerbstätiger bezahlen. Er rechnet mit der statistischen Lebenserwartung von 85 Jahren. Was kostet ihn die Frühpensionierung bei der AHV?

Rentenkürzung bis Alter 85 (20 × 3840)	Fr.	76 800.—
– Vorbezug 2 Jahresrenten ab Alter 63 (24 × 2030)	– Fr.	48 720.—
+ 5 Jahre Beiträge als Nichterwerbstätiger (abhängig von den Vermögensverhältnissen)	+ Fr.	9 737.50
+ Verwaltungskosten AHV (bis 5 Prozent)	+ Fr.	292.10
Total Kosten	Fr.	38 109.60

Würde Herr G. seine AHV-Rente nicht vorbeziehen, würden die Kosten bei der AHV nur 10 030 Franken ausmachen (Beiträge als Nichterwerbstätiger plus Verwaltungskosten). Da die AHV-Rente dann aber erst mit 65 ausgezahlt würde, müsste Herr F. die fehlenden Einnahmen von 48 720 Franken aus seinem Vermögen finanzieren. Dafür würde die Rentenkürzung von 76 800 Franken (über 20 Jahre) nicht zum Tragen kommen.

TIPP *Sofern genügend finanzielle Mittel vorhanden sind, sollten Sie die AHV-Rente nicht vorbeziehen. Die Kürzungen sind aktuell zu hoch. Ein Vorbezug lohnt sich langfristig nicht.*

Finanzielle Auswirkungen in der 2. Säule

Die finanziellen Auswirkungen in der 2. Säule sind vielschichtiger und dadurch auch schwieriger zu definieren. Verschiedenste Faktoren spielen eine Rolle. Es empfiehlt sich daher, die Kürzung nicht selber zu berechnen, sondern sie bei der aktuellen Pensionskasse zu erfragen.

TIPP *Der einfachste und sicherste Weg ist, die voraussichtliche Rente per gewünschtes Pensionsdatum durch die Pensionskasse berechnen zu lassen.*

RETO G. HAT VOR, sein Pensionskassenguthaben als Rente zu beziehen. Geht er mit 60 in den Ruhestand, erhält er laut Berechnung der Pensionskasse eine Rente von 20 624 Franken jährlich. Würde er bis 65 arbeiten, läge die Rente bei 29 000 Franken. Wie hoch sind die Kosten der frühzeitigen Pensionierung?

Kürzung pro Jahr (29 000 – 20 624)	Fr.	8 376.—
Kürzung bis Alter 85 (20 × 8 376)	Fr.	167 520.—
– 5 Jahresrenten ab Alter 60 (5 × 20 624)	– Fr.	103 120.—
– 5 Arbeitnehmerbeiträge (5 × 5532.50)	– Fr.	27 662.50
Total	Fr.	36 737.50

Auch wenn Herr G. sein Pensionskassenguthaben als Kapital bezieht, muss er mit Kürzungen rechnen. Denn es fehlen ihm die Beiträge von fünf Erwerbsjahren sowie die Zinsgutschriften für diese Zeit.

TIPP *Nicht vergessen sollten Sie, dass Sie als pensionierte Person nicht mehr über die obligatorische Unfallversicherung Ihres Arbeitgebers abgedeckt sind. Wenn Sie die Erwerbstätigkeit ganz aufgeben, müssen Sie die Unfalldeckung bei der Krankenkasse einschliessen, was eine kleine Mehrprämie zur Folge hat. Die Deckung über die obligatorische Unfallversicherung läuft noch 31 Tage nach Ihrem Austritt aus dem Erwerbsleben. Tragen Sie einen Termin in Ihrer Agenda ein, um rechtzeitig die Unfalldeckung bei der Krankenkasse abzuschliessen.*

Finanzielle Auswirkungen in der 3. Säule

Die effektiven Kosten in der 3. Säule zu beziffern, ist schwierig. In der **Säule 3a** spielen drei Faktoren eine Rolle:

- Wenn Sie mit 60 Jahren bereits in Pension gehen, können Sie keine Einzahlungen in die gebundene Vorsorge mehr tätigen. Dadurch reduziert sich zwar das Guthaben bei der Auszahlung, auf der anderen Seite haben Sie aber auch keine Aufwendungen mehr.
- Meist werden 3a-Guthaben mit einem etwas höheren Zinssatz verzinst als andere Spargelder, auch davon profitieren Sie nicht mehr – ausser Sie lassen das Geld bis zum ordentlichen Pensionsalter liegen. Im aktuellen Zinsumfeld ist diese Differenz allerdings sehr klein und vernachlässigbar.
- Da Sie keine Einzahlungen mehr in die Säule 3a leisten, können Sie diese auch nicht mehr von Ihrem steuerbaren Einkommen abziehen. Dies kann zu einer höheren Steuerbelastung führen.

Zur **Säule 3b** gehören alle übrigen Vermögenswerte, die Sie im Lauf Ihrer Erwerbstätigkeit angespart haben. Gehen Sie frühzeitig in Pension, hört diese Ansparphase früher auf und der Verzehr des Vermögens fängt früher an. Je nach Situation ist dieser Vermögensverzehr höher oder tiefer. Auch diese Kosten lassen sich daher nur sehr individuell berechnen.

Ist die vorzeitige Pensionierung finanzierbar?

Sind die einzelnen Kosten alle bekannt, lässt sich leicht errechnen, wie teuer einen die vorzeitige Pensionierung zu stehen kommt.

RETO G. ZÄHLT DIE KOSTEN aus seinen Berechnungen zusammen. Allfällige Kosten in der 3. Säule lässt er vorerst mal weg.

Kosten Lohnausfall	Fr. 315 100.00
+ Kosten in der 1. Säule	Fr. 38 109.60
+ Kosten in der 2. Säule	Fr. 36 737.50
= Total Kosten der Frühpensionierung	Fr. 389 947.10

Ein stolzer Betrag! Er entspricht dem Vermögensverlust durch die vorzeitige Pensionierung. Würde Herr G. bis zur ordentlichen Pensionierung weiterarbeiten, hätte er langfristig gesehen gegen 400 000 Franken mehr Vermögen.

Aber Achtung: Die Frage ist ja nicht, wie viel Vermögen Sie mit 85 noch haben werden. Wer sich frühzeitig pensionieren lässt, ist sich sehr wohl bewusst, dass er oder sie für die gewonnene Freiheit einiges vom Vermögen aufwenden muss. Dafür hat man schliesslich gespart. Die Kosten allein zeigen noch nicht auf, ob Sie sich den früheren Ruhestand leisten können oder nicht. Dazu müssen Sie auch Ihre Einnahmen und Ausgaben (Budget, siehe Seite 13) berücksichtigen.

Sollte sich zeigen, dass Sie auch mit den tieferen Renten alle laufenden Kosten decken können, ist eine vorzeitige Pensionierung problemlos realisierbar. Dies entspricht aber nur selten der Realität. Meist genügen die Renten nicht und Sie müssen von Ihrem Kapital zehren. Ob Ihr Vermögen dafür ausreicht, hängt – abgesehen von der Lücke im Budget – unter anderem auch vom Vermögensertrag ab (mehr dazu ab Seite 168). Reto G. rechnet fürs Erste nicht mit Vermögenserträgen.

RETO G. LÄSST SICH MIT 60 frühzeitig pensionieren. Die Pensionskassenrente erhält er ab diesem Zeitpunkt, die AHV-Rente bezieht er ab Alter 63. Seine jährlichen Ausgaben belaufen sich auf 53 000 Franken. Wie viel Vermögen ist mindestens notwendig, um die laufenden Kosten langfristig zu decken?

WIE VIEL VERMÖGEN BRAUCHT RETO G.?

	Ab Alter 60	Ab Alter 63
Einkünfte pro Jahr		
AHV-Rente		Fr. 24360.–
Pensionskassenrente	Fr. 20624.–	Fr. 20624.–
Total Einnahmen	**Fr. 20624.–**	**Fr. 44984.–**
Budgetlücke pro Jahr		
Einnahmen	Fr. 20624.–	Fr. 44984.–
– Ausgaben gemäss Budget	– Fr. 53000.–	– Fr. 53000.–
Ausgabenüberschuss	**Fr. 32373.–**	**Fr. 8016.–**
Notwendiges Vermögen bis Alter 85		
Ausgabenüberschuss Alter 60 bis 63 (3 × Fr. 32276.–)		Fr. 97128.–
Ausgabenüberschuss Alter 63 bis 85 (22 × Fr. 8016.–)		Fr. 176352.–
Total		**Fr. 273480.–**

Herr G. benötigt also ein Vermögen von gut 270000 Franken (ohne Verzinsung), um seine Lebenshaltungskosten langfristig zu finanzieren. Einen grossen Einfluss auf die Finanzierbarkeit der vorzeitigen Pensionierung hat das Budget respektive die Ausgaben. Oder anders gesagt: Je mehr kostspielige Unternehmungen Sie sich für die Zeit des Ruhestands vorgenommen haben, desto mehr Vermögen muss vorhanden sein. Bei Ausgaben von nur 1000 Franken mehr pro Monat würde der für Herrn G. notwendige Betrag auf über 550000 Franken ansteigen, also auf rund das Doppelte.

TIPP *Viel hängt von Ihren laufenden Ausgaben ab. Je tiefer Ihre Fixkosten ausfallen, desto eher ist eine vorzeitige Pensionierung möglich. Prüfen Sie daher beim Erstellen des Budgets, ob es die eine oder andere Ausgabe auch künftig noch braucht und wo allenfalls Sparpotenzial vorhanden ist.*

Im Onlineangebot finden Sie eine Excel-Vorlage, mit der Sie Ihre Einnahmen und Ausgaben einander gegenüberstellen und den Ausgabenüberschuss berechnen können (www.beobachter.ch/download).

Ein weiterer Punkt ist in diesem Beispiel nicht berücksichtigt: die Verzinsung Ihres Vermögens. Geld, das Sie erst mit 80 brauchen, muss ja nicht auf dem zwar sicheren, aber völlig unrentablen Sparkonto liegen. Je länger die Zeitspanne, während der Sie einen bestimmten Vermögensteil nicht benötigen, desto eher dürfen Sie dafür besser rentierende, aber auch riskantere Anlagen in Betracht ziehen. Diese Überlegungen finden Sie auf den nächsten Seiten.

Planen und sparen während der letzten Erwerbsjahre

Die Frühpensionierung kostet eine schöne Stange Geld. Je früher Sie konsequent auf dieses Ziel hin sparen, desto wahrscheinlicher wird es, dass Sie es erreichen. Einerseits müssen Sie das wegfallende Einkommen kompensieren, anderseits haben Sie weniger Zeit, um Kapital anzusparen.

Es ist nicht nur das wegfallende Erwerbseinkommen, das Sie kompensieren müssen. Häufig steigen mit der Pensionierung die Ausgaben – mehr Freizeit bedeutet mehr Konsummöglichkeiten. Auf der Einnahmenseite stehen die Pensionskassenleistungen. Die AHV-Rente dagegen können Sie je nach Zeitpunkt noch gar nicht vorbeziehen, oder Sie entscheiden sich wegen der Kürzungen, auf den Vorbezug zu verzichten (mehr dazu auf Seite 55).

In der verbleibenden Zeit der Erwerbsphase gilt es nun, das für die Frühpensionierung benötigte Kapital aufzubauen. Je früher Sie ermitteln, wie hoch Ihr Bedarf ist, desto mehr Zeit steht Ihnen zur Verfügung und desto einfacher ist es, den nötigen Betrag zusammenzusparen. Doch wer macht sich mit 40 Jahren schon Gedanken zur frühzeitigen Pensionierung? Ein Thema wird dies eher ab etwa 50 oder 55. Aus diesem Grund bauen die Beispiele und Berechnungen auf den folgenden Seiten auf diesem Alter auf.

INFO *Die Überlegungen zum Kapitalaufbau und später zum Vermögensverzehr werden auf den folgenden Seiten am Beispiel von Maurus B. konkret durchgespielt. Herr B. ist zu Beginn seiner Planung 55 Jahre alt; er will mit 63 in Pension gehen und die Zeit bis zu seinem 88. Geburtstag finanziell abdecken können. Das ist etwas mehr als die durchschnittliche Lebenserwartung. Selbstverständlich werden Sie in Ihre Überlegungen Ihre eigenen Eckdaten einbauen. Die Sparrechner unter www.beobachter.ch/download helfen Ihnen dabei.*

MEHR KAPITALBEDARF BEI FRÜHZEITIGER PENSIONIERUNG

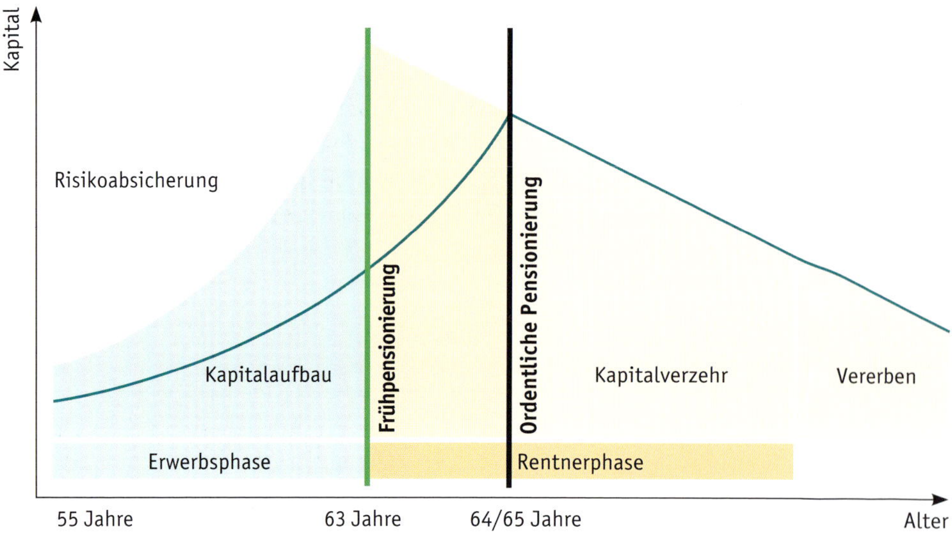

Die Zeit der Erwerbstätigkeit nutzen

Ab dem Moment, da Sie sich zur frühzeitigen Pensionierung entscheiden, gilt es, die verbleibende Erwerbszeit für den Kapitalaufbau zu nutzen. Zins und Zinseszins werden Ihnen dabei helfen. Je mehr Zeit Ihnen bis zur Pensionierung bleibt, desto länger ist Ihr Anlagehorizont und desto mehr Rendite werden Sie mit geschickten Investitionen erwirtschaften können.

SEIT SEINER JUGENDZEIT ist Maurus B. mit den Bergen verbunden und auch heute mit 55 fasziniert ihn die Bergwelt. Er geniesst es immer wieder, weit weg vom Alltagsstress hoch auf den Gipfeln zu stehen. Herr B. möchte sich frühzeitig pensionieren lassen, um möglichst bald auch wochenlange Touren zu unternehmen und im Ausland lockende Berggipfel zu erklimmen. Im Idealfall – so hat er ausgerechnet – ist die Frühpensionierung mit 63 realisierbar.

Die Ausgangslage ermitteln

Am Anfang des erfolgreichen Sparens auf die Frühpensionierung steht eine Auslegeordnung: Wie viel ist auf Konten, im Depot bereits vorhanden? Was haben Sie in der Säule 3a angespart? Die finanzielle Ausgangslage von Herrn B. mit 55 sehen Sie im Kasten.

Beim 3a-Vorsorgekonto ohne Einzahlungen erhöht sich das Guthaben dank der jährlichen Ertragsgutschriften. Auf das andere 3a-Vorsorgekonto wird Herr B. in den nächsten Jahren jeweils das mögliche Maximum einzahlen. Dank der zwei Konten wird er flexibler sein beim Bezug und kann die Steuer auf der Kapitalauszahlung möglicherweise optimieren (siehe Seite 90).

DAS VERMÖGEN VON MAURUS B.

Vermögenswerte	Guthaben	Total
Lohnkonto	Fr. 20 000.–	
Sparkonto	Fr. 80 000.–	
Obligationenfonds	Fr. 50 000.–	
Aktienfonds	Fr. 20 000.–	
Immobilienfonds	Fr. 20 000.–	
Strategiefonds	Fr. 40 000.–	
Total frei verfügbares Vermögen		**Fr. 230 000.–**
3a-Vorsorgekonto (keine weiteren Einzahlungen)	Fr. 50 000.–	
3a-Vorsorgekonto (mit Einzahlungen)	Fr. 20 000.–	
Total gebundenes Vermögen		**Fr. 70 000.–**
Gesamtguthaben		**Fr. 300 000.–**

Nicht aufgeführt ist das Guthaben in der Pensionskasse. Sofern Herr B. zum Zeitpunkt der Frühpensionierung das Kapital bezieht, wird er dies als Vermögenswert einsetzen. Bezieht er eine Rente, erhöht sich sein Vermögen nicht, dafür wird seine Einkommenslücke kleiner.

TIPP *Beim Kapitalbezug von Vorsorgegeldern (Pensionskasse, Säule 3a) fallen einmalig Steuern an. Berücksichtigen Sie dies in Ihrer Planung, indem Sie von der Auszahlungssumme 10 Prozent abziehen. Den genauen Betrag kann Ihr Finanzberater ermitteln.*

Sparen auf das Ziel

Ein realistisches Budget ist das A und O Ihrer Planung (siehe auch Seite 13). Nehmen Sie sich Zeit, um es zu erstellen. Vielleicht hilft Ihnen die E-Banking-Auswertung oder eine App, Ihre Einnahmen und Ausgaben möglichst realistisch abzubilden. Einen Erhebungsbogen finden Sie im Anhang und unter www.beobachter.ch/download, verschiedene Referenzbudgets bei der Budgetberatung Schweiz (www.budgetberatung.ch).

MAURUS B. HAT AUSGERECHNET, dass er ab 55 monatlich 800 Franken auf die hohe Kante legen kann. 500 Franken zahlt er in sein 3a-Konto ein, das – so nimmt er an – über die nächsten acht Jahre durchschnittlich 1 Prozent Rendite abwirft. Die restlichen 300 Franken spart Herr B. in der Säule 3b. Aus der monatlichen Sparquote von 800 Franken sind acht Jahre später bei der Pensionierung insgesamt 80 000 bis 96 000 Franken geworden. Davon muss Herr B. noch die Kapitalleistungssteuer auf der Auszahlung der Säule 3a abziehen.

Vielleicht gelingt es Herrn B. bei kritischer Betrachtung seines Budgets, die Ausgaben noch weiter zu reduzieren und seine monatliche Sparquote in der freien Vorsorge von 300 auf 500 Franken zu erhöhen. Dann erhöht sich sein Gesamtguthaben aus den Sparanstrengungen je nach Verzinsung auf 98 000 bis knapp 118 000 Franken.

TIPP *Prüfen Sie in Ihrem Budget, ob sich einzelne Ausgaben optimieren lassen. Schon vermeintlich kleine Beträge – etwa der tägliche Kaffee vom Take-away vor Arbeitsbeginn – ergeben übers Jahr ansehnliche Summen.*

ENTWICKLUNG DES SÄULE-3A-KONTOS VON MAURUS B.

(Sparbetrag: 500 Franken pro Monat, Zins: 1 %)

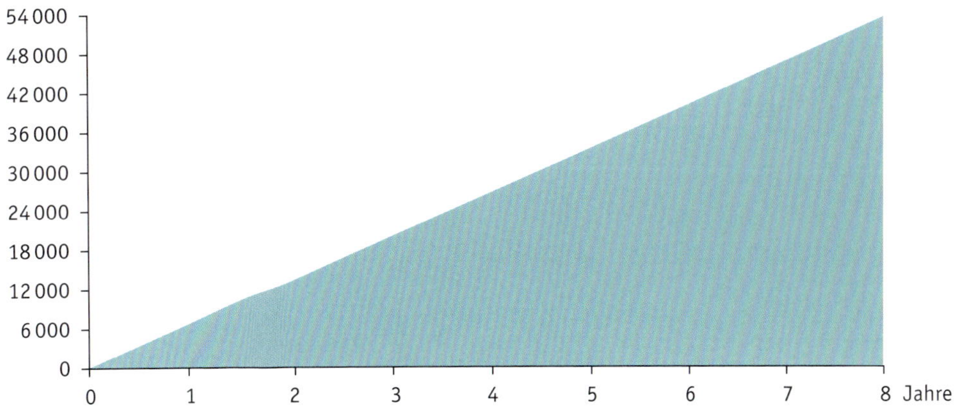

Das Guthaben in der Säule 3a erhöht sich um knapp 50 000 Franken.

ENTWICKLUNG DER SÄULE 3B VON MAURUS B.

(Sparbetrag: 500 Franken pro Monat, Zins: 1 %)

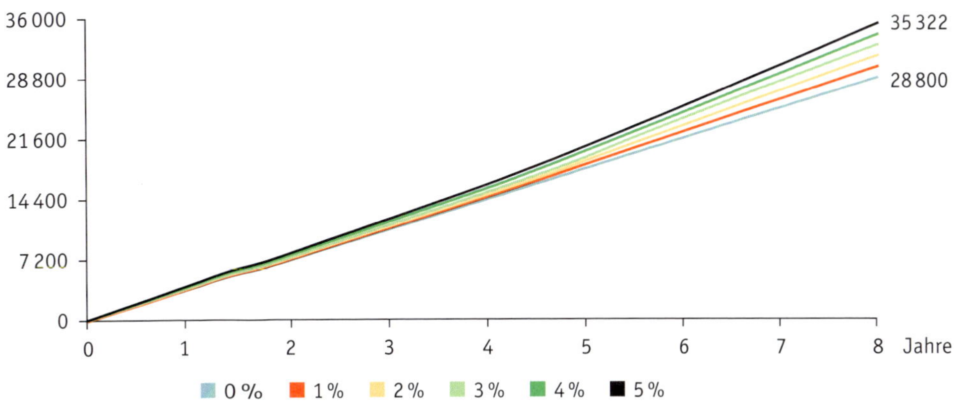

Je nach Verzinsung bildet sich ein Kapital zwischen knapp 30 000 und 36 000 Franken.

ENTWICKLUNG DES VERMÖGENS VON MAURUS B.
(Anlagesumme: 300 000 Franken)

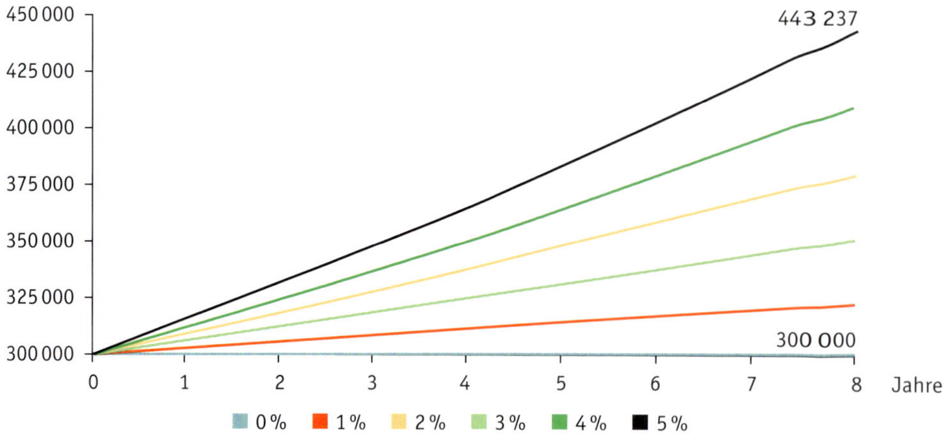

Entwicklung des bestehenden Vermögens

Das bestehende Vermögen von Maurus B. wird in den acht Jahren ebenfalls anwachsen. Auch hier ist entscheidend, zu welcher Rendite er das Kapital anlegen kann. Je nach Zinssatz entwickelt sich das Vermögen auf 300 000 bis 443 000 Franken (siehe Grafik). Und auch hier muss Herr B. die Kapitalleistungssteuer von rund 5 bis 10 Prozent (je nach Kanton, Gemeinde, Religion und Steuertarif) auf der Auszahlung der Säule 3a berücksichtigen.

Optimierungsmöglichkeiten

Zum Zeitpunkt der Frühpensionierung brauchen Sie noch nicht Ihr gesamtes Sparguthaben. Dann setzt zwar der Vermögensverzehr ein – und in den ersten Jahren benötigen Sie möglicherweise viel Geld. Doch ein Teil des Gesparten ist ja für die Jahre ab 70 und mehr bestimmt, kann also in schwankungsanfälligere Anlageprodukte investiert werden (mehr dazu, wie Sie den Vermögensverzehr strukturieren, lesen Sie ab Seite 173).

Was aber, wenn Sie feststellen, dass Ihre Frühpensionierung trotz Sparen und Vermögensentwicklung nicht finanzierbar ist? Werfen Sie nicht gleich die Flinte ins Korn, sondern prüfen Sie folgende Massnahmen:

- Budget realistisch anpassen – und zwar sowohl das jetzige, um die Sparquote zu erhöhen, als auch das Budget nach der Pensionierung, um künftige Finanzlücken zu reduzieren
- Prüfen, ob für bestehende Anlagen andere rentablere Anlagestrategien infrage kommen (siehe Seite 136)
- Teure Finanzprodukte durch kostengünstige ersetzen (siehe Seite 144).
- Eine Pensionierung in Teilschritten prüfen (siehe Seite 86)
- Prüfen, ob Erbvorbezüge möglich sind respektive eine Erbschaft zu erwarten ist

Budget ab Frühpensionierung

Setzen Sie für die Zeit ab Frühpensionierung ein neues Budget auf. Darin soll auch die nun zusätzlich verfügbare Freizeit Niederschlag finden: Endlich gehen Sie auf die lang ersehnte Reise, Sie unternehmen mehr kleinere Ausflüge, widmen sich intensiv Ihrem Hobby, renovieren das Eigenheim ... Besonders zu Beginn der Frühpensionierung fallen häufig Zusatzausgaben an. Vergessen Sie auch nicht, dass Sie bis zum ordentlichen Rentenalter AHV-Beiträge zu entrichten haben (siehe Seite 56).

In den jungen Jahren der Frühpensionierung dürfen und sollen Sie Ihre Zeit geniessen. Ab einem gewissen Alter werden Sie vermutlich weniger Ausgaben für Freizeitaktivitäten haben, was das Budget entlastet. Anderseits können dann neue Kosten hinzukommen, insbesondere Gesundheitskosten.

Ihre Ausgaben sind nicht jeden Monat gleich hoch: die Steuerrechnung bezahlen Sie in ein bis drei Raten pro Jahr, Versicherungsprämien fallen einmal jährlich an, die Ferienausgaben konzentrieren sich auf bestimmte Monate ... Stellen Sie also zuerst das Budget für jeden Monat auf, um zu sehen, wann welche Lücken vorhanden sind. Dann führen Sie die Daten zusammen und erkennen, was dies für Ihr Jahresbudget bedeutet.

MAURUS B. WILL SICH ENDE 2018 mit 63 pensionieren lassen (siehe Beispiel auf Seite 165). Er wird dann eine Pensionskassenrente von 2200 Franken erhalten. Die AHV-Rente will er nicht vorbeziehen. Mit einem detaillierten Budget errechnet Herr B. eine jährliche Lücke von gut 50 000 Franken (siehe nächste Seite).

MONATSBUDGET VON MAURUS B. FÜR DIE JAHRE DER FRÜHPENSIONIERUNG

Monat	Januar	Februar	März	April	Mai	Juni
Einnahmen	2 200	2 200	2 200	2 200	2 200	2 200
Ausgaben	6 000	5 000	6 000	5 000	5 000	5 000
Zusatzausgaben*	2 000			3 000		
Lücke	**–5 800**	**–2 800**	**–3 800**	**–5 800**	**–2 800**	**–2 800**

* zum Beispiel für Reisen

MONATSBUDGET VON MAURUS B. MIT 65

Monat	Januar	Februar	März	April	Mai	Juni
Einnahmen	4 200	4 200	4 200	4 200	4 200	4 200
Ausgaben	6 000	5 000	6 000	5 000	5 000	5 000
Zusatzausgaben*	2 000			3 000		
Lücke	**–3 800**	**–800**	**–1 800**	**–3 800**	**–800**	**–800**

* zum Beispiel für Reisen

DAS JAHRESBUDGET VON MAURUS B. AB DEM ORDENTLICHEN RENTENALTER

Jahr	2021	2022	2023	2024	2025	2026
Alter	65	66	67	68	69	70
Einnahmen	50 400	50 400	50 400	50 400	50 400	50 400
Ausgaben	68 000	68 000	68 000	68 000	68 000	68 000
Zusatzausgaben	12 000	12 000	12 000	12 000	12 000	8 000
Lücke	**–29 600**	**–29 600**	**–29 600**	**–29 600**	**–29 600**	**–25 600**

(ALTER 63 UND 64)

Juli	August	September	Oktober	November	Dezember	Total
2 200	2 200	2 200	2 200	2 200	2 200	**26 400**
5 000	5 000	7 000	5 000	5 000	6 000	**65 000**
		5 000		2 000		**12 000**
–2 800	**–2 800**	**–9 800**	**–2 800**	**–4 800**	**–3 800**	**–50 600**

Juli	August	September	Oktober	November	Dezember	Total
4 200	4 200	4 200	4 200	4 200	4 200	**50 400**
5 000	5 000	10 000	5 000	5 000	6 000	**68 000**
		5 000		2 000		**12 000**
–800	**–800**	**–10 800**	**–800**	**–2 800**	**–1 800**	**–29 600**

2027	2028	2029	2030	2031	2032
71	72	73	74	75	76
50 400	50 400	50 400	50 400	50 400	50 400
68 000	68 000	68 000	68 000	68 000	68 000
8 000	8 000	5 000	5 000	2 000	0
–25 600	**–25 600**	**–22 600**	**–22 600**	**–19 600**	**–17 600**

Wenn Herr B. 65 wird, kommt bei den Einnahmen die AHV-Rente dazu. Dadurch steigen einerseits die regelmässigen Einnahmen. Anderseits fallen auch die Ausgaben etwas höher aus, da die AHV-Rente zu einem höheren steuerbaren Einkommen führt. Insgesamt aber ist die jährliche Lücke deutlich kleiner (siehe vorangehende Seite).

Für die Zeit nach der ordentlichen Pensionierung, also ab 2021, kann Herr B. in Jahresschritten planen. Für die ersten paar Jahre dient als Basis das Total des Budgets mit 65. Herr B. geht davon aus, dass er mit zunehmendem Alter weniger Reisen unternehmen wird und dass sich die Zusatzausgaben entsprechend reduzieren werden.

Und die Inflation?
In dieser vereinfachten Darstellung bleiben die Einnahmen und Ausgaben über alle Ruhestandsjahre gleich hoch. In Realität sind die Ausgaben jedoch von der Inflation betroffen, die auf der Einnahmenseite nur zum Teil ausgeglichen wird. Zwar wird die AHV-Rente gemäss Gesetz an die Lohn- und Preisentwicklung angepasst. Doch bei der Pensionskassenrente gibt es keine solche Vorschrift, da entscheidet der Stiftungsrat.

TIPP *Es empfiehlt sich, die Teuerungsanpassung bei der AHV-Rente in der Budgetplanung nicht zu berücksichtigen. Damit bauen Sie einen kleinen Sicherheitspuffer ein.*

Bei den Ausgaben hingegen sollten Sie die Inflation berücksichtigen. Sie können Ihre budgetierten Ausgaben um jährlich beispielsweise 2 Prozent erhöhen (entspricht der langjährigen durchschnittlichen Inflationsrate in der Schweiz). Oder Sie bilden auf einem separaten Konto eine Rückstellung (siehe auch Seite 185). Für Herrn B. bedeutet eine Inflation von 2 Prozent, dass sich seine jährlichen Ausgaben von 68 000 Franken bis ins Jahr 2032 auf 85 000 Franken erhöhen. Das bedeutet bei gleich bleibenden Einnahmen einen Fehlbetrag von knapp 35 000 statt 17 600 Franken.

TIPP *Überprüfen Sie in regelmässigen Abständen, ob Ihr Budget tatsächlich der Realität entspricht. Zeigt sich, dass die Lücke grösser wird als vorhergesehen, müssen Sie entweder Ihre Ausgaben anpassen oder versuchen, auf dem Vermögen für später höhere Renditen zu erzielen. Sonst ist Ihr Geld früher als geplant aufgebraucht.*

Den Vermögensverzehr planen

Um die Budgetlücken auszugleichen, brauchen Sie sukzessive Ihr Erspartes auf. Wichtig ist, dass dieser Vermögensverzehr systematisch und kontrolliert erfolgt. Sonst besteht die Gefahr, dass das Geld zu früh aufgebraucht ist. Oder dass Sie den Zeithorizont falsch einschätzen und nicht die besten Anlageprodukte einsetzen.

Auch bei der Planung des Vermögensverzehrs ist das langfristige Budget das zentrale Element. Anhand dieser Zahlen wird erst erkennbar, wann wie viel Vermögen bereitstehen muss. Daraus lassen sich die passenden Anlagestrategien ableiten – abhängig von der Zeitspanne, in der Sie das Geld noch nicht benötigen. Zwei Methoden, sich einen Überblick zu verschaffen, lernen Sie auf den folgenden Seiten kennen: die grobe Berechnung mit der Annuitätenmethode und das detailliertere Etappenkonzept.

Annuitätenmethode

Mit der Annuitätenmethode (Annuität = eine in gleichmässigen Abständen wiederkehrende Zahlung gleicher Höhe) können Sie einfach und schnell berechnen, wie viel Kapital Sie zum Zeitpunkt der Frühpensionierung benötigen. Dazu schätzen Sie einerseits die künftige Jahresdurchschnittsrendite auf Ihrem verfügbaren Vermögen ab, anderseits die Anzahl Bezugsjahre. Sie schauen also nicht die einzelnen Lebensabschnitte an, sondern die ganze Zeitspanne von Ihrer Pensionierung bis zum Tod. Und Sie überlegen sich auch nicht Anlageprodukte für die einzelnen Bezugstranchen, sondern rechnen mit einer Durchschnittsrendite über alles (siehe Tabelle auf der nächsten Seite). Nach der vorgesehenen Anzahl Jahre ist Ihr Vermögen aufgebraucht.

TIPP *Seien Sie bei Ihren Annahmen zur Jahresdurchschnittsrendite vorsichtig und bei der Einschätzung der Anzahl Bezugsjahre grosszügig. Es wird zwar ein höherer Kapitalbedarf resultieren. Dafür ersparen Sie sich unnötige Überraschungen.*

MAURUS B. HAT AUSGERECHNET, dass er zusätzlich zu seinen Renten pro Jahr 24 080 Franken benötigt. Er erwartet eine jährliche Durchschnittsrendite von 2 Prozent. Bei der Anzahl Bezugsjahre rechnet er zur Sicherheit mit etwas mehr als der statistischen Lebenserwartung; er möchte die gut 24 000 Franken während 25 Jahren beziehen können. In der Annuitätentabelle, die ihm der Finanzberater zeigt, sucht er den Faktor, der zu seinen

ANNUITÄTENTABELLE FÜR RENDITEN VON 0 BIS 5 PROZENT

Rendite	Anzahl Bezugsjahre 5	10	15	20
0,00 %	5,000	10,000	15,000	20,000
0,25 %	4,975	9,889	14,741	19,533
0,50 %	4,950	9,779	14,489	19,082
0,75 %	4,926	9,672	14,243	18,647
1,00 %	4,902	9,566	14,004	18,226
1,25 %	4,878	9,462	13,771	17,819
1,50 %	4,854	9,361	13,543	17,426
1,75 %	4,831	9,260	13,322	17,046
2,00 %	4,808	9,162	13,106	16,678
2,25 %	4,785	9,066	12,896	16,323
2,50 %	4,762	8,971	12,691	15,979
2,75 %	4,739	8,878	12,491	15,646
3,00 %	4,717	8,786	12,296	15,324
3,25 %	4,695	8,696	12,106	15,012
3,50 %	4,673	8,608	11,921	14,710
3,75 %	4,651	8,521	11,740	14,417
4,00 %	4,630	8,435	11,563	14,134
4,25 %	4,609	8,351	11,391	13,859
4,50 %	4,588	8,269	11,223	13,593
4,75 %	4,567	8,188	11,059	13,335
5,00 %	4,546	8,108	10,899	13,085

Eckdaten passt, und multipliziert diesen mit dem gewünschten Betrag:

- Faktor bei 2 Prozent Rendite und 25 Bezugsjahren: 19,914
- Fr. 24 080.– × 19,914: Fr. 479 529.–

Wenn Maurus B. sich frühpensionieren lässt, muss er knapp 480 000 Franken haben, die er sukzessive verzehrt (siehe Grafik auf der nächsten Seite).

25	30	35	40	45
25,000	30,000	35,000	40,000	45,000
24,266	28,940	33,556	38,115	42,617
23,563	27,933	32,196	36,353	40,408
22,889	26,976	30,913	34,705	38,359
22,243	26,066	29,703	33,163	36,455
21,624	25,200	28,560	31,719	34,686
21,030	24,376	27,482	30,365	33,041
20,461	23,592	26,462	29,095	31,508
19,914	22,844	25,499	27,903	30,080
19,389	22,132	24,587	26,783	28,748
18,885	21,454	23,724	25,730	27,504
18,401	20,806	22,906	24,740	26,341
17,936	20,188	22,132	23,808	25,254
17,488	19,599	21,397	22,930	24,236
17,058	19,036	20,701	22,102	23,283
16,645	18,498	20,039	21,322	22,388
16,247	17,984	19,411	20,584	21,549
15,864	17,492	18,814	19,888	20,760
15,495	17,022	18,247	19,230	20,018
15,141	16,572	17,707	18,607	19,320
14,799	16,141	17,193	18,017	18,663

VERMÖGENSVERZEHR VON MAURUS B.

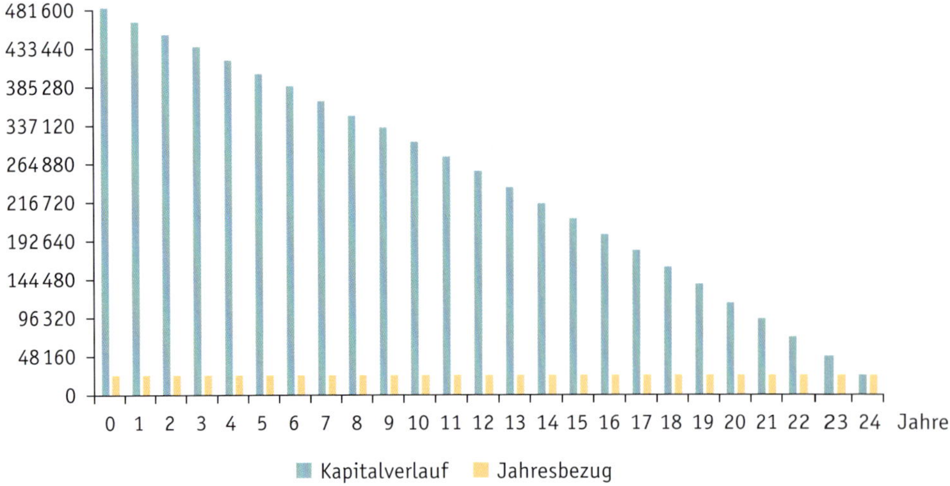

Von den 480 000 Franken Startkapital bezieht Herr B. jedes Jahr zu Jahresbeginn 24 080 Franken. Nach 25 Jahren ist das Vermögen verzehrt. Während dieser 25 Jahre hat Herr B. gesamthaft 602 000 Franken bezogen (25 × 24 080). Die Differenz zum Startkapital – rund 122 000 Franken – ist aus Zins und Zinseszins entstanden. Denselben Sachverhalt zeigt auch die Tabelle auf der nächsten Seite.

Damit das Anfangskapital von 480 000 Franken tatsächlich für 25 Jahre reicht, müssen zwei Bedingungen erfüllt sein:

- Budgetdisziplin: Es werden keine höheren Ausgaben als prognostiziert getätigt.
- Auf dem Restkapital wird die prognostizierte Rendite jeweils tatsächlich erreicht.

Je höher die erwartete Durchschnittsrendite ist, desto kleiner wird der Kapitalbedarf. Denn wie immer tragen Zins und Zinseszins dazu bei, Kapital zu generieren. Doch eine höhere Rendite hat höhere Risiken in Form von Vermögensschwankungen zur Folge. Nur wirklich langfristig nicht benötigtes Geld darf mit höheren Risiken angelegt werden. Seien Sie also vorsichtig bei Ihrer Annahme zur Rendite.

VERMÖGENSVERZEHR TABELLARISCH DARGESTELLT

Jahr	Anfangskapital	Bezug	Rendite	Restkapital
0 (Start)	Fr. 479 529.–	Fr. 24 080.–	2 %	Fr. 464 558.–
1	Fr. 464 558.–	Fr. 24 080.–	2 %	Fr. 449 288.–
2	Fr. 449 288.–	Fr. 24 080.–	2 %	Fr. 433 712.–
3	Fr. 433 712.–	Fr. 24 080.–	2 %	Fr. 417 824.–
	...	...	...	...
23	Fr. 47 688.–	Fr. 24 080.–	2 %	Fr. 24 080.–
24	Fr. 24 080.–	Fr. 24 080.–	2 %	–.–
	Total bezogen	Fr. 602 000.–		
	Anfangskapital	Fr. 479 529.–		
	Zins und Zinseszins	Fr. 122 741.–		

Etappenkonzept: Basis sind die künftigen Lücken

Mit dem Etappenkonzept bilden Sie Ihren Kapitalbedarf für die Jahre nach der Pensionierung realitätsnaher ab. Sie planen nicht mit gleich hohen Beträgen über die ganze Bezugszeit, sondern schauen Ihre Ausgaben für die einzelnen Lebensabschnitte an und teilen das Vermögen entsprechend auf (etappieren). Üblicherweise werden die Budgetdefizite in Fünfjahresblöcken zusammengefasst. Dank dieser Vorgehensweise wird erkennbar, wann wie viel von Ihrem Vermögen zur Verfügung stehen muss. Abgestimmt auf Ihren persönlichen Finanzplan findet auf diese Weise ein systematischer Vermögensverzehr statt.

MAURUS B. HAT FÜR ALLE JAHRE ab seiner Frühpensionierung Ende 2018 Budgets aufgestellt (siehe Seite 170). Weil er die AHV-Rente nicht vorbeziehen will, ist das Manko vor allem in den zwei Jahren bis 65 besonders gross. Zudem geht er davon aus, dass er im höheren Alter weniger Ausgaben haben wird. Er fasst seine Budgets in Fünfjahresblöcken zusammen.

FÜNFJAHRESETAPPEN FÜR MAURUS B.

Jahr	2019 –2023	2024 –2028	2029 –2033	2034 –2038	2039 –2043	Total
Alter	**63–67**	**68–72**	**73–77**	**78–82**	**83–87**	**63–87**
Einnahmen	204 000	252 000	252 000	252 000	252 000	1 212 000
Ausgaben	334 000	340 000	340 000	340 000	340 000	1 694 000
Zusatzausgaben	60 000	48 000	12 000	0	0	120 000
Fünfjahreslücken	**–190 000**	**–136 000**	**–100 000**	**–88 000**	**–88 000**	**–602 000**

Herr B. sollte gemäss dieser groben Berechnung also ein Vermögen von 602 000 haben, um die Budgetdefizite bis zu seinem 87. Altersjahr decken zu können. Eine stolze Summe – doch ist dabei noch keine Kapitalverzinsung berücksichtigt. Und die Kapitalverzinsung leistet einen wichtigen Beitrag: Je höher die Rendite, desto weniger Geld brauchen Sie, um Ihre Zukunft zu finanzieren.

Allerdings: keine Rendite ohne Risiko. Muss man also heikle Risiken eingehen, um die nötigen Renditen zu erzielen? Nein, die Kunst ist es, die Renditeziele auf das eigene Risikoprofil abzustimmen. Und da spielt der Anlagehorizont, die Zeitspanne, bis Sie das angelegte Geld wieder benötigen, eine grosse Rolle. Das Etappenkonzept hilft Ihnen, diese Abstufung in den Griff zu bekommen.

MAURUS B. STELLT SICH VOR, dass das Geld, das er in Zukunft brauchen wird, auf mehrere Töpfe verteilt ist.

- Topf 1 deckt die ersten fünf Jahre (Alter 63 bis 67) und muss insgesamt 190 000 Franken enthalten.
- Topf 2 ist für die Jahre von 68 bis 72 reserviert; Inhalt: 136 000 Franken.
- In Topf 3 für die Jahre von 73 bis 77 liegen 100 000 Franken.
- Topf 4 und 5 für die Jahre ab 78 enthalten je 88 000 Franken.

Das nötige Kapital muss jeweils zu Beginn der Fünfjahresperiode bereitstehen, dann wird der Topf sukzessive geleert.

Sind die Töpfe definiert, besteht die Aufgabe darin, für jeden Topf die richtige Anlagestrategie zu definieren, um mit möglichst wenig Anfangskapital und dennoch grosser Sicherheit die nötige Summe zu erwirtschaften (siehe auch Seite 125). So steht jeweils im richtigen Zeitpunkt das Geld zur Verfügung, um die nächsten fünf Jahre zu finanzieren.

TOPF 1: 2019 BIS 2023

Alter	63–67
Einnahmen	204 000
Ausgaben	334 000
Zusatzausgaben	60 000
Fünfjahreslücke	–190 000

Topf 1: Cash für die ersten fünf Jahre

In Topf 1 werden die 190 000 Franken für die ersten fünf Jahre bereitgestellt. Dieses Geld muss am Tag der Pensionierung vorhanden sein, anschliessend werden laufend Bezüge getätigt – im Durchschnitt 38 000 Franken pro Jahr (190 000 : 5). Mit dieser Summe darf Herr B. keinerlei Risiken eingehen, das heisst: Er hält das Geld auf Bankkonten, den Jahresbedarf jeweils auf einem Privatkonto, den Rest auf einem Sparkonto. Da das Geld aktuell keinerlei Zins abwirft, muss er die ganzen 190 000 Franken einzahlen. Nach fünf Jahren ist das Konto leer.

KAPITAL UND BEZUG TOPF 1

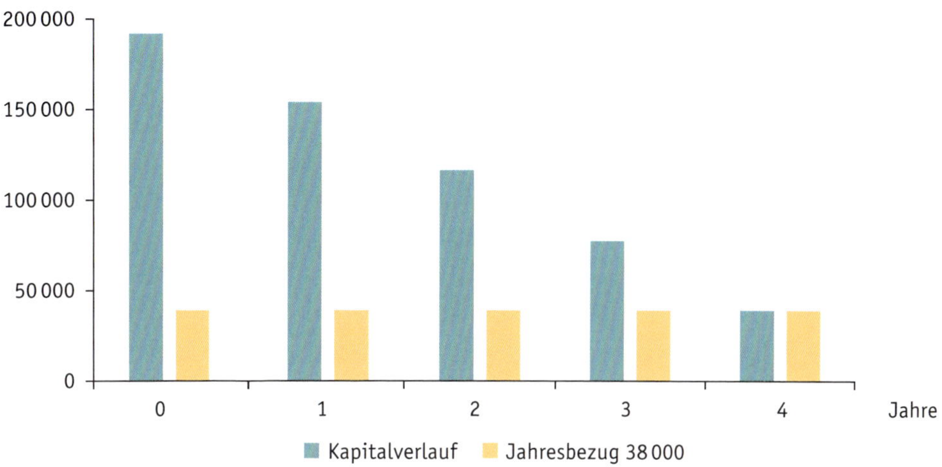

TOPF 2: 2024 BIS 2028	
Alter	68–72
Einnahmen	252 000
Ausgaben	340 000
Zusatzausgaben	48 000
Fünfjahreslücke	–136 000

Topf 2: sicherheitsbetont für die zweiten fünf Jahre

In Topf 2 wird das Geld bereitgestellt, das Herr B. in den Jahren von 68 bis 72 brauchen wird. Da er dieses Geld erst 2024 benötigt, kann er es investieren. Allerdings ist der Zeithorizont mit fünf Jahren kurz, deshalb ist keine Anlagestrategie mit Risiko möglich. Die Sicherheit, dass die benötigten 136 000 Franken in fünf Jahren tatsächlich zur Verfügung stehen, geniesst oberste Priorität. Mit 68 wird Herr B. diesen Betrag wieder auf seine Bankkonten transferieren und von dort pro Jahr durchschnittlich 27 200 Franken beziehen.

Doch welche Anlagen eignen sich für eine sicherheitsorientierte Strategie? An sich könnte man Herrn B. zu Obligationen von ausgezeichneten

KAPITAL UND BEZUG TOPF 2

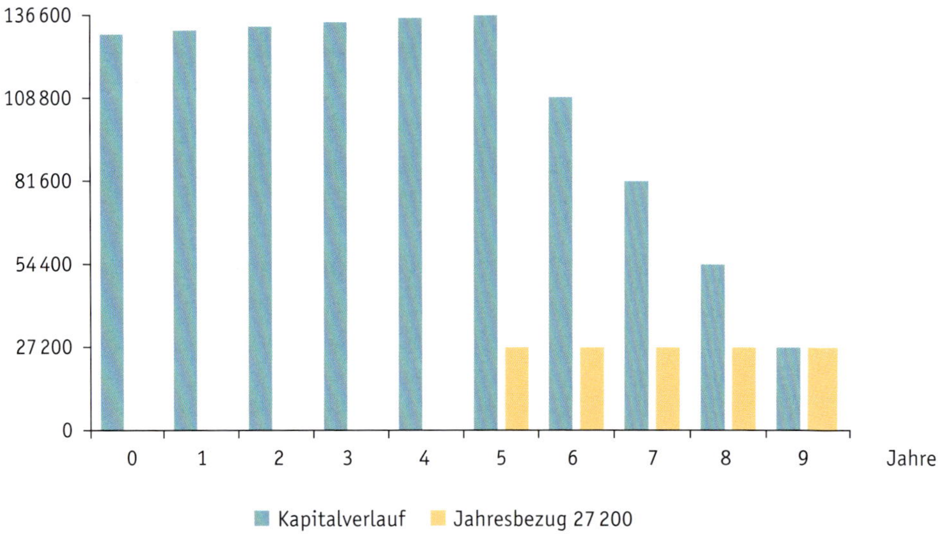

Schuldnern raten, zum Beispiel auf Anleihen des Schweizer Staates. Im aktuellen Zinsumfeld in Schweizer Franken (Stand Sommer 2018) lässt sich jedoch mit einer solchen sicherheitsorientierten Anlagestrategie nach Abzug der Kosten kein Ertrag erwirtschaften. Da platziert Herr B. das Geld besser auf einem Konto, um es zur Verfügung zu haben, wenn sich die Zinssituation wieder normalisiert – respektive wenn er es für die nächste Fünfjahresperiode benötigt. Auf dem Konto erzielt er aber auch mit der Tranche für die zweiten fünf Jahre keinen Ertrag, er muss also die ganzen 136 000 Franken einzahlen.

Sobald sich die Zinssituation beim Schweizer Franken normalisiert hat, lässt sich auch mit einer sicherheitsorientierten Anlagestrategie über einen Anlagehorizont von fünf Jahren eine Rendite erzielen – zum Beispiel durchschnittlich 1,5 Prozent pro Jahr. Dadurch reduziert sich der Finanzbedarf für die zweiten fünf Jahre auf 129 399 Franken, also rund 130 000 Franken (siehe Grafik).

Herr B. stellt also 130 000 Franken bereit und bezieht dann in den Jahren zwischen 68 und 72 insgesamt 136 000 Franken. Die Differenz von rund 6000 Franken wird über den Zins und Zinseszinseffekt erwirtschaftet.

TOPF 3: 2029 BIS 2033

Alter	73–77
Einnahmen	252 000
Ausgaben	340 000
Zusatzausgaben	12 000
Fünfjahreslücke	–100 000

Topf 3: die dritten fünf Jahre

Das Geld, das in Topf 3 bereitgestellt wird, braucht Herr B. erst mit 73, also in zehn Jahren. Bei diesem Anlagehorizont darf er auch eine etwas schwankungsanfälligere Anlagestrategie wählen. Aus Anfangskapital und Rendite entstehen dann die 100 000 Franken, die Herr B. ab 73 in Tranchen von durchschnittlich 20 000 Franken beziehen wird.

Selbstverständlich wird Herr B. auch dieses Kapital nicht spekulativ anlegen. Er rechnet für die zehn Jahre mit einer – konservativen – Jahresdurchschnittsrendite von 2,5 Prozent. Dann braucht er bei seiner Frühpensionierung 78 120 Franken, um mit 73 die nötigen 100 000 Franken zur Verfügung zu haben. Natürlich funktioniert das nur, wenn er diese Tranche seines Vermögens in den zehn Jahren unangetastet investiert lässt.

KAPITAL UND BEZUG TOPF 3

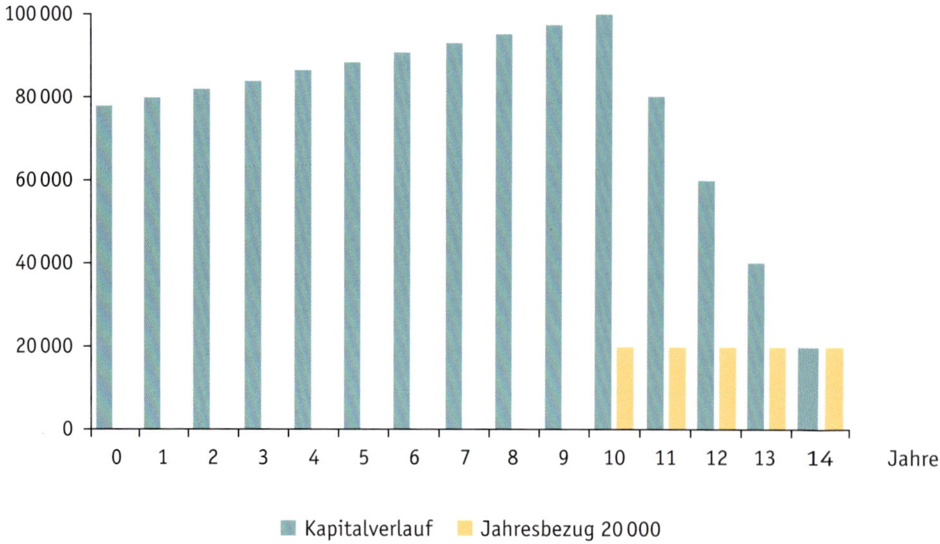

TOPF 4: 2034 BIS 2038	
Alter	78–82
Einnahmen	252 000
Ausgaben	340 000
Zusatzausgaben	0
Fünfjahreslücke	–88 000

Topf 4: Anlagehorizont 15 Jahre

Das Kapital in Topf 4 kann für 15 Jahre investiert werden. Dieser doch schon lange Anlagehorizont ermöglicht eine wachstumsorientierte oder sogar kapitalgewinnorientierte Anlagestrategie.

Herr B. geht davon aus, dass es ihm gelingen wird, eine Durchschnittsrendite von 4 Prozent pro Jahr zu erzielen. Für die Jahre von 78 bis 82 benötigt er laut seinen Berechnungen 88 000 Franken. Dank der langen Anlagedauer wirken sich Zins und Zinseszins umso stärker aus: Herr B. braucht für diese 88 000 Franken zum Zeitpunkt seiner Frühpensionierung nur gut 48 000 Franken, also etwas mehr als die Hälfte (siehe Grafik auf dieser Seite).

KAPITAL UND BEZUG TOPF 4

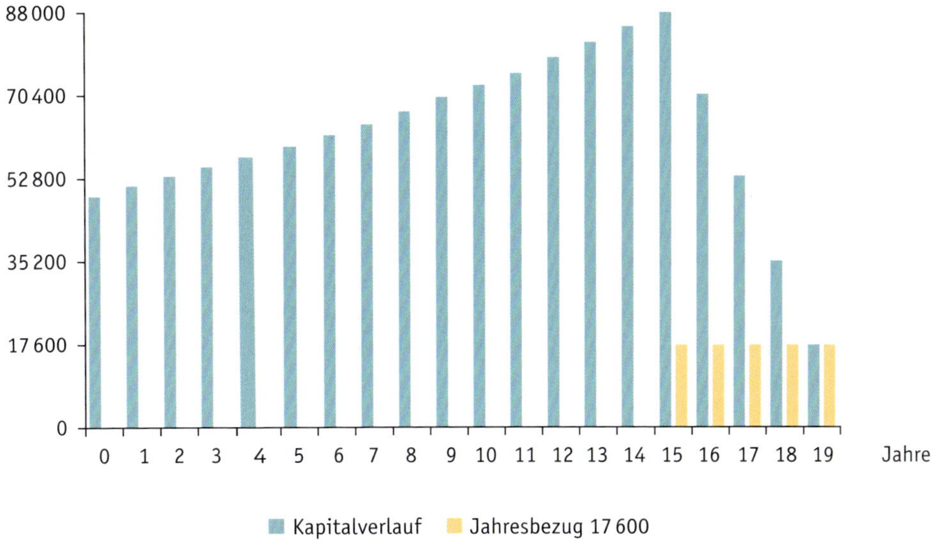

TOPF 5: 2039 BIS 2043	
Alter	83–87
Einnahmen	252 000
Ausgaben	340 000
Zusatzausgaben	0
Fünfjahreslücke	–88 000

Topf 5: Noch mehr Renditepotenzial

Bleibt noch der Topf 5 für die Jahre von 83 bis 87. Dank dem sehr langen Anlagehorizont von 20 Jahren erhöht sich die Risikofähigkeit enorm. Vom Zeithorizont her spricht fast alles für eine reine Aktienanlage. Dies kann zwar kurzfristig zu massiven Kursschwankungen führen, langfristig aber müsste die gewünschte Jahresdurchschnittsrendite erreicht werden.

Herr B. rechnet mit 6 Prozent pro Jahr. Das ist deutlich weniger, als Aktien bisher in solchen Zeitspannen durchschnittlich eingebracht haben. Vorausgesetzt, er erreicht diese Rendite, genügen ihm zum Zeitpunkt der Frühpensionierung 27 439 Franken, um in 20 Jahren die nötigen 88 000 Franken auf der Seite zu haben.

Alle Töpfe zusammengezählt

Dank dem Etappenkonzept hat Herr B. eine realistische Vorstellung von seinen künftigen Ausgaben und den Perioden, in denen sie anfallen. Auf dieser Basis kann er für jede Fünfjahresperiode eine Anlagestrategie erstellen, die so sicher wie nötig und so rentabel wie möglich ist. Das reduziert den Kapitalbedarf zum Zeitpunkt der Frühpensionierung erheblich.

SO VIEL GELD BRAUCHT MAURUS B. FÜR SEINE FRÜHPENSIONIERUNG

Alter	Kapitalbedarf ohne Verzinsung	Kapitalbedarf mit Verzinsung	Differenz
63–67	Fr. 190 000.–	Fr. 190 000.–	–.–
68–72	Fr. 136 000.–	Fr. 130 000.–	Fr. 6 000.–
73–77	Fr. 100 000.–	Fr. 79 000.–	Fr. 21 000.–
78–82	Fr. 88 000.–	Fr. 49 000.–	Fr. 39 000.–
83–87	Fr. 88 000.–	Fr. 28 000.–	Fr. 60 000.–
Total Kapitalbedarf	**Fr. 602 000.–**	**Fr. 476 000.–**	**Fr. 126 000.–**

Das Etappenkonzept selber anwenden

Mithilfe des Etappenkonzepts können auch Sie eine realistische Vorstellung erhalten von dem Kapital, das Sie effektiv für Ihre Frühpensionierung benötigen. Möglicherweise liegt das Beispiel von Herrn B. nahe an Ihrer Realität, vielleicht liegt es aber auch (weit) weg von Ihren Zahlen. Entscheidend ist, dass Sie sich mit Ihrer Ausgangslage detailliert auseinandersetzen und aufgrund Ihrer Erkenntnisse das Bestmögliche unternehmen, um Ihre (finanziellen) Ziele zu erreichen. Je früher Sie die Situation analysieren, desto wahrscheinlicher lassen sich Ihre Vorstellungen realisieren und desto tiefer ist der finanzielle Aufwand. Ein Finanzplaner kann Sie bei der Erstellung Ihres persönlichen Etappenkonzepts unterstützen.

TIPP *Eine Excel-Vorlage, in die Sie Ihre eigenen Zahlen einfüllen können, finden Sie im Onlineangebot (www.beobachter.ch/download).*

Nicht vergessen: eiserne Reserve und Inflation

In den bisherigen Berechnungen nicht berücksichtigt ist eine eiserne Reserve für Unvorhergesehenes. Auch die Inflation ist nicht einkalkuliert, obwohl dadurch die Ausgaben ansteigen, die Budgetdefizite also höher ausfallen können. Beide Posten sollten Sie in Ihrem Budget berücksichtigen. Dies erhöht zwar den Finanzbedarf, gibt Ihnen aber zusätzliche Sicherheit.

Am besten platzieren Sie die eiserne Reserve und die Rückstellung für die Inflation gleich zu Beginn auf separaten Konten. Geben Sie Ihrer Bank den Auftrag, den Konten die Zusatzbezeichnung «Eiserne Reserve» sowie «Inflation» zu geben. So erkennen Sie sie jederzeit und wissen immer, wozu diese Vermögenswerte dienen (siehe auch Seite 192).

SEI ES EIN WASSERLEITUNGSBRUCH in seiner Eigentumswohnung oder ein Unfall in den Bergen – Maurus B. will für Unvorhergesehenes gewappnet sein. Er beschliesst, mit der Pensionierung 30 000 Franken als eiserne Reserve auf ein Konto zu legen. Auf ein zweites Konto zahlt er weitere 50 000 Franken ein, die dazu dienen sollen, die Teuerung auszugleichen. Sein Kapitalbedarf erhöht sich dadurch auf 556 000 Franken.

Das Etappenkonzept umsetzen

Wie viel Geld Sie persönlich für Ihre Frühpensionierung benötigen werden, hängt von folgenden drei Faktoren ab:

- Finanzlücken pro Jahr
- Erzielbare Rendite
- Anzahl Bezugsjahre

Wie hoch die jährlichen **Budgetdefizite** tatsächlich ausfallen, das liegt in Ihren Händen. Es lohnt sich, die Ausgaben immer wieder sehr kritisch zu analysieren. Welche Posten sind wirklich nötig? Bereichert zum Beispiel das geplante neue Auto mein Leben tatsächlich so sehr, dass ich auf diese Ausgabe nicht verzichten kann? Oder kann ich noch zwei Jahre mit dem alten Fahrzeug unterwegs sein und das Geld auf die Seite legen – oder für etwas anderes ausgeben, das mir inzwischen wichtiger ist. Die kritische Budgetprüfung ist ein laufender Prozess.

Die **Durchschnittsrendite,** mit der Sie rechnen, ist immer eine Prognose. Um sie zu erreichen, braucht es manchmal sehr viel Disziplin und Durchhaltewillen. Lassen Sie sich nicht blenden, wenn Ihnen Anlagen mit hohen Renditen – und selbstverständlich ohne jedes Risiko –, versprochen werden. Das gibt es nicht, sonst würde es jede und jeder sofort nutzen. Bleiben Sie bei Ihrer festgelegten Anlagestrategie. Und umgekehrt: Auch

DAS ETAPPENKONZEPT IN ACHT SCHRITTEN

1. Jährliche Defizite ermitteln und in Etappen à fünf Jahren zusammenfassen. Nehmen Sie sich für die Erstellung Ihres Budgets genügend Zeit. Überprüfen Sie es anschliessend in regelmässigen Abständen und kontrollieren Sie, ob Ihre effektiven Ausgaben dem Budget entsprechen.
2. Den Topf 1 mit dem Kapitalbedarf für die ersten fünf Jahre ausstatten. Dieses Kontoguthaben wird während der ersten fünf Jahre sukzessive bezogen und wird kaum Zinsen einbringen.
3. Bestimmung der Anlagestrategie für die Töpfe 2 bis 5. Dabei spielt der Zeithorizont, wann das Geld benötigt wird, eine wesentliche Rolle. Je kürzer die Anlagedauer, desto risikoärmer muss die Anlage sein.
4. Bestimmung der (erwarteten) Rendite pro Anlagestrategie. Bleiben Sie realistisch und lassen Sie sich nicht von utopischen Renditezahlen blenden oder verleiten.
5. Diskontierung (Abzinsung), das heisst Bestimmung der heutigen Werte, die in den einzelnen Fünfjahrestöpfen angelegt werden müssen. Dabei setzen Sie die erwarteten Renditen ein, die Sie unter Punkt 4 bestimmt haben.
6. Anlagen in den einzelnen Töpfen tätigen. Achten Sie bei den Finanzprodukten auf Einfachheit, Verständlichkeit – und auf die Kostenseite. Bevorzugen Sie hauptsächlich Anlagen mit günstigen Jahreskosten (siehe Seite 144). Und diversifizieren Sie.
7. Behalten Sie Nerven und Geduld, auch wenn die Kapitalmärkte mal verrücktspielen.
8. Reduzieren Sie von Zeit zu Zeit die Anlagerisiken in den einzelnen Anlagetöpfen. Die verbleibende Zeit bis zum Bezug der Gelder wird ja kürzer. Reduzieren Sie also sukzessive den Aktienanteil und schichten Sie in Anlagen um, die geringere Vermögensschwankungen aufweisen. Nicht dass Sie zum Beispiel mit 75 von heftigen Börsenkorrekturen überrascht werden und Ihre Anlagen verkaufen müssen, weil Sie keine anderen liquiden Mittel für die nächste Fünfjahresperiode besitzen.

wenn Ihre längerfristigen Anlagen mal an Wert verlieren, lassen Sie sich von der allgemeinen Verkaufspanik nicht anstecken. Ihr Anlagehorizont ist lang genug, um solche Tiefs zu überwinden.

Bleibt noch die Anzahl **Bezugsjahre.** Dieser Faktor ist von Ihrer Lebensdauer abhängig. Je weniger Sie auf Rentenlösungen setzen, desto wichtiger wird diese Frage. Beziehen Sie die AHV- und die Pensionskassenrente, tragen diese Institutionen das Langlebigkeitsrisiko. Wenn Sie hingegen Ihr Pensionskassenguthaben als Kapital beziehen, sind Sie selber dafür verantwortlich, dass es bis an Ihr Lebensende reicht. Ist es aufgebraucht, fliesst kein weiteres Geld nach.

INFO *Die Kunst besteht darin, das vorhandene Kapital auf die Etappen, in denen es gebraucht wird, abzustimmen. Daraus ergeben sich unterschiedliche Anlagestrategien, die immer auch Ihrem Risikoprofil entsprechen müssen. Ein interessantes Kurzvideo zu diesem Thema finden Sie im Internet (https://fintool.ch/zoga-so-legt-man-geld). Das Video thematisiert auf einfache Weise, dass als Ausgangspunkt Ihre Bilanz dient (das sind Ihre verfügbaren Vermögenswerte) und dass diese anhand der künftigen Verpflichtungen (Jahreslücken im Etappenkonzept) strukturiert werden soll. ZOGA steht für zielorientierte Geldanlage.*

Konkretes Beispiel für die Planung mit dem Etappenkonzept

Die folgenden Seiten sind als Beispiel zu verstehen. Sie basieren auf den Vermögenszahlen von Maurus B. (siehe Kasten auf der nächsten Seite). Ihre eigene Planung wird anders aussehen, die grundsätzlichen Überlegungen aber bleiben dieselben.

MIT 55 HAT SICH MAURUS B. zum Ziel gesetzt, mit 63 in Rente zu gehen. Er fragt sich, wie er sein bestehendes Vermögen und die Sparbeträge, die er in der letzten acht Erwerbsjahren erzielt, investieren soll. Wie viel Geld er mit 63 brauchen wird, um die künftigen Budgetlücken zu decken, hat er mit dem Etappenkonzept ermittelt (siehe Seite 178):

- 190 000 Franken für die ersten fünf Jahre
- 136 000 Franken für die Jahre von 68 bis 72
- 100 000 Franken für die Jahre von 73 bis 77
- 88 000 Franken für die Jahre von 78 bis 82
- 88 000 Franken für die Jahre von 83 bis 87
- 30 000 Franken als eiserne Reserve

Maurus B. kann mit seinem aktuellen Einkommen monatlich 800 Franken sparen. Davon zahlt er 500 Franken in die Säule 3a ein, den Rest investiert er in einen Sparplan der freien Vorsorge.

DAS VERMÖGEN VON MAURUS B. MIT 55

Vermögenswerte	Guthaben	Total
Lohnkonto	Fr. 20 000.–	
Sparkonto	Fr. 80 000.–	
Obligationenfonds	Fr. 50 000.–	
Aktienfonds	Fr. 20 000.–	
Immobilienfonds	Fr. 20 000.–	
Strategiefonds (ausgewogen)	Fr. 40 000.–	
Total frei verfügbares Vermögen		**Fr. 230 000.–**
3a-Vorsorgekonto (keine weiteren Einzahlungen)	Fr. 50 000.–	
3a-Vorsorgekonto (mit Einzahlungen)	Fr. 20 000.–	
Total gebundenes Vermögen		**Fr. 70 000.–**
Gesamtguthaben		**Fr. 300 000.–**

Die Finanzierung der ersten fünf Jahre

Als Erstes geht es darum, die 190 000 Franken für die ersten fünf Jahre nach der Pensionierung bereitzustellen. Dafür hat Herr B. mit 55 noch acht Jahre Zeit.

- In der **Säule 3a** wird Herr B. bis dann gut 126 000 Franken angespart haben. Dieser Wert ergibt sich aus der Verzinsung des bestehenden Guthabens mit 1 Prozent sowie den jährlichen Einzahlungen von 6000 Franken. Nach Berücksichtigung der Kapitalleistungssteuer (siehe Seite

110 und 209) – im Wohnkanton von Herrn B. sind es 5 Prozent der ausgezahlten Summe – bleiben rund 120 000 Franken (siehe Grafik).

- Für die fehlenden 70 000 Franken setzt Herr B. einerseits seine **monatliche Sparquote** von 300 Franken in der freien Vorsorge ein. Er wählt dafür eine sicherheitsorientierte Anlagestrategie mit einer Rendite von 1 Prozent pro Jahr. So ergeben sich nach acht Jahren knapp 30 000 Franken. Für die noch fehlenden 40 000 Franken verwendet Herr B. **einen Teil seines aktuellen Vermögens:** Er legt 37 000 Franken sicherheitsorientiert an und wird mit 1 Prozent Verzinsung auf den nötigen Betrag kommen. Herr B. entscheidet sich für einen Fondssparplan, in den er zu Beginn die 37 000 Franken einzahlt, anschliessend monatlich 300 Franken.

Nach diesen Transaktionen und der Berücksichtigung einer eisernen Reserve von 30 000 Franken verbleibt ein Guthaben von 163 000 Franken für die Finanzierung der weiteren Fünfjahresetappen.

KAPITALAUFBAU IN DER SÄULE 3A

(Zins: 1 %)

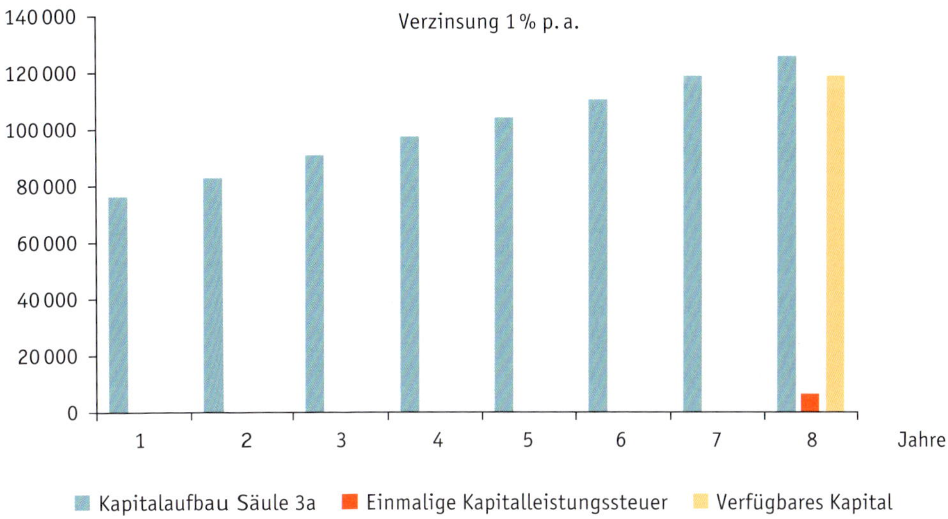

DAS VERMÖGEN VON MAURUS B. NACH FINANZIERUNG DER ERSTEN ETAPPE		
	Eingesetzter Betrag	Guthaben
Verfügbares Vermögen		Fr. 230000.–
Eiserne Reserve	– Fr. 30000.–	
Bereits vorgenommene Investition für die Lücke in 8 Jahren	– Fr. 37000.–	
Noch verfügbar		**Fr. 163000.–**

Die Finanzierung der Jahre von 68 bis 77

Mit 68 benötigt Maurus B. weitere 136 000 Franken für die nächsten fünf Jahre. Bis dahin dauert es ab Planungsbeginn noch 13 Jahre. Der Anlagehorizont ist also lang genug für eine ausgewogene Anlagestrategie mit einer möglichen Verzinsung von 3 Prozent. Dafür muss Herr B. mit 55 knapp 93 000 Franken anlegen (die Entwicklung dieses Kapitals sehen Sie in der Grafik auf Seite 180). Da sein bestehender Strategiefonds von 40 000 Franken (siehe Vermögenszusammenstellung) eine solche ausgewogene Anlagestrategie abbildet, wird Herr B. ihn für diese Fünfjahrestranche einsetzen. Dazu will er seinen Obligationenfonds im Wert von 50 000 Franken verkaufen und das Geld ebenfalls in den Strategiefonds investieren. Die fehlenden 3000 Franken nimmt er vom Lohnkonto.

Diese Überlegungen wiederholt Herr B. für jede weitere Fünfjahreslücke. **Mit 73** – also in 18 Jahren – wird er 100 000 Franken benötigen. Bei einer prognostizierten Rendite von jährlich 4 Prozent sind aktuell knapp 50 000 Franken notwendig, um diesen Betrag in den 18 Jahren zusammenzubekommen. Dafür kann Herr B. zum Beispiel seinen Immobilienfonds von 20 000 Franken einsetzen. Die zusätzlich notwendigen 30 000 Franken nimmt er vom Sparkonto und investiert sie in einen global ausgerichteten Aktienfonds.

Die Jahre von 78 bis 87: nicht alles abgedeckt

Mit 78 braucht Herr B. weitere 88 000 Franken. Das bedeutet einen Anlagehorizont von 23 Jahren (gerechnet ab seinem 55. Geburtstag). Da kann er renditeorientiert investieren. Bei einer Rendite von 5 Prozent pro

Jahr müsste Maurus B. knapp 29 000 Franken investieren. Sein bestehender Aktienfonds von 20 000 Franken eignet sich gut für dieses Anlageziel. Herrn B. fehlen also 9000 Franken für diese Fünfjahreslücke. Sollte die Rendite auf seinen langfristig investierten Geldern auch mal höher ausfallen als prognostiziert, wäre dieser Fehlbetrag bald ausgeglichen. Will sich Herr B. nicht darauf verlassen, muss er sein Budget nach weiteren Sparmöglichkeiten durchforsten. Wenn es ihm gelingt, in den letzten acht Berufsjahren zusätzliche 110 Franken monatlich zur Seite zu legen, und wenn er dieses Kapital gesamthaft während 23 Jahren investiert lässt, sollte die Lücke bis zum Alter 82 finanziert sein.

VERTEILUNG DES VERMÖGENS VON MAURUS B. AUF DIE ETAPPEN

	Eingesetzter Betrag	Verbleibendes Guthaben
Verfügbares Vermögen		Fr. 230 000.–
Eiserne Reserve	Fr. 30 000.–	Fr. 200 000.–
Investition für die Lücke in 8 Jahren	Fr. 37 000.–	Fr. 163 000.–
Investition für die Lücke in 13 Jahren	Fr. 93 000.–	Fr. 70 000.–
Investition für die Lücke in 18 Jahren	Fr. 50 000.–	Fr. 20 000.–
Investition für die Lücke in 23 Jahren	Fr. 20 000.–	–.–
Vermögensaufteilung nach Entwicklung des Etappenkonzepts		
Lohnkonto – eiserne Reserve als Kapitalstock	Fr. 5 000.–	
Sparkonto – eiserne Reserve	Fr. 25 000.–	
Strategiefonds (Einkommen) – für in 8 Jahren	Fr. 37 000.–	
Strategiefonds (ausgewogen) – für in 13 Jahren	Fr. 93 000.–	
Immobilienfonds – für in 18 Jahren	Fr. 20 000.–	
Neuer Aktienfonds – für in 18 Jahren	Fr. 30 000.–	
Bestehender Aktienfonds – für in 23 Jahren	Fr. 20 000.–	

Für die Jahre **zwischen 83 und 87** fehlt das Geld vollständig. Um diese Lücke zu schliessen, müsste Herr B. während der acht Jahre Erwerbstätigkeit weitere 282 Franken monatlich sparen. Bis zur Frühpensionierung kämen so 33 000 Franken zusammen, die er ebenfalls sehr renditeorientiert anlegen könnte. Zwar wäre diese Anlage starken Wertschwankungen ausgesetzt, sie sollte aber über die gesamte Laufzeit von 28 Jahren eine Jahresrendite von durchschnittlich 5 Prozent abwerfen. Das würde genügen, um auch die Jahre von 83 bis 87 zu finanzieren.

Eine andere Möglichkeit: Herr B. überlegt sich, wo in seinem Budget nach der Pensionierung er den Rotstift ansetzen will. Kann er die laufenden Ausgaben reduzieren, zum Beispiel indem er sein Auto gegen ein GA eintauscht? Sind wirklich alle geplanten Zusatzausgaben nötig oder verzichtet er auf eine Auslandsreise?

NACH ALL DER RECHNEREI ist Maurus B. klar: Er will die Frühpensionierung wagen. Zwar steht für die letzten Jahre seiner Planung nicht genug Geld zur Verfügung. Und er ist sich auch bewusst, dass die Renditen, die er angenommen hat, nicht garantiert sind. Dennoch: Bis gut 80 sollten seine Ausgaben gedeckt sein – und das inklusive Inflation. Zudem hat er in seinem Budget für die Zeit nach der Pensionierung eher grosszügig gerechnet. Sollte sich zeigen, dass das Geld schneller aufgebraucht wird, kann er da sicher noch das eine oder andere einsparen. Oder er kann seine Eigentumswohnung verkaufen und das, was nach Abzug der Hypothek bleibt, sukzessive aufbrauchen. Und schliesslich: Wer sagt denn, dass er so alt wird? Für seine Erben hat er das Vermögen jedenfalls nicht zusammengespart.

Mental Accounting

Mental Accounting ist eine Methode, die einzelnen Konto- und Depotguthaben ihrem Verwendungszweck zuzuweisen. Das vereinfacht Ihnen und Ihrem Finanzberater die Übersicht darüber, welcher Vermögenswert für welches Anlageziel zu welchem Zeitpunkt zur Verfügung stehen muss. Bezeichnen Sie zum Beispiel das Bankkonto, auf dem Sie die eiserne Reserve platziert haben, mit diesem Namen. Mit dieser einfachen Massnahme betreiben Sie Mental Accounting.

TIPP *Führen Sie pro Anlageportfolio je ein Wertschriftendepot und benennen Sie es mit dem Zeitraum, in dem Sie das Geld benötigen – etwa «2029 bis 2033». Dies hilft Ihnen auch, bei einem Kurseinbruch gelassen(er) zu bleiben, da Sie sofort erkennen, dass der betroffene Vermögenswert erst in ferner Zukunft gebraucht wird.*

MENTAL ACCOUNTING AM BEISPIEL VON MAURUS B.

Was	Anfangsbetrag	Sparbetrag	Zielbetrag	Zeitraum/ Benennung
Lohnkonto (Kapitalstock = eiserne Reserve)	Fr. 5 000.–		Fr. 5 000.–	unbestimmt
Sparkonto (eiserne Reserve)	Fr. 25 000.–		Fr. 25 000.–	unbestimmt
Säulen 3a	Fr. 70 000.–			
plus monatlicher Sparbetrag		Fr. 500.–	Fr. 120 000.–	
Strategiefonds 1 (Einkommen)	Fr. 37 000.–			
plus monatlicher Sparbetrag		Fr. 300.–	Fr. 70 000.–	
Total			Fr. 190 000.–	2019–2023
Strategiefonds 2 (Ausgewogen)	Fr. 93 000.–		Fr. 136 000.–	2024–2028
Immobilienfonds	Fr. 20 000.–			
Neuer Aktienfonds	Fr. 30 000.–		Fr. 100 000.–	2029–2033
Bestehender Aktienfonds	Fr. 20 000.–		Fr. 61 000.–	
plus monatlicher Sparbetrag (neu, bis 63)		Fr. 110.–	Fr. 27 000.–	
Total			Fr. 88 000.–	2034–2038
Total Vermögenswerte	**Fr. 300 000.–**		**Fr. 544 000.–**	**2019–2038**
Monatlicher Sparbetrag (neu, bis 63)		Fr. 282.–	Fr. 88 000.–	2039–2043

Rolf und Anita T. – Frühpensionierung trotz grossem Altersunterschied

Rolf T. (58) und seine Frau Anita (44) sind seit mehreren Jahren glücklich verheiratet. Aufgrund seines Alters macht sich Herr T. Gedanken über seine Pensionierung. Frau T. ist nicht berufstätig und hat auch nicht vor, nach der Pensionierung ihres Mannes einer Erwerbstätigkeit nachzugehen. Vielmehr wollen die beiden die gemeinsame Zeit geniessen und ihrem Hobby, dem Tauchen, nachgehen. Dafür planen sie jährliche längere Ferien in den schönsten Tauchgebieten dieser Welt. Die Kosten für diese Reisen budgetieren sie mit rund 15 000 Franken pro Jahr.

Gemäss der Vorausberechnung der AHV kann Rolf T. eine Rente von 24 800 Franken erwarten. Da seine Ehefrau sehr viel jünger ist, hat sich Herr T. bei der Pensionskasse für einen Rentenbezug entschieden. So kann Anita T. nach seinem Tod eine Witwenrente erhalten. Die Pensionskassenrente von Rolf T. würde zum ordentlichen Pensionierungszeitpunkt voraussichtlich 32 000 Franken betragen.

Das Ehepaar berechnet, wie hoch der Kapitalbedarf sein wird, wenn sich Rolf T. mit 63 pensionieren lässt. Da die beiden nach dem Motto leben, lieber den Spatz in der Hand als die Taube auf dem Dach, wird Herr T. die AHV-Rente vorbeziehen. Aktuell verfügen Herr und Frau T. über ein freies Vermögen von 245 000 Franken. Zudem zahlt Rolf T. den maximalen Betrag von 6768 Franken auf sein 3a-Konto bei der Bank ein. Sein aktuelles Gut-haben in der Säule 3a beläuft sich auf 80 000 Franken.

Rolf und Anita T. berechnen, wie viel Kapital zur Verfügung stehen muss:

Ausgabenüberschuss ab Alter 63/49 (15 Jahre)	Fr. 397 500.–
Ausgabenüberschuss ab Alter 78/64 (7 Jahre)	Fr. 107 800.–
Total Kapitalbedarf	Fr. 505 300.–

Das Vermögen des Ehepaars reicht nicht aus, um die vorzeitige Pensionierung von Rolf T. mit 63 zu finanzieren. Zwar wird sich das Vorsorgeguthaben in der Säule 3a bis zur Pensionierung noch auf rund 115 000 Franken erhöhen. Zusammen mit dem freien Vermögen haben die beiden dann 360 000 Franken beisammen. In den nächsten fünf Jahren müssen sie also noch rund 145 000 Franken sparen. Das wären fast 30 000 Franken pro Jahr. Herr und Frau T. überlegen sich, ob nicht Frau T. für die nächsten Jahre eine Teilzeitstelle annehmen sollte, um zusätzliche Einnahmen zu generieren.

BUDGET VON ROLF UND ANITA T.

	Mit 63 bzw. 49 Jahren	Ab 78 bzw. 64 Jahren
Einnahmen		
AHV-Rente Rolf T. (gekürzt)	Fr. 21 400.–	Fr. 21 400.–
AHV-Rente Anita T.		Fr. 14 100.–
Pensionskassenrente Rolf T.	Fr. 28 100.–	Fr. 28 100.–
Total Einnahmen	**Fr. 49 500.–**	**Fr. 63 600.–**
Ausgaben		
Lebenshaltungskosten	Fr. 26 000.–	Fr. 26 000.–
Miete Wohnung	Fr. 22 800.–	Fr. 22 800.–
Krankenkasse	Fr. 8 400.–	Fr. 8 700.–
Kosten Tauchferien	Fr. 15 000.–	Fr. 15 000.–
Steuern	Fr. 3 800.–	Fr. 6 800.–
Total Ausgaben	**Fr. 76 000.–**	**Fr. 79 000.–**
Einnahmen-/Ausgabenüberschuss		
Total Einnahmen	Fr. 49 500.–	Fr. 63 600.–
Total Ausgaben	Fr. 76 000.–	Fr. 79 000.–
Ausgabenüberschuss	**Fr. –26 500.–**	**Fr. –15 400.–**

Planung rund um das Wohneigentum

Die eigenen vier Wände haben einen hohen emotionalen Wert, der weit über den materiellen hinausgeht. Vielleicht ist es Ihr Wunsch, den Lebensabend sorgenlos in Ihrem Eigenheim zu verbringen. Für Sie ist ein Verkauf kein Thema. Vielleicht aber sagen Sie sich auch, dass mit zunehmendem Alter das Haus zur Last werden kann: zu grosszügig dimensioniert, zu strenge Gartenarbeit, zu hohe finanzielle Belastung.

Das eigene Dach über dem Kopf kann einen sehr grossen (Stellen-)Wert haben. Immerhin können Sie selber darüber bestimmen. Kein Vermieter kann Ihnen den Mietvertrag kündigen und Sie im Alter zu einem Umzug zwingen. Damit aber nicht die Bank plötzlich Druck auf Sie ausübt und möglicherweise auf einen Verkauf der Liegenschaft drängt, muss die kalkulatorische Tragbarkeit auch mit dem Renteneinkommen gewährt sein.

Wie viel Hypothek ist möglich?

Je nach Höhe der Hypothek und des Verkehrswerts der Liegenschaft ist die Tragbarkeit aus Sicht der Bank nach der Pensionierung nicht mehr gegeben – oder anders gesagt: Ihre Hypothek ist zu hoch. Wie ermitteln die Finanzinstitute Ihre finanzielle Belastung?

Grundsätzlich verlangen die Kreditgeber, dass die Hypothek zum Pensionierungszeitpunkt auf zwei Drittel des Verkehrswerts der Liegenschaft amortisiert ist. Die Zinskosten für die noch verbleibende Hypothek sowie die Nebenkosten sollten zusammen in der Regel nicht mehr als einen Drittel Ihres (Renten-)Einkommens betragen. Wird dieser Wert überschritten, spricht die Bank von einem ETP-Geschäft (exceptions to policy, will heissen: ausserhalb der Richtlinien). Diese Richtlinien und weitere wertvolle Informationen finden Sie auf der Website von SwissBanking (www.swissbanking.org → Services → Bibliothek → Richtlinien).

INFO *Es ist durchaus möglich, dass Ihre Bank strengere Bedingungen stellt. Bei den Richtlinien von SwissBanking handelt es sich um Mindestanforderungen, die erfüllt sein müssen.*

Bei den Hypothekarzinsen rechnen die Banken mit Werten zwischen 4,5 und 5 Prozent. Dieser langfristige Durchschnittszinssatz soll eine nachhaltige Tragbarkeit gewährleisten. Er kann – wie zum Beispiel im Jahr 2018 – deutlich über den aktuellen Konditionen liegen.

Zum Hypothekarzins werden Nebenkosten von 0,5 bis 1 Prozent des (geschätzten) Verkehrswerts addiert. Die so ermittelten Gesamtkosten dürfen in der Regel nicht mehr als ein Drittel des Renteneinkommens betragen. Vermehrt wird bei Pensionären, die ausschliesslich Renteneinkommen haben, ein kalkulatorischer Wert bis 40 Prozent toleriert. Dies erhöht zwar die maximal mögliche Hypothekarsumme, kann aber bei steigenden Zinssätzen zu finanziellen Problemen führen.

Die Tragbarkeitsrechnung an einem Beispiel

Welche Konsequenzen die Tragbarkeitsrechnung gerade für Eigenheimbesitzer im Rentenalter haben kann, zeigt folgendes Beispiel:

FRÜHPENSIONÄRIN ANGELA T. besitzt eine schöne Garten-Eigentumswohnung im Wert von 600 000 Franken. Eines ihrer Hobbys ist die Pflege des Gartens und ihres «englischen» Rasens. Ab der Frühpensionierung will sie sich noch intensiver darum kümmern. Die Hypothek von Frau T. beträgt 400 000 Franken. Mit dem aktuellen Zinssatz von 1,2 Prozent kann sie diese gut finanzieren. Doch die Bank rechnet anders (siehe Kasten auf der nächsten Seite).

Die kalkulatorische Belastung von 26 000 Franken ist deutlich höher als die maximal tragbaren Wohnkosten von 16 800 Franken. Das heisst: Frau T. muss einen Teil der Hypothek zurückzahlen (amortisieren). Dieser Betrag belastet entweder ihr Budget oder fehlt ihr im Vermögen (das ja eigentlich für die späteren Jahre bestimmt ist).

TIPP *Um solche negativen Überraschungen zu vermeiden, sollten Sie frühzeitig abklären, welche Hypothek im Rentenalter möglich ist. Es ist in der Regel einfacher, während der Erwerbstätig-*

TRAGBARKEITSRECHNUNG FÜR ANGELA T.

Einkommen	Monatlich	Pro Jahr
AHV-Rente	Fr. 2000.–	Fr. 24000.–
Pensionskassenrente	Fr. 2200.–	Fr. 26400.–
Gesamteinkommen	Fr. 4200.–	Fr. 50400.–
Maximale Belastung durch Wohnkosten = 1/3	**Fr. 1400.–**	**Fr. 16800.–**
Kalkulatorische Belastung durch Wohnkosten		
Zins 1. Hypothek: 5 % von Fr. 400000.–		Fr. 36000.–
Nebenkosten: 1 % von Fr. 600000.–		Fr. 54255.–
Total Wohnkosten		**Fr. 26000.–**

keit zusätzliche Mittel zu sparen und bis zum Pensionierungszeitpunkt die Hypothek so weit nötig zu amortisieren.

ANGELA T. WILL IHRE GARTENWOHNUNG auf keinen Fall aufgeben. Sie rechnet also schon früh aus, mit welcher maximalen Hypothek die nachhaltige Finanzierung auch ab dem Rentenalter gesichert ist. Dazu subtrahiert sie von den maximal möglichen Gesamtkosten zuerst die Nebenkosten und kapitalisiert dann den restlichen Betrag mit dem kalkulatorischen Zinssatz ihrer Bank für Hypotheken (siehe unten stehenden Kasten).

MAXIMAL MÖGLICHE HYPOTHEK FÜR ANGELA T.

Maximale Gesamtkosten (1/3 von Fr. 50400.–) – Nebenkosten (1 % von Fr. 600000.–)	Fr. 16800.– – Fr. 6000.–
Betrag für Hypothekarzinsen	Fr. 10800.–
Maximal mögliche Hypothek bei 5 % (Fr. 10800.– : 5 × 100)	**Fr. 216000.–**

Frau T. muss also ihre Hypothek um 184 000 Franken auf 216 000 Franken reduzieren, wenn sie sicher sein will, dass die Bank auch nach der Pensionierung bei der Finanzierung mitmacht. Würde ihre Bank mit einem Zinssatz von 4,5 Prozent rechnen, wäre eine Hypothek von 240 000 Franken möglich.

Einzelne Banken sind Pensionären gegenüber grosszügiger und erlauben zum Beispiel eine Belastung bis 40 Prozent des Renteneinkommens oder reduzieren die Nebenkosten auf 0,5 Prozent. Selbst dann wäre aber die Hypothek von Frau T. noch rund 20 000 Franken zu hoch.

MAXIMAL MÖGLICHE HYPOTHEK FÜR ANGELA T. – GROSSZÜGIG GERECHNET

Maximale Gesamtkosten (40 % von Fr. 50 400.–)	Fr. 20 160.–
– Nebenkosten (0,5 % von Fr. 600 000.–)	– Fr. 3 000.–
Betrag für Hypothekarzinsen	Fr. 17 160.–
Maximal mögliche Hypothek bei 4,5 % (Fr. 17 160.– : 4,5 × 100)	**Fr. 381 300.–**

Falls die notwendige Amortisation Sie in Ihren finanziellen Möglichkeiten zu stark einschränkt, werden Sie über kurz oder lang einen Verkauf der Liegenschaft ins Auge fassen müssen. Gut, wenn Sie sowieso vorhatten, irgendwann einmal das (zu) grosse Eigenheim zu verkaufen und eine kleinere Wohnung zu kaufen oder auch zu mieten. Das kann Ihr Finanzierungsproblem lösen. Doch es ist ein Unterschied, ob etwas aus freien Stücken beschlossen wird oder unter Zwang geschieht.

TIPP *In Ihrem eigenen Interesse kümmern Sie sich frühzeitig um die Belastung Ihres Eigenheims – insbesondere in Zeiten von tiefen Hypothekarzinsen. Nutzen Sie diese, um Rückstellungen für spätere Amortisationen zu bilden. Zum Beispiel indem Sie die Differenz zwischen dem aktuellen Zinssatz und 5 Prozent auf ein separates Bankkonto überweisen. Je früher Sie einen Finanzierungsplan für die nachhaltige Tragbarkeit im Rentenalter erstellen, desto attraktivere Lösungen lassen sich erarbeiten.*

Vermögensverzehr anrechnen

Wenn Sie sich das Geld aus der Pensionskasse als Kapital auszahlen lassen, reduziert sich Ihr garantiertes Einkommen auf die Rente der AHV. Das führt zu einer deutlichen Verschlechterung der kalkulatorischen Tragbarkeitsberechnung. Einzelne Banken sind in einer solchen Situation bereit, einen systematischen Kapitalverzehr von Ihrem Gesamtvermögen – in der Regel nach Berücksichtigung einer Reserve – als theoretisches Einkommen anzurechnen. Die Bedingungen für die Anrechnung sind bei den einzelnen Finanzinstituten sehr unterschiedlich. Es gibt Hypothekenbanken, die rechnen nur das Vermögen an, das Sie auf ihren Konten führen, andere auch Vermögen, das bei anderen Instituten liegt.

Auch die Höhe der Anrechnung ist sehr unterschiedlich: Die Werte liegen zwischen sehr hohen 9 Prozent und sehr tiefen 2 Prozent. Das sorgt für grosse Differenzen (siehe Kasten).

VERMÖGEN ALS EINKOMMEN ANRECHNEN

Gesamtvermögen	Fr. 500 000.–
Als Einkommen angerechnet bei 2 %	Fr. 10 000.–
Als Einkommen angerechnet bei 9 %	Fr. 45 000.–

TIPP *Sollte die Anrechnung des Vermögensverzehrs für Sie ein Thema sein – zum Beispiel weil Sie Ihr Pensionskassenguthaben als Kapital beziehen wollen oder schon bezogen haben –, erkundigen Sie sich frühzeitig bei Ihrem Kreditinstitut nach den genauen Bedingungen. Auch hier gilt: Je früher Sie die Frage klären, desto einfachere und bessere Lösungen lassen sich finden.*

Umkehrhypothek oder Immorente

Einige Banken und Anbieter von Finanzdienstleistungen bieten Pensionären eine spezielle Hypothek an, die Umkehrhypothek. Bedingung ist, dass die Belehnung der Liegenschaft grundsätzlich unter 50 Prozent des Verkehrswerts liegt. Dann gewährt das Finanzinstitut eine zusätzliche Hypothek bis auf ungefähr diese 50 Prozent. Es handelt sich um eine Festhypothek; die für die ganze Laufzeit anfallenden Zinsen werden auf einem Sperrkonto parkiert, sodass die künftigen Zinskosten gedeckt sind.

MAX C., LEDIG, konnte sein Hobby zum Beruf machen und führte viele Jahre als Selbständigerwerbender einen Fischereiladen. Der passionierte Fischer freut sich darauf, nach der Pensionierung öfters die frühen Morgenstunden an den Bergseen und Wildbächen zu verbringen. Über all die Jahre hat er seine Hypothek laufend amortisiert – unter anderem auch deshalb, weil er sich als Selbständigerwerbender keiner Pensionskasse angeschlossen hatte. Beim Eintritt ins Frührentnerleben beträgt die Hypothek noch 250 000 Franken, die Wohnung hat einen Wert von rund 800 000 Franken.

Das Einkommen von Max C. besteht ausschliesslich aus der AHV-Rente von jährlich 28 200 Franken. Sein Vermögen umfasst lediglich eine kleine Auszahlung aus der Säule 3a und einige Ersparnisse auf dem Sparkonto. Damit Max C. seine Ausgaben decken kann, benötigt er liquide Mittel. Deshalb beantragt er bei der Bank eine Umkehrhypothek.

Herr C. verfügt also über zusätzliche 120 000 Franken auf dem Bankkonto. Zusammen mit den Ersparnissen und der Auszahlung aus der Säule 3a reicht ihm das vorerst, um seine Ausgaben zu finanzieren. Allerdings ist das Finanzierungsproblem nicht gelöst, sondern nur aufgeschoben. Denn in zehn Jahren läuft die Festhypothek aus – und das Geld ist vermutlich

LIQUIDE MITTEL AUS DER UMKEHRHYPOTHEK

Liegenschaftswert	Fr. 800 000.–
Davon maximal 50 % als Hypothek – bestehende Hypothek	Fr. 400 000.– – Fr. 250 000.–
Mögliche Erhöhung der Hypothek – Zinskosten 2 % pro Jahr für 10 Jahre	Fr. 150 000.– – Fr. 30 000.–
Verfügbares Guthaben	Fr. 120 000.–

BUCHTIPP
Mehr Informationen zu Hypotheken erhalten Sie in diesem Ratgeber: **Der Weg zum Eigenheim. Finanzierung, Kauf, Bau und Unterhalt.** Was Sie beachten sollten, wenn Sie das Eigenheim verkaufen oder in der Familie weitergeben wollen, zeigt Ihnen dieser Ratgeber: **Das Eigenheim verkaufen, vererben oder vermieten.**
www.beobachter.ch/buchshop

ausgegeben. Eine nochmalige Erhöhung der Hypothek wäre nur möglich, wenn der Liegenschaftswert stark angestiegen wäre. Dieser kann aber auch gesunken sein – das ist der Grund dafür, dass die Bank maximal 50 Prozent des Liegenschaftswerts belehnt.

Nach den zehn Jahren wird Herr C. die Liegenschaft also verkaufen müssen. Dadurch hat er zwar mehr liquides Kapital – die Differenz zwischen Verkaufspreis und Hypothek abzüglich Gebühren und Grundstückgewinnsteuer. Aber er braucht eine neue Bleibe. Entweder kauft er sich eine günstigere Wohnung, die finanziell tragbar ist, oder er lebt zur Miete.

INFO *Beim Verkauf der Liegenschaft fallen in der Regel Grundstückgewinnsteuern an. Das ist immer dann der Fall, wenn der Verkaufspreis höher liegt als der seinerzeitige Kaufpreis plus die wertvermehrenden Investitionen in die Liegenschaft. Gewisse Kosten wie die Beurkundungsgebühren, Inseratekosten oder Maklergebühren können ebenfalls abgezogen werden. Wenn mit dem Geld eine neue Liegenschaft zum Eigengebrauch gekauft wird, kann die Grundstückgewinnsteuer ganz oder teilweise aufgeschoben werden.*

Verkaufen und doch im Eigenheim wohnen bleiben

Müssen Sie Ihr Eigenheim aus finanziellen Gründen verkaufen, möchten aber lieber darin wohnen bleiben, können Sie die Immobilie allenfalls verkaufen, sich aber ein Wohnrecht ausbedingen. Dieses Wohnrecht wird bis zu einem vereinbarten Zeitpunkt oder auf Lebzeiten vereinbart und im Grundbuch eingetragen. Ein solches Wohnrecht reduziert den Verkaufspreis. Diesen kann Ihnen der Käufer entweder mit einer Einmalzahlung oder in regelmässigen Beträgen quasi als Rente überweisen; auch eine Kombination ist möglich. Solche Vereinbarungen werden bis anhin nur vereinzelt getroffen, aber die Nachfrage – auch ausserhalb des Familienkreises – nimmt zu.

Frühpensionierung und Steuern

Nach der Pensionierung zahle ich deutlich weniger Steuern – so die weitverbreitete Meinung. In vielen Fällen ist die Reduktion aber bescheidener als erhofft. Auf den folgenden Seiten sehen Sie, was sich wie ändern wird respektive kann.

Die Steuern begleiten uns ein Leben lang. Während wir ihnen in der Kindheit noch keine Beachtung schenken, beginnt der Steuerstress möglicherweise mit dem Kauf der ersten Zigarette: Tabaksteuer. Zugegeben, das wird zu diesem Zeitpunkt nicht relevant sein, sonst würde man gar nie mit dem Rauchen beginnen. Je nach Ausbildungsweg erzielen Jugendliche bereits während der Lehre das erste Erwerbseinkommen, bei anderen dauert es bis nach Abschluss des Studiums. Dieses Erwerbseinkommen ist einkommenssteuerpflichtig, ebenso weitere Einkommen wie Wertschriftenerträge oder der Eigenmietwert bei selbst genutztem Wohneigentum. Nach den diversen Abzügen wie Berufskosten, Hypothekarzinsen und Unterhaltskosten für die Liegenschaft, Vorsorgebeiträgen, Versicherungsprämien und Krankheitskosten verbleibt das steuerbare Einkommen.

Mit der Frühpensionierung verändern sich die Werte, aber in aller Regel verbleibt genug steuerbares Einkommen, sodass Sie weiterhin Einkommenssteuern bezahlen müssen. Und möglicherweise werden Sie erst mit der Frühpensionierung von der Vermögenssteuer erfasst.

Veränderungen bei der Einkommenssteuer

Das Einkommen aus der Erwerbstätigkeit fällt weg und wird durch Renteneinkommen ersetzt: die Rente der AHV und – falls Sie nicht den Kapitalbezug gewählt haben – der Pensionskasse. Dieses Renteneinkommen ist zwar tiefer, aber es fallen keine Abzüge mehr an. Sie müssen es quasi netto in die Steuererklärung übertragen. Und wer heute in Rente geht, versteuert sowohl die AHV- wie auch die Pensionskassenrente zu 100 Prozent.

INFO *Wenn Sie während der Erwerbstätigkeit Pensionskasseneinkäufe getätigt haben – unter anderem um Steuern zu sparen –, erhöht sich dadurch die Pensionskassenrente. Das wiederum führt zu einem lebenslangen höheren Einkommen und damit zu einer höheren Steuerlast. Einen Teil der Steuereinsparung geben Sie dem Staat also wieder zurück.*

Falls Sie eine Leibrentenpolice besitzen, erzielen Sie ab Rentenbeginn auch daraus ein neues steuerbares Einkommen. Von dieser Rente sind 40 Prozent als Einkommen zu versteuern. Erhalten Sie eine Rente für eine bestimmte Zeit (Zeitrente), müssen Sie die ausgewiesenen Zins- und Dividendenerträge zu 100 Prozent als Einkommen versteuern.

Wertschriftenerträge

Wie schon vor der Pensionierung sind auch danach die Zins-, Dividenden- und Mieterträge als Einkommen zu versteuern. Wenn Sie sich aus der Pensionskasse das Kapital oder einen Teil davon auszahlen lassen, werden sich dadurch die Erträge im Wertschriftenverzeichnis erhöhen. Wie stark, hängt davon ab, wie Sie das Geld investieren. In jedem Fall sind auch diese Erträge als Einkommen zu versteuern.

INFO *Das Sparen in der 2. Säule ist bis zum Bezugszeitpunkt – ob als Rente oder Kapital ist nicht entscheidend – steuerprivilegiert. Während des Kapitalaufbaus in der 2. Säule sind die Erträge nicht steuerwirksam. Und das angesparte Vermögen wird erst ab dem Zeitpunkt der (Früh-)Pensionierung relevant. Beziehen Sie eine Rente, schlägt sich dies beim Einkommen nieder, bei einem Kapitalbezug im steuerbaren Vermögen sowie den Wertschriftenerträgen.*

Auch Ihr Guthaben in der Säule 3a ist bis zum Bezugszeitpunkt steuerlich privilegiert. Sie müssen weder das Vermögen in der Säule 3a noch die Erträge daraus versteuern. Im Zeitpunkt des Bezugs fällt dieses Privileg weg. Damit erhöht sich Ihr steuerbares Vermögen und möglicherweise auch die als Einkommen zu versteuernden Wertschriftenerträge.

Mit zunehmendem Alter werden Sie Ihr Vermögen verzehren; es nimmt kontinuierlich ab. Dies führt grundsätzlich auch zu tieferen steuerbaren Wertschriftenerträgen.

INFO *Kapitalgewinne werden nicht als Einkommen erfasst, Kapitalverluste können steuerlich aber auch nicht abgezogen werden. Kapitalgewinne entstehen beispielsweise mit Aktienanlagen. Sie kaufen ein Aktienportfolio für 10 000 Franken und verkaufen es für 12 000. Der Kapitalgewinn von 2000 Franken ist einkommenssteuerfrei. Lediglich die Dividenden, die Sie ausgezahlt erhalten, sind als Wertschriftenertrag steuerbar.*

Eigenmietwert

Leben Sie in Ihren eigenen vier Wänden, bleibt der Eigenmietwert weiterhin steuerbares Einkommen. Davon abziehen können Sie die Hypothekarzinsen sowie die werterhaltenden Investitionen in die Liegenschaft (Stand Sommer 2018). Die Differenz gilt als Einkommen. Netto betrachtet kann sich dieser Wert nach der Pensionierung erhöhen, etwa weil Sie einen Teil der Hypothek amortisiert haben oder weil Sie keine weiteren werterhaltenden Investitionen tätigen müssen. Das kann gerade für Rentner mit tiefem Einkommen eine grosse Steuerbelastung mit sich bringen.

Gewisse Kantone gewähren je nach Einkommens- und/oder Vermögenssituation einen Einschlag auf dem Eigenmietwert. Informieren Sie sich bei Ihrem Treuhandbüro oder direkt bei der Steuerbehörde, ob es eine solche Abzugsmöglichkeit gibt. Einzelne Kantone prüfen dies von sich aus.

TIPP *Werterhaltende Investitionen in die Liegenschaft legen Sie sinnvollerweise in Steuerjahre, in denen Sie noch ein Erwerbseinkommen erzielen. Das erhöht den Steuerspareffekt. Aber Achtung, stimmen Sie das Vorgehen auf Ihre anderen Massnahmen ab. Es bringt steuerlich nicht den erhofften Nutzen, wenn Sie in der gleichen Steuerperiode hohe werterhaltende Investitionen und zugleich noch einen Pensionskasseneinkauf tätigen. Ihr Steuervorteil ist höher, wenn Sie diese Massnahmen auf zwei Kalenderjahre verteilen. Dafür verantwortlich ist die Steuerprogression. Berechnet werden kann die Einsparung über den Grenzsteuersatz (siehe Kasten auf der nächsten Seite) und über die Progressionstabelle.*

Falls Sie eine Renditeliegenschaft besitzen, ändert sich dieser Posten bei der Frühpensionierung nicht. Die Mieteinnahmen werden nach wie vor in der Steuererklärung eingetragen.

GRENZSTEUERSATZ

Der Grenzsteuersatz ist in der Finanzwelt und Finanzberatung eine wichtige Kennzahl und kommt immer dann ins Spiel, wenn es um die Steuerfolgen einer Anlage, zum Beispiel eines Pensionskasseneinkaufs, geht. Der Grenzsteuersatz zeigt auf, wie viel Einkommenssteuern gespart werden, wenn das steuerbare Einkommen reduziert wird. Kaufen Sie sich beispielsweise mit 10 000 Franken in die Pensionskasse ein und beträgt Ihr Grenzsteuersatz 25 Prozent (Kanton, Gemeinde, Kirche und Bund), sparen Sie dadurch ungefähr 2500 Franken Einkommenssteuern (10 000 x 25 Prozent).

Dasselbe gilt umgekehrt, wenn das steuerbare Einkommen zunimmt. Werfen zum Beispiel Ihre Wertschriften 1000 Franken mehr Ertrag ab, nimmt bei einem Grenzsteuersatz von 25 Prozent Ihre Einkommenssteuer um rund 250 Franken zu.

Der Grenzsteuersatz ergibt sich aus dem steuerbaren Einkommen und der Progressionstabelle in Ihrem Kanton respektive beim Bund. Je höher die Progression, desto höher ist der Grenzsteuersatz. ■

Die Abzüge

Die Abzüge fallen nach der Pensionierung tiefer aus: Berufsauslagen, Weiterbildung, Einzahlung in die Säule 3a, vielleicht ein Einkauf in die Pensionskasse – all dies fällt weg. Das kann rasch einmal 10 000 bis 20 000 Franken pro Person ausmachen. Und wenn Sie bisher das ÖV-Abonnement als Berufsauslage abziehen konnten, geht das nun nicht mehr, auch wenn Sie es weiterhin brauchen. Der Abzug für Versicherungsprämien wird sich möglicherweise etwas erhöhen (zu beachten sind die kantonalen Unterschiede), kompensiert aber die nicht mehr möglichen Abzüge nicht.

Besitzen Sie ein Eigenheim, verändert sich vermutlich auch die Höhe der abziehbaren Schuldzinsen. Denn wegen der reduzierten Tragbarkeit haben Sie einen Teil der Hypothek amortisiert (siehe Seite 196). Diese Amortisation führt zu einem tieferen Bestand Ihrer Konto- und Wertschriftenguthaben, was wiederum den Wertschriftenertrag reduziert.

Gesundheitskosten

Gut möglich, dass sich im Laufe der Zeit die Gesundheitskosten erhöhen. Diese können Sie in der Steuererklärung zum Abzug bringen; der Eigen-

ABZÜGE VOR UND NACH DER PENSIONIERUNG

Auszug aus der Steuererklärung einer erwerbstätigen Person im Kanton Zürich

Abzüge

				Staatssteuer CHF ohne Rappen	Bundessteuer CHF ohne Rappen
11.	**Berufsauslagen bei unselbständiger Erwerbstätigkeit**				
11.1	Ehemann/Einzelperson/P1	*Berufsauslagen*	220	10 861	8 373
11.2	Ehefrau/P2	*Berufsauslagen*	240		
12.	**Schuldzinsen** (soweit nicht schon unter Ziff. 2 abgezogen)	*Schuldenverzeichnis*	250	4 320	4 320
13.	**Unterhaltsbeiträge und Rentenleistungen**				
13.1	Unterhaltsbeiträge an den geschiedenen oder getrennt lebenden Ehegatten/Partn.		254		
13.2	Unterhaltsbeiträge für minderjährige Kinder (bis zum Monat der Volljährigkeit)		255		
13.3	Rentenleistungen CHF 2561	abzugsfähig: 40%	256		
14.	**Beiträge an anerkannte Formen der geb. Selbstvorsorge (3. Säule a)**				
14.1	Ehemann/Einzelpers./P1 eff. CHF 262 6 768	*Bescheinigung*	260	6 768	6 768
14.2	Ehefrau/P2 eff. CHF 263	*Bescheinigung*	261		
15.	**Versicherungsprämien, Zinsen von Sparkapitalien**	*Versich.prämien*	270	2 600	1 700

Auszug aus der Steuererklärung einer nicht erwerbstätigen Person im Kanton Zürich

Abzüge

				Staatssteuer CHF ohne Rappen	Bundessteuer CHF ohne Rappen
11.	**Berufsauslagen bei unselbständiger Erwerbstätigkeit**				
11.1	Ehemann/Einzelperson/P1	*Berufsauslagen*	220		
11.2	Ehefrau/P2	*Berufsauslagen*	240		
12.	**Schuldzinsen** (soweit nicht schon unter Ziff. 2 abgezogen)	*Schuldenverzeichnis*	250	306	306
13.	**Unterhaltsbeiträge und Rentenleistungen**				
13.1	Unterhaltsbeiträge an den geschiedenen oder getrennt lebenden Ehegatten/Partn.		254		
13.2	Unterhaltsbeiträge für minderjährige Kinder (bis zum Monat der Volljährigkeit)		255		
13.3	Rentenleistungen CHF 2561	abzugsfähig: 40%	256		
14.	**Beiträge an anerkannte Formen der geb. Selbstvorsorge (3. Säule a)**				
14.1	Ehemann/Einzelpers./P1 eff. CHF 262	*Bescheinigung*	260		
14.2	Ehefrau/P2 eff. CHF 263	*Bescheinigung*	261		
15.	**Versicherungsprämien, Zinsen von Sparkapitalien**	*Versich.prämien*	270	3 900	2 550

anteil ist aber mit 5 Prozent des Reineinkommens recht hoch (auch hier sind kantonale Unterschiede möglich). Es kann sich lohnen, planbare Gesundheitskosten – etwa die Einsetzung eines künstlichen Gelenks im rechten und im linken Knie – in einem Kalenderjahr zusammenzufassen.

TIPP *Als frühpensionierte Person müssen Sie bis zum ordentlichen Pensionierungsalter AHV-Beiträge als nicht erwerbstätige Person bezahlen (siehe Seite 48). Diese Beiträge können Sie in der Steuererklärung zum Abzug bringen – wo, das ist kantonal unterschiedlich. Prüfen Sie, unter welcher Position in Ihrem Kanton dieser Abzug geltend gemacht werden kann.*

Änderungen bei der Vermögenssteuer

Generell gilt, dass sich die Vermögenssteuern lediglich im Promillebereich bewegen. Sie sind weit weniger belastend als die Einkommenssteuer, die sich in Prozenten berechnet. Eine Frühpensionierung kann dazu führen, dass Sie neu plötzlich von der Vermögenssteuer erfasst werden respektive mehr Vermögenssteuern bezahlen müssen.

In jedem Fall führt die Auszahlung der Guthaben aus der Säule 3a zu einem höheren Vermögen in Ihrer Steuererklärung. Bis anhin mussten Sie diesen Vermögenswert gar nicht aufführen, da er steuerlich privilegiert war – unter anderem durch den Verzicht des Staates auf die Vermögenssteuer.

TIPP *Lassen Sie sich die Säule 3a so spät wie möglich auszahlen. Solange Sie das Kapital im Gefäss der Säule 3a führen, müssen Sie weder das Vermögen noch die Erträge daraus versteuern. Zugleich ist in der Regel die Verzinsung eines 3a-Guthabens lukrativer als die Verzinsung auf dem Sparkonto.*

Wenn Sie sich für den Kapitalbezug aus der 2. Säule entscheiden, erhöht sich Ihr steuerbares Vermögen schlagartig. Nicht selten werden da grosse Beträge ausgezahlt, die dazu führen, dass Sie deutlich mehr Vermögenssteuern bezahlen müssen. Und die Erträge in Form von Zinsen, Dividenden und Mieten ergeben steuerbares Einkommen (siehe Seite 204).

Dieses Vermögen werden Sie sukzessive verzehren, was zu einem reduzierten Aufwand sowohl bei der Vermögenssteuer wie auch bei der Einkommenssteuer führt.

Kapitalleistungssteuer

Die Auszahlung von Vorsorgegeldern wird immer mit einer Einkommenssteuer belastet. Diese Leistung wird einmalig, separat vom restlichen Einkommen und zu einem reduzierten Satz besteuert. Die Höhe der Steuerlast ist von der Kapitalhöhe, dem Tarif sowie dem kantonalen Steuergesetz abhängig. Hinzu kommt die direkte Bundessteuer. Gesamthaft liegt die Steuerlast oft im Bereich von 5 bis 15 Prozent des ausgezahlten Kapitals. Es lohnt sich also, Vorsorgegelder aus der Pensionskasse und der Säule 3a in unterschiedlichen Kalenderjahren zu beziehen, um die Steuerlast zu reduzieren (mehr dazu lesen Sie auf Seite 109).

INFO *Wenn Sie sich einen Teil des Pensionskassenguthabens als Kapital auszahlen lassen, fällt die Rente tiefer aus, was Ihr steuerbares Einkommen reduziert. Bei der Auszahlung ist allerdings eine einmalige Steuer fällig. Und danach müssen Sie das Kapital in der Steuererklärung als Vermögen aufführen, auf dem die Vermögenssteuer anfällt. Erzielen Sie aus dem Kapital einen Ertrag (Zinsen, Dividenden, Miete), ist dieser als Einkommen steuerpflichtig.*

Kurt O. und Sven G. – als eingetragene Partner mit 60 in den Ruhestand

Kurt O. und Sven G. leben schon seit vielen Jahren zusammen und haben vor einiger Zeit ihre Partnerschaft eintragen lassen. Beide sind zurzeit noch erwerbstätig, machen sich aber Gedanken über eine vorzeitige Pensionierung. Nach ihren ersten Ferien in Skandinavien waren sie von der finnischen Seeplatte so begeistert, dass sie sich dort bald darauf ein Ferienhaus kauften. Dieses liegt idyllisch an einem See, zwar etwas abgeschieden und ungefähr 50 Kilometer vom nächsten grösseren Ort. Aber genau diese Ruhe und Einsamkeit schätzen die beiden und sie möchten das Ferienhaus nach der Pensionierung intensiver nutzen. Insbesondere im Sommer wollen sie dort jeweils einige Monate verbringen. Ihre Eigentumswohnung in der Schweiz werden sie weiterhin behalten.

Im Moment wissen Sven G. und Kurt O. noch nicht, ab wann sie sich eine Pensionierung leisten können. Daher haben sie als Erstes ein Budget erstellt, um einen Überblick über die Lebenshaltungskosten zu erhalten.

Gemäss der Rentenvorausberechnung der AHV können die beiden gemeinsam mit der maximalen plafonierten Rente von 43 200 Franken rechnen. Beide haben vor, von der Pensionskasse die Rente zu beziehen. Die Pensionskasse von Kurt O. sieht eine Rente von 30 000 Franken ab Alter 65 vor, die Pensionskasse von Sven G. eine Rente von 20 000 Franken. Bei einem Vorbezug reduzieren sich diese Renten um rund 6 Prozent pro Jahr.

Das Vermögen von Kurt O. und Sven G. beläuft sich auf 350 000 Franken. Zudem werden sie auch aus der Säule 3a eine Auszahlung von je 150 000 Franken erhalten.

Aus dem Budget ergibt sich folgender Kapitalbedarf von Sven G. und Kurt O. bis zum Alter 85:

Ausgabenüberschuss ab Alter 60 (5 Jahre)	Fr. 246 000.–
Ausgabenüberschuss ab Alter 65 (20 Jahre)	Fr. 238 000.–
Total Kapitalbedarf	Fr. 484 000.–

Das gesamte Vermögen von Sven G. und Kurt O. beläuft sich auf 650 000 Franken. Dank der regelmässigen Einzahlungen in die Säule 3a und dem gezielten Sparen können sie sich eine Pensionierung schon mit 60 erlauben und sich auf viele schöne Tage im Ferienhaus in Finnland freuen.

BUDGET VON KURT O. UND SVEN G.

	Mit 60 Jahren	Ab 65 Jahren
Einnahmen		
AHV-Rente Kurt O. und Sven G..		Fr. 42 300.–
Pensionskassenrente Kurt O.	Fr. 14 000.–	Fr. 14 000.–
Pensionskassenrente Sven G.	Fr. 21 000.–	Fr. 21 000.–
Total Einnahmen	**Fr. 35 000.–**	**Fr. 77 300.–**
Ausgaben		
Lebenshaltungskosten	Fr. 30 000.–	Fr. 30 000.–
Kosten Eigentumswohnung	Fr. 20 000.–	Fr. 20 000.–
Krankenkasse	Fr. 9 200.–	Fr. 9 200.–
Kosten Ferienhaus Finnland	Fr. 22 000.–	Fr. 22 000.–
Steuern	Fr. 3 000.–	Fr. 8 000.–
Total Ausgaben	**Fr. 84 200.–**	**Fr. 89 200.–**
Einnahmen-/Ausgabenüberschuss		
Total Einnahmen	Fr. 35 000.–	Fr. 77 300.–
Total Ausgaben	Fr. 84 200.–	Fr. 89 200.–
Ausgabenüberschuss	**Fr. –49 200.–**	**Fr. –11 900.–**

Anhang

Beispiel eines Pensionskassenausweises

Kapitalbezug versus Rente – eine Gesamtbetrachtung

Budgeterhebungsbogen

Nützliche Adressen und Links

Stichwortverzeichnis

Beispiel eines Pensionskassenausweises

Vorsorgeausweis gültig ab 1. Januar 2018

Versicherte Person:	Reto Müller	1
Geburtsdatum:	7.9.1982	
WEF-Vorbezug:	Kein Vorbezug	
Verheiratet seit:	12.5.2010	

Grundlagen

Gehaltsdaten

Gemeldeter Jahreslohn	Fr. 92 000.—	2
Versicherter Jahreslohn	Fr. 59 925.—	

Zinssatz

Obligatorische Vorsorge	1 %	3
Überobligatorische Vorsorge	0,5 %	

Leistungen

Altersguthaben

Voraussichtliches Altersguthaben	inkl. Zins	Fr.	419 475.—	4
	ohne Zins	Fr.	335 580.—	
Davon obligatorisch	inkl. Zins	Fr.	387 189.—	5
	ohne Zins	Fr.	309 751.—	
Voraussichtliche Altersrente	inkl. Zins	Fr.	28 524.—	6
	ohne Zins	Fr.	22 819.—	
Davon obligatorisch	inkl. Zins	Fr.	26 329.—	
	ohne Zins	Fr.	21 063.—	
Bei vorzeitiger Pensionierung	im Alter 64	Fr.	25 958.—	7
	im Alter 63	Fr.	23 622.—	
	im Alter 62	Fr.	21 968.—	
	im Alter 61	Fr.	20 431.—	
	im Alter 60	Fr.	19 001.—	

Todesfallleistungen

Jährliche Ehegatten/Partnerrente	Fr.	13 691.—
Jährliche Waisenrenten	Fr.	4 564.—

Invalidenleistungen

Invalidenrente	Fr.	22 819.—
Invalidenkinderrente	Fr.	4 564.—

8

Wartefrist 24 Monate
Prämienbefreiung nach 3 Monaten

Beiträge

Sparprämie	Fr.	5 992.50
Risikoprämie	Fr.	1 218.20
Beitrag Sicherheitsfonds	Fr.	114.20
Kostenbeitrag	Fr.	342.30
Totalprämie	Fr.	7 667.20
Anteil Arbeitnehmer	Fr.	3 833.60
Monatlicher Arbeitnehmerabzug	Fr.	319.45

9

Freizügigkeitsleistung

Freizügigkeitsleistung per 1.1.2018	Fr.	41 947.50
1 % Zins von Fr. 41 947.50	Fr.	419.45
Sparbeitrag 1.1.–31.12.2018	Fr.	4 194.75
Freizügigkeitsleistung per 31.12.2018	Fr.	46 561.70
Freizügigkeitsguthaben nach BVG	Fr.	41 985.20

10

Wohneigentumsförderung

Maximal möglicher Vorbezug für Wohneigentum per 1.1.2018	Fr.	46 561.70

11

Einkauf

Möglicher Einkauf für fehlende Beitragsjahre	Fr.	14 472.—
Möglicher Einkauf für eine vorzeitige Pensionierung	Fr.	114 875.—

12

Erläuterungen zum Pensionskassenausweis

1 Diese Angabe zeigt, ob Sie einen Vorbezug für Wohneigentum getätigt haben. Falls ja, ist hier der Betrag vermerkt.

2 Bei den Gehaltsdaten sind der gemeldete und der versicherte Lohn aufgeführt. Der gemeldete Jahreslohn sollte Ihrem aktuellen Bruttolohn entsprechen. Wie der versicherte Lohn berechnet wird, ist aus dem Reglement ersichtlich.

3 Die Pensionskasse weist aus, mit welchem Zinssatz sie die Leistungen berechnet. Die Zinssätze für die obligatorische und die überobligatorische Vorsorge können unterschiedlich sein.

4 Das ausgewiesene Altersguthaben entspricht einer Hochrechnung auf der Basis des heutigen Lohnes und der künftigen Sparbeiträge. Der angegebene Wert ist daher rein hypothetisch; Sie dürfen ihn auf keinen Fall als garantiert ansehen. Je näher die Pensionierung rückt, desto realistischer wird der Wert. Diese Vorsorgeeinrichtung weist das Altersguthaben mit und ohne Zins aus. Gewisse Pensionskassen rechnen die Leistungen mit einem höheren als dem aktuellen Zinssatz hoch und weisen entsprechend höhere Altersguthaben aus. Ob diese realistisch sind, lässt sich nur schwer voraussagen. Bei einem Vergleich der Leistungen müssen Sie daher immer auch den eingerechneten Zinssatz in Betracht ziehen. Oder Sie vergleichen das Altersguthaben ohne Zins; in dieser Zahl sind nur die zukünftigen Sparbeiträge ohne Zinsgutschriften eingerechnet.

5 Dieser Wert entspricht dem obligatorischen Guthaben gemäss den gesetzlichen Mindestvorschriften.

6 Bei der voraussichtlichen Altersrente sollten Sie die gleiche Vorsicht walten lassen wie beim Alterskapital. Auch sie ist eine Hochrechnung aufgrund der aktuellen Rahmenbedingungen. Und auch hier wird teilweise ein höherer Zins als der aktuelle eingerechnet, was eine deutlich höhere Rente bewirkt. Die ausgewiesene Rente ist daher mit Vorsicht zu geniessen. Verschiedene Pensionskassen weisen an dieser Stelle auch den Rentenumwandlungssatz für die obligatorische und die überobligatorische Vorsorge aus. Falls dieser Wert fehlt, ist er im Reglement aufgeführt.

7 Auch für die Renten bei vorzeitiger Pensionierung wird allenfalls mit einem höheren Zins als dem aktuellen gerechnet. Falls die gültigen Rentenumwandlungssätze nicht auf dem Ausweis ausgewiesen sind, finden Sie diese Sätze im Reglement.

8 In der beruflichen Vorsorge sind auch die Risiken Invalidität und Tod versichert. Auf diese geht der Ratgeber nicht näher ein.

9 Unter «Beiträge» finden Sie die Zusammensetzung der Totalprämie (Arbeitnehmer- und Arbeitgeberbeitrag). Festgehalten ist auch, wie viel davon der Arbeitgeber übernimmt (es muss mindestens die Hälfte sein) und wie viel Ihnen monatlich abgezogen wird. Diese Zahl sollte mit derjenigen auf Ihrem Lohnausweis übereinstimmen. Wenn nicht, müssen Sie beim Arbeitgeber intervenieren.

10 Die Freizügigkeitsleistung entspricht Ihrem bis heute angesammelten Altersguthaben. Dieser Wert ist real, so viel haben Sie zusammen mit Ihren Arbeitgebern und inklusive der gutgeschriebenen Zinsen und allfälliger Einkäufe angespart. Die Freizügigkeitsleistung nach BVG entspricht dem obligatorischen Altersguthaben gemäss den gesetzlichen Mindestleistungen.

11 Dieser Wert zeigt, wie viel Mittel aus der beruflichen Vorsorge Sie für selbst bewohntes Wohneigentum einsetzen können.

12 Hier ist die mögliche Einkaufssumme aufgeführt. Der Wert ist per Erstellungsdatum des Ausweises berechnet und berücksichtigt keine allenfalls vorhandenen Freizügigkeitskonten oder Freizügigkeitspolicen. Der ausgewiesene Betrag ist daher nur ein Richtwert. Interessieren Sie sich für einen Einkauf, sollten Sie von der Pensionskasse eine konkrete Berechnung verlangen. Verschiedene Vorsorgeeinrichtungen weisen auch den Einkaufsbetrag für die Ausfinanzierung einer vorzeitigen Pensionierung aus. Bei dieser Variante sind jedoch zusätzliche gesetzliche Bestimmungen zu beachten (mehr zum Thema Einkauf lesen Sie auf Seite 77).

Kapitalbezug versus Rente – eine Gesamtbetrachtung

TINKA E. steht kurz vor der vorzeitigen Pensionierung und macht sich Gedanken, ob sie ihr Pensionskassenguthaben als Kapital oder als Rente beziehen will. Von der AHV erhält sie die Maximalrente – bei ordentlicher Pensionierung also 28 200 Franken pro Jahr. Die Rente der Pensionskasse würde 30 000 Franken betragen. Das entspricht einem Altersguthaben von 600 000 Franken. Das weitere Vermögen von Frau E. beläuft sich auf 300 000 Franken, die Rendite darauf beträgt übers Ganze gesehen 2 Prozent. Tinka E. wohnt in Bern und lebt in einer Partnerschaft. Nach der Pensionierung wird ihr steuerbares Einkommen inklusive Pensionskassenrente (nach Abzügen) bei 60 000 Franken liegen, ohne Pensionskassenrente sind es 30 000 Franken. Die jährlichen Ausgaben von Frau E. betragen 50 000 Franken, ohne Steuern.

Frau E. vergleicht als Erstes die Einkommenssteuern, die beim Renten- respektive beim Kapitalbezug anfallen würden.

VERGLEICHSRECHNUNG MIT EINKOMMENSSTEUER

Jährliche Einkommenssteuer bei Rentenbezug	Fr. 11 933.–
Jährliche Einkommenssteuer bei Kapitalbezug	Fr. 5 116.–
Jährliche Steuereinsparung bei Kapitalbezug	Fr. 6 817.–
Einmalige Kapitalleistungssteuer für eine Auszahlung von 600 000 Franken	Fr. 53 635.–

Bereits nach acht Jahren wäre bei dieser Berechnung die einmalige Steuer des Kapitalbezugs amortisiert. Obwohl dies wahrscheinlich die häufigste Vergleichsrechnung ist, ist sie auch als reine Betrachtung des Steuervorteils falsch. Denn es wurde weder die Vermögenssteuer berücksichtigt noch die Besteuerung der Erträge aus dem bezogenen Kapital.

VERGLEICHSRECHNUNG MIT EINKOMMENS- UND VERMÖGENSSTEUER		
Kapitalleistungssteuer für eine Auszahlung von 600 000 Franken	Fr. 53 635.–	
Jährliche Einkommenssteuer bei Rentenbezug + Jährliche Vermögenssteuer bei Rentenbezug	Fr. 11 933.– + Fr. 839.–	
Total Steuerbelastung bei Rentenbezug		Fr. 12 772.–
Jährliche Einkommenssteuer bei Kapitalbezug, inklusive eines steuerbaren Vermögensertrags von Fr. 5464.–* + Jährliche Vermögenssteuer bei Kapitalbezug	Fr. 6 253.– + Fr. 3 292.–	
Total Steuerbelastung bei Kapitalbezug		Fr. 9 545.–
Jährliche Steuereinsparung bei Kapitalbezug		**Fr. 3 227.–**

* Fr. 546 365.– (= Nettokapital nach Kapitalleistungssteuer) × 2 %, davon 50 % steuerbar

Bezieht man die Faktoren Vermögenserträge und Vermögenssteuer mit ein, dauert es fast 17 Jahre, bis durch den Kapitalbezug effektiv ein Steuervorteil erwirtschaftet werden kann. Das Steuerargument erweist sich als nicht mehr so entscheidend.

Doch auch diese Betrachtung ist einseitig auf die Steuern bezogen. Bei einer Gesamtbetrachtung, die auch die Vermögensentwicklung mit einbezieht, verändert sich das Bild nochmals (siehe Tabelle auf der nächsten Seite).

In den Berechnungen wurden soweit möglich die Steuern, die Erträge (2 Prozent, davon 1 Prozent steuerrelevant), die Einnahmen und die Ausgaben berücksichtigt – gemäss der Ausgangslage von Tinka E. Nicht berücksichtigt wurde die Teuerung. Das Beispiel zeigt: Auch nach 25 Jahren ist bei einem Kapitalbezug noch mehr Vermögen vorhanden als bei einem Rentenbezug. Für Frau E. würde sich der Kapitalbezug also lohnen.

Mit diesen Vergleichen soll aufgezeigt werden, dass der Entscheid für oder gegen einen Kapitalbezug nicht in erster Linie ein steuerliches Thema ist, sondern im Rahmen einer gesamtheitlichen und somit auch aufwendigeren Betrachtung gefällt werden soll.

KAPITAL VERSUS RENTE – DIE GANZE RECHNUNG

Alter	Rentenbezug			Kapitalbezug		
	Einnahmen	Ausgaben	Vermögen	Einnahmen	Ausgaben	Vermögen
60	64 200.00	62 840.00	300 000.00	45 127.30	59 545.00	846 365.00
61	64 227.20	62 845.44	301 360.00	44 838.95	59 399.00	831 947.30
62	64 254.84	62 850.97	302 741.76	44 547.74	59 302.00	817 387.25
63	64 282.91	62 856.58	304 145.63	44 252.66	59 280.00	802 632.99
64	64 311.44	62 862.29	305 571.96	43 952.11	58 855.00	787 605.65
65	64 954.46	62 990.89	307 021.11	43 654.06	58 708.00	772 702.76
66	64 379.69	62 875.94	308 984.68	43 352.98	58 284.00	757 648.82
67	64 409.77	62 881.95	310 488.44	43 054.36	58 482.00	742 717.80
68	64 440.33	62 888.07	312 016.25	42 745.80	58 284.00	727 290.15
69	64 471.37	62 894.27	313 568.51	42 435.04	58 142.00	711 751.95
70	64 502.91	62 900.58	315 145.61	42 120.90	58 031.00	696 044.99
71	64 534.96	62 906.99	316 747.94	41 802.70	57 894.00	680 134.89
72	64 567.52	62 913.50	318 375.90	41 480.87	57 757.00	664 043.59
73	64 600.60	62 920.12	320 029.92	41 155.35	57 620.00	647 767.46
74	64 634.21	62 926.84	321 710.40	40 826.06	57 423.00	631 302.81
75	64 668.36	62 933.67	323 417.76	40 494.12	57 290.00	614 705.87
76	64 703.05	62 940.61	325 152.45	40 158.20	57 290.00	597 909.99
77	64 738.30	62 947.66	326 914.89	39 815.56	57 129.00	580 778.19
78	64 774.11	62 954.82	328 705.52	39 469.29	57 055.00	563 464.75
79	64 810.50	62 962.10	330 524.81	39 117.58	56 972.00	545 879.04
80	64 847.46	62 969.49	332 373.21	38 760.49	56 890.00	528 024.63
81	64 885.02	62 977.00	334 251.18	38 397.90	56 807.00	509 895.12
82	64 923.18	62 984.64	336 159.20	38 029.72	56 718.00	491 486.02
83	64 961.95	62 992.39	338 097.75	37 655.95	56 631.00	472 797.74
84	65 001.35	63 000.27	340 067.31	37 276.45	56 544.00	453 822.70
85	65 041.37	63 008.27	342 068.39	36 891.10	56 461.00	434 555.15

Alle Steuerberechnungen wurden mit Argoweb der Firma Logismata AG gemacht.

Budgeterhebungsbogen

MEIN BUDGET		
	Monatlich	Jährlich
Einkünfte		
Nettoeinkommen Mann		
Nettoeinkommen Frau		
Sonstige Einkünfte (Vermögenserträge, Alimente etc.)		
Total Einkünfte		
Feste Verpflichtungen		
Wohnkosten ☐ Wohnen in Mietwohnung: Miete inkl. Nebenkosten ☐ Wohnen in Eigenheim: Hypothekarzins, Amortisation, Unterhalt und Reparaturen, Heizung und Wasser, Versicherungen Energie (Elektrizität, Gas) **Total Wohnkosten**		
Krankenkasse, evtl. Unfallversicherung		
Steuern		
Motorfahrzeuge (inkl. Betriebskosten, Versicherung, Reparaturen etc.)		
Weitere feste Verpflichtungen Telefon, Handy Radio, Fernsehen, Internet Hausrat-, Privathaftpflichtversicherung Lebensversicherungen, Säule 3a Öffentlicher Verkehr (Abonnements) **Total weitere feste Verpflichtungen**		
Total feste Verpflichtungen		

Variable Kosten		
Haushaltskosten		
Nahrungsmittel, Getränke		
Haustier		
Sonstige Haushaltskosten		
Total Haushalt		
Persönliche Auslagen (Mann, Frau, evtl. Kinder)		
Kleider, Schuhe		
Freizeit, Taschengeld, Hobby, Ausgehen		
Total persönliche Auslagen		
Diverses		
Franchise, Selbstbehalt bei Krankenkasse		
Zahnarzt, Medikamente, Optiker		
Geschenke, Spenden		
Zeitschriften, Zeitungen, Mitgliedschaften		
Kreditraten		
Alimentenzahlungen		
Total Diverses		
Rückstellungen		
Ferien		
Anschaffungen		
Unvorhergesehenes		
Total Rückstellungen		
Total variable Kosten		

Zusammenzug		
Total Einnahmen		
– Total feste Verpflichtungen		
– Total variable Kosten		
Überschuss oder Fehlbetrag		

Nützliche Adressen und Links

Beratung

Beobachter-Beratungszentrum:
Das Wissen und der Rat der Fachleute in acht Rechtsgebieten stehen den Mitgliedern des Beobachters im Internet und am Telefon zur Verfügung. Wer kein Abonnement der Zeitschrift oder von Guider hat, kann online oder am Telefon eines bestellen und erhält sofort Zugang zu den Dienstleistungen.

- www.guider.ch: Guider ist der digitale Berater des Beobachters mit vielen hilfreichen Antworten bei Rechtsfragen.
- Beratung am Telefon: Montag bis Freitag von 9 bis 13 Uhr. Direktnummern der Fachbereiche unter www.beobachter.ch/beratung (→ Telefon-Beratung), Fachbereich Sozialversicherungen (auch Pensionskasse): Tel. 043 444 54 05, Fachbereich Finanzen und Steuern: Tel. 043 444 54 07
- Kurzberatung per E-Mail: Link unter www.beobachter.ch/beratung (→ E-Mail-Beratung)
- Anwaltssuche: vertrauenswürdige Anwältinnen und Anwälte in Ihrer Region unter www.beobachter.ch/beratung (→ Anwaltssuche)

www.bsv.admin.ch
Bundesamt für Sozialversicherungen
Effingerstrasse 20
3003 Bern
Tel. 058 462 90 11
Kompetenzzentrum des Bundes; Informationen, Zahlen, Fakten zu AHV, beruflicher Vorsorge und weiteren Sozialversicherungen

www.ch.ch
Informationsportal zu den Verwaltungsstellen von Kantonen und Gemeinden

www.comparis.ch
Vergleich von Hypotheken, Sparzinsen, Versicherungen etc.

www.konsumentenschutz.ch
Stiftung für Konsumentenschutz
Monbijoustrasse 61
Postfach
3001 Bern
Beratungstelefon 0900 900 440 (Fr. 2.90/min)
Mo 12–15 Uhr
Di bis Fr 9–12 Uhr
Kostenlose Beratung für Gönner:
031 370 24 25
Beratung zu allen (Rechts-)Fragen des Konsumalltags

www.prosenectute.ch
Pro Senectute Schweiz
Geschäfts- und Fachstelle
Lavaterstrasse 60
8027 Zürich
Tel. 044 283 89 89
Pensionierungskurse, Informationen über Wohnformen im Alter

www.seniorweb.ch
Portal für Menschen ab 50; mit zahlreichen Informationen zu allen Lebensbereichen

www.vorsorgeforum.ch
Daten, Fakten und Kommentare
Mitglieder: private und öffentlich-rechtliche Vorsorgeeinrichtungen, Organisationen der Sozialpartner, Schweizerischer Pensionskassenverband, Pensionskassen-Experten, Schweizerischer Versicherungsverband, Bankiervereinigung, Dienstleistungsunternehmen und engagierte Private

Budget

www.budgetberatung.ch
Budgetberatung Schweiz
Postfach 1020
6010 Kriens
Tel. 079 664 09 10
Di 8–11 Uhr
Fachorganisation, die sich im Bereich der Haushaltsfinanzen für alle sozialen Bevölkerungsschichten einsetzt; Vorlagen und Budgetbeispiele

1. und 2. Säule

www.ahv-iv.ch
Alle wichtigen Informationen rund um die AHV, mit den Adressen der Ausgleichskassen; AHV-Merkblätter zum Herunterladen, zum Beispiel:

- Auszug aus dem Individuellen Konto (IK), Nr. 1.01
- Erläuterungen zur Kontenübersicht, Nr. 1.05
- Lohnbeiträge an die AHV, die IV und die EO, Nr. 2.01
- Beiträge der Selbständigerwerbenden an die AHV, die IV und die EO, Nr. 2.02
- Beiträge der Nichterwerbstätigen an die AHV, die IV und die EO, Nr. 2.03
- Altersrenten und Hilflosenentschädigungen der AHV, Nr. 3.01
- Flexibler Rentenbezug, Nr. 3.04
- Rentenvorausberechnung, Nr. 3.06

www.asip.ch
ASIP
Schweizerischer Pensionskassenverband
Kreuzstrasse 26
8008 Zürich
Tel. 043 243 74 15

www.bfs.admin.ch
Website des Bundesamts für Statistik mit vielen Fakten und Zahlen unter → Statistik finden → 13 – Soziale Sicherheit → Berufliche Vorsorge

www.bvgauskuenfte.ch
Der Verein unentgeltliche Auskünfte für Versicherte von Pensionskassen erteilt Auskünfte zu Fragen rund um die berufliche Vorsorge: jeden ersten Mittwoch im Monat (17 bis 19 Uhr) in Bern, Brugg, Frauenfeld, Genf, Lausanne, Luzern, St. Gallen, Winterthur und Zürich; Adressen auf der Website

www.chaeis.net
Stiftung Auffangeinrichtung BVG
Elias-Canetti-Strasse 2
8050 Zürich
Tel. 041 799 75 75 (Geschäftsstelle Rotkreuz für Auskünfte in Deutsch)
Freiwillige Versicherung, zum Beispiel für Selbständigerwerbende; Versicherung von arbeitslosen Personen

www.entwicklung-ahv.ch
Informationen über die AHV bzw. die Vorsorge von heute und morgen

www.sfbvg.ch
Zentralstelle 2. Säule
Sicherheitsfonds BVG
Eigerplatz 2
Postfach 1023
3000 Bern 14
Tel. 031 380 79 75
Verbindungsstelle zwischen den Einrichtungen der beruflichen Vorsorge und den Versicherten

3. Säule

www.bankenombudsman.ch
Schweizerischer Bankenombudsman
Bahnhofplatz 9
8021 Zürich
Tel. 043 266 14 14 (Deutsch, Englisch)
Tel. 021 311 29 83 (Französisch, Italienisch)

www.finanzen.ch
Informationen zu Börsen, Analysen, Finanzplanung etc.

www.fpvs.ch
FinanzPlaner Verband Schweiz
Münzgraben 6
3001 Bern
Adressen von unabhängigen Finanzplanern unter → Berater suchen

www.handelszeitung.ch
Kompetente Finanzinformationen, Zusammenarbeit mit dem «Wall Street Journal»

www.nzz.ch
Klassiker der Schweizer Wirtschaftsmedien, ein Muss für Anleger; Nachrichten und Hintergrundberichte unter → Wirtschaft; Kurse, Indizes, Börsennews unter → Finanzen

www.payoff.ch
Bankenunabhängige Vergleiche und Analysen von strukturierten Produkten

www.six-swiss-exchange.com
Offizielle Website der Schweizer Börse SIX

www.svsp-verband.ch
Schweizerischer Verband für Strukturierte Produkte

www.svv.ch
Website des Schweizerischen Versicherungsverbands

www.vermoegenszentrum.ch
VZ VermögensZentrum
Beethovenstrasse 24
8002 Zürich
Tel. 044 207 27 27
Unabhängiges Finanzdienstleistungsunternehmen, Hypothekarzinsvergleiche; weitere Büros und Adressen auf der Website

www.versicherungsombudsman.ch
Ombudsstelle der Privatversicherung und der Suva
Postfach 181
8024 Zürich
Tel. 044 211 30 90

www.vorsorge-3a.ch
Informationsportal rund um die gebundene Vorsorge 3a

www.vsv-asg.ch
Verband Schweizerischer Vermögensverwalter (VSV)
Bahnhofstrasse 35
8001 Zürich
Tel. 044 228 70 10
Verband mit rund 800 Vermögensverwaltungsfirmen; Mitgliederverzeichnis, Standesregeln

Wohneigentum

www.hausverein.ch
Hausverein Schweiz
Zentralsekretariat
Bollwerk 35
3001 Bern
Tel. 031 311 50 55
Richtet sich an sozial orientierte und umweltbewusste Haus- und Wohnungseigentümer; Beratung für Mitglieder

www.hev-schweiz.ch
Hauseigentümerverband Schweiz
Seefeldstrasse 60
8032 Zürich
Tel. 044 254 90 20
Vertritt die politischen und wirtschaftlichen Interessen der Hauseigentümer; Beratung für Mitglieder

www.stockwerk.ch
Schweizer Stockwerkeigentümerverband
Mettmenriedt-Weg 5
8606 Greifensee
Tel. 043 244 56 40

Steuern

www.efd.admin.ch
Website des Eidgenössischen Finanzdepartements; bietet Informationen zu Steuern von Bund, Kantonen und Gemeinden

www.estv.admin.ch
Eidgenössische Steuerverwaltung
Eigerstrasse 65
3003 Bern
Tel. 058 462 71 06

www.expertsuisse.ch
EXPERTsuisse Expertenverband für Wirtschaftsprüfung, Steuern und Treuhand
Limmatquai 120
8021 Zürich
Tel. 058 206 05 05
Fachverband der Wirtschaftsprüfer, Steuerexperten und Treuhandexperten

www.swissconsultants.ch
Genossenschaft Swissconsultants.ch
c/o Tschanz Treuhand AG
Bahnhofstrasse 7
3250 Lyss
Tel. 032 387 22 44
Zusammenschluss von rund 20 Treuhand- und Revisionsfirmen, die auch Steuerberatung anbieten

www.treuhandsuisse.ch
TREUHANDSUISSE
Schweizerischer Treuhänderverband
Monbijoustrasse 20
3001 Bern
Tel. 031 380 64 30

Beobachter-Ratgeber

Birrer, Mathias: **Stockwerkeigentum.** Kauf, Finanzierung, Regelungen der Eigentümergemeinschaft. 7. Auflage, Zürich 2016

Büsser, Harry: **Plötzlich Geld – so legen Sie richtig an.** Möglichkeiten zur souveränen Vermögensverwaltung. Zürich 2017

Hubert, Anita: **Ergänzungsleistungen.** Wenn die AHV oder IV nicht reicht. 3. Auflage, Zürich 2017

Kislig, Bernhard: **Der Steuerberater.** Steuern optimieren – ein Leitfaden für die Schweiz. Zürich 2016

Richle, Thomas; Weigele, Marcel: **Vorsorgen, aber sicher!** So planen Sie Ihre Finanzen fürs Alter. 4. Auflage, Zürich 2018

Strebel Schlatter, Corinne: **Wenn das Geld nicht reicht.** So funktionieren die Sozialversicherungen und die Sozialhilfe. 3. Auflage, Zürich 2018

Studer, Benno: **Testament, Erbschaft.** Wie Sie klare und faire Verhältnisse schaffen. 17. Auflage, Zürich 2017

Westermann, Reto; Meyer, Üsé: **Der Weg zum Eigenheim.** Finanzierung, Kauf, Bau und Unterhalt. 9. Auflage, Zürich 2015

Westermann, Reto; Meyer, Üsé: **Das Eigenheim verkaufen, vererben oder vermieten.** Verkaufswert ermitteln, Käufer finden, Weitergabe regeln, Steuern sparen. Zürich 2018

Stichwortverzeichnis

T

U

V

W

Z